光緒諸暨縣志 3

紹興大典 史部

中華書局

諸暨縣志卷二十二

名宦志

漢世吏治緣飾經術故其政績卓然可風史公立傳循吏之後繼以酷吏者所以寓勸懲也方志之傳大率有褒無貶寬猛懦烈遺愛在民飲食教誨口碑載道不預是者其倏忽可想矣爰稽往牒博採輿論旁及佐貳校官凡仍者四十有九人修者三十八補者十有九人續者十有五人芟者一人審慎周詳無濫無遺寶之至者名自歸也私意取去敢云乎哉

漢

張敦

三國吳

陸凱

宋

傅　琰

齊

袁　嘏

梁

蕭昕素　　裴子野

唐

郭密之　　嚴　維

裴　均

宋

吳　育　　寇仲温

丁寶臣　　蘇　緘

吳文懋　陳　煜
郭允升　劉安節
陳端禮　全　授
錢厚之　熊　克
姜　紹　劉　炳
汪　綱　劉伯曉
趙孟堅　童居易
家坤翁

元

馮　翼　于九思
單　慶　柯　謙
黃　溍　俞長孺

楊也速荅兒

明

欒鳳　田賦

史子疇　孟貞

袁時億　張員

蕭九萬　熊禮

羅伯初　錢顯

吳亨　許璽

張鉞　單宇

李永　潘珍

甯欽　朱廷立

尹一仁　徐履祥

林富春　　梁子琦
謝與思　　汪應泰
李思誠　　時偕行
邱可詔　　尹從淑
陳允堅　　劉光復
耿文高　　黃鳴俊
唐顯悅　　周文煒
余純照　　王　章
張　夬　　路　邁
陳子龍　　錢世貴
蕭　琦

漢

張敦字伯仁浦江人爲諸暨令海寇二百餘人剽掠爲患悉平之轉重泉令民悦其化累官至車騎大將軍宋濂浦陽人物記

三國吳

陸凱字敬風吳郡吳人丞相遜族子也黃武初爲諸暨長有治績赤烏中除儋耳太守孫休即位領豫州牧孫皓立領荆州牧進封嘉興侯寶鼎元年遷左丞相乃心公家義形於色表疏皆指事不飾忠懇内發建衡元年疾病卒時年七十二三國志吳志本傳

宋

傅琰字季珪北地靈川人美姿儀宋永光元年補諸暨令南齊書本傳泰始二年行會稽郡事孔覬據郡反建武將軍吳喜東平會稽進軍柳浦琰將家歸順宋書孔覬傳六年遷山陰令爵新亭侯元徽初遷尚書左丞諸傳有治縣譜子孫相傳不以示人南齊書本傳

齊

袁嘏陳郡人自重其文謂人云我詩須大材迮之不爾飛去建武末爲諸暨令被王敬則所殺南齊書卞彬傳

梁

蕭眎素蘭陵人也祖思話父惠明皆有盛名眎素少孤貧爲叔惠休所收邺梁書止足傳梁天監中位丹陽尹丞初拜日武帝賜錢八萬眎素一朝散之親友性恬退少嗜慾好學能清言榮利不關於中喜怒不形於色及居職任情通率不事矜尚天然簡素及在京口便有終焉之志後爲中書侍郎在位少時求爲諸暨令到縣十餘日挂衣冠於縣門而去南史本傳八年卒親故迹其事行謚曰文貞先生梁書止足傳

裴子野字幾原河東聞喜人也兄黎弟楷綽竝有盛名所謂四裴

也少好學善屬文起家齊武陵王國左常侍天監初尚書僕射范雲將表薦之不果尋除尚書比部郎仁威記室參軍出爲諸暨令在縣不行鞭罰示之以理百姓稱悅合境無訟初子野曾祖松之宋元嘉中受詔續修何承天宋史未及成而卒子野常欲繼成先業及齊永明末沈約所撰宋書既行子野更刪撰爲宋略二十卷其敘事評論多善約見而歎曰吾弗逮也爲著作郎掌國史及起居注又敕掌中書詔誥或問其爲文速者子野答云人皆成於手我獨成於心雖有見否之異其於刊改一也俄遷中書侍郎大通元年轉鴻臚卿尋領步兵校尉二年卒官年六十二梁書本傳

唐

郭密之天寶中令諸暨建義津橋在縣南二里築放生湖在安俗鄉縣東北二里溉田二十餘頃民便之萬歷府志

嚴維字正文山陰人至德中中詞藻宏麗科爲祕書郎大歷中爲諸暨尉與鄭槩裴冕徐嶷王綱等宴其園宅聯句賦詩世傳浙東唱和維有詩一卷藏祕府嘉泰會稽志

裴均字君齊絳州聞喜人光庭孫以明經爲諸暨尉數從使府辟碎碎以才顯累封郇國公卒贈司空唐書本傳

宋

吳育字春卿建安人也父待問以禮部侍郎致仕育少奇穎博學舉進士試禮部第一中甲科除大理評事遷寺丞歷知臨安諸暨襄城三縣性明果作條教簡疏易行而不可犯遇事不妄發郎人不能撓辨論明白使人聽之不疑宋史本傳爲政簡嚴所至民樂其不擾去雖久愈思之歐陽修墓誌在政府遇事敢言帝語大臣曰吳育剛正可用第嫉惡太過耳進資政殿大學士卒年五十五謚正肅

宋史本傳

寇仲温慶曆初令諸暨未明視事亭午皆畢興學校廢淫祀父老稱之萬曆府志

丁寶臣字元珍晉陵人景祐中以進士起家王安石墓志外和怡而內謹立望其容貌進趨知其君子人也歐陽修墓表用舉者遷太子中允知越州剡縣王安石墓志聽決精明賦役有法歐陽修墓表始至流大姓一人而縣遂治除弊興利甚衆王安石墓志民畏信而便安之歐陽修墓志遷博士就差知越州諸暨縣王安石墓志諸暨剡鄰邑也其民聞其來讙曰此剡人愛而思之謂不可復得者也今吾民乃幸而得之而寶臣亦以治剡者治之由是所至有聲其後天子患館閣職廢特置編校八員其選甚精乃自諸暨召居祕閣累官尚書司封員外郎歐陽修墓表

蘇緘字宣甫泉州晉江人（宋史忠義傳本傳）性忠義喜功名嘉祐中權令諸暨縣處厚與之同僚贈以詩曰燕頷將軍欲白頭昔年忠義著南州心如鐵石老不朽功在桑榆晚可收後十八年征交阯力戰歿此詩已讖之矣（吳處厚青箱雜記）神宗聞緘死嗟悼贈奉國軍節度使謚忠勇後交人謀寇桂州見大兵從北來呼曰蘇城隍領兵來報怨懼而引歸邕人爲緘立祠元祐中賜額懷忠（宋史忠義傳本傳）

謹案宋史本傳無令諸暨事故前志俱不立傳職官表亦無年分其戰歿邕州在神宗熙甯八年青箱雜記云後十八年則逆數之其令暨當在仁宗嘉祐三年故職官表爲之編年敍列并據此以補傳

吳文懋爲諸暨令政尚寬平洞知民隱（隆慶駱志）

陳煜爲諸暨令廉靜愛民庭無留訟吏不敢欺（隆慶駱志）

郭允升令諸暨爲政明敏朝訟暮決判語下人輒以箴銘書之（隆慶駱志）

劉安節字元承永嘉人嗜學思有未達夜以繼日必至於得而後已少與從父弟安上相友愛師事伊川遊太學成元符進士主諸暨簿尋除萊州教授未行改河東提學管句文字召對便殿論君子小人和同之異上稱善擢監察御史自學禁起伊川弟子無顯者至安節與許景衡始見用已而除起居郎遷太常少卿爲宮官誣劾謫守饒州州饑發廩賑之移知宣州大水分遣其屬具舟拯溺而躬督之大疫命醫治之全活者無算有詔褒勉歸功於監司政和六年卒安節從事於致知格物存心養性之說久而有得遇人無貴賤一以至誠至於大節則凜然不可奪以是政甚清簡嘗輯伊川語錄一卷所著有劉左司集四卷宋元學案

陳端禮令諸暨剛正嚴重化民以善去之日如始至隆慶志

全授字與卿政和中爲縣丞嘗攝縣事會睦寇方臘犯境率鄉民

禦卻之隆慶騐志

錢厚之建炎初爲令長於吏治初和買絹諸暨一邑倍於一郡民不能堪厚之力請於當道奏減四分之三萬一樓外集民困以紓嘉靖浙江通志

熊克字子復建甯建陽人御史大夫博之後幼而翹秀既長好學善屬文紹興中進士第知諸暨縣越帥課賦頗急諸邑率督趣以應克曰吾甯獲罪不忍困吾民他日府遣幕僚閱視有亡時方不雨克對之泣曰此催租時耶部使者芮煇行縣至其境謂克曰曩知子文墨而已今乃見古循吏爲表薦之入爲提轄文思院除起居郎兼直學士院卒年七十三宋史本傳

姜紹字繼之令諸暨適歲祲請賑於上得米萬餘石全活甚眾萬一樓外集

劉炳字汝光嘉定間令暨廉明有爲時有淘金之役民甚苦之炳力爲奏免萬一樓外集

汪綱字仲舉黟縣人簽書樞密院勃之曾孫也宋史本傳初知蕭暨二邑歷浙東提刑並有異政改知紹興兼安撫浙東萬歷府志訪求民瘼罷行尤切諸暨十六鄉瀕湖蕩濼灌漑之利甚博勢家巨室率私植埂岸圍以成田湖流既束水不得去雨稍多輒溢入宋史本傳歲爲諸鄉患害綱奏奪侵者不徇請託湖始復舊萬歷府志紹定元年召赴行在帝曰聞卿治行甚美越中民力如何對曰去歲水潦諸暨爲甚今歲幸中熟十年之間千里晏安皆朝廷威德所及臣何力之有權戶部侍郎致仕卒越人聞之多墮淚有相率哭於寺觀者綱學有本原多聞博記機神明鋭遇事立決所著有恕齋集左帑志漫存錄宋史本傳

劉伯曉字晦之山陽人也嘉定中以進士令暨癸酉六月戊子（萬一樓外集）雷雨累日夜淇水交作漂民畜田舍無算伯曉掩泣奔救（於越新編）聞其事於朝委官覈實相繼十有七八皆不欲實聞伯曉與上下其議竟得請蠲租稅一年田之不可復者除其籍民感泣像而祠之（萬一樓外集）

趙孟堅字子固自號彝齋海鹽人系出安定郡王初以父蔭入仕後登寶慶二年進士好學工書喜藏名蹟時人比之米芾初爲湖州掾入轉運使幕知諸暨縣以御史言罷歸晚工梅竹步驟逃禪著彝齋文編四卷清遠絕俗類其爲人（參四庫全書總目提要十駕齋養新錄）

童居易字行簡慈谿人嘗從鄉先生李龔學古文又學小戴禮於校書郎王休一日參楊敬仲與語大奇之遂舍所學學焉登嘉定十六年進士趙忠靖葵開閫淮東以居易攝天長簿元兵攻城急

邑令與主將不協軍民疑阻居易力爲陳解遂協力捍防城賴以全調諸暨簿惡少攻剽爲奸尉莫能制居易以計悉擒之上績課最轉宣義郎知邵武之泰甯移判夔州遷太學博士以身爲教學者仰之以言會子事忤上出判吉州遷本州同知知廣東德慶府撫以愷悌民樂耕桑門不夜閉獄四屢空尋上章乞歸居杜洲之濱學者從之稱杜洲先生參宋元學案甯波府志

家坤翁眉州人淯祐樓志作寶祐今據趙希鵠文應廟碑記更正間令諸暨能文章好獎掖儒彥甚有政績嘗築長官橋今俗名落馬橋爲長隄障水植柳其旁人號家公萬柳隄於越新編

元

馮翼字君輔濟甯人至元中爲縣尹元貞元年陞縣爲州卽知州事隆慶駱志始至察民隱鋤擊奸豪鄉胥有舞文增稅者悉釐正之民

病山園稅重遂多拋荒乃請於總管李朶兒只（謹案樓志落李朶兒三字而以只字作但字連下句讀今更正）以中統鈔准輸田租而免山園之稅又奏罷採金之役政暇輒引諸生講論經史使州吏環聽皆凜凜色動（於越新編）大德二年新建都水庸田司遂遷任焉（隆慶駱志）及去任民遮留不得建祠祀之（於越新編）

于九思字有卿薊邱人大德間知諸暨州俗好訐牒訴紛然九思密察情僞得其尤無良者痛繩之飭勵學校選擇秀茂示以禮讓囂譁寖衰或言地產水晶砂金發使調民丁採之闔境騷動九思力陳無產狀遂罷其役後爲紹興路總管號良二千石（隆慶駱志）終湖廣宣慰使（章志）

單慶字吉甫濟甯人大德十年知諸暨（隆慶駱志）歲饑且疫慶[illegible]死問生曲盡救災之策民感更生相率聽化凡有徵發不勞而辦慶撫

以寬和有爭於庭者進而兒女語之皆慚沮去盜化爲良鞭箠幾措有虎暴入市民惶駴慶爲文告城隍三日虎死廟側浙東蝗飛蔽天入州境咸抱竹而死歲且屢登居三年遘疾卒民皆巷哭挽柩而送者數千人尋爲祠祀焉萬歷府志

柯謙字自牧天台人判諸暨治獄多平反賦役有困民者力爭於上而除之嘗捕蝗境上有相率爲淫祀者取土偶人踣而鞭之以示民曰此不能與命吏其禦災祀之何益明日毀其祠蝗忽飛去後遷江浙儒學提舉萬歷府志

黃溍字晉卿婺州義烏人中延祐二年進士第授台州甯海丞遷兩浙都轉運鹽使司石堰西場監運改諸暨州判官元史本傳其俗素號難治溍不加鄙夷一導以善政民多從化捕盜司屋壞撤而改作無敢後期宋濂金華黃先生行狀巡海官舸例以三載一新費出於官而

責足於民有餘則總其事者私焉滑樽節浮蠹以餘錢還民驩呼而去姦民以僞鈔鉤結黨與脅攘人財官若吏聽其謀挾往新昌天台甯海東陽諸縣株連數百家民受禍至慘郡府下滑鞫治滑一問皆引伏官吏除名同謀者皆杖遣之元史本傳有捕盜卒陰置僞鈔販於良民家乃白於官往索之惡少年持梃從者近百人滑遇於野詰從吏者曰弓卒額止三十安得此曹耶可縛送於州聞者遁走宋濂金華黄先生行狀有盜繫於錢塘縣獄游民賂獄吏私縱之假署文牒發兵來爲鄉導逮捕二十餘家滑訪其情以正盜宜得傳重議持僞文書來者又非州民俱械還錢塘誣者自明入爲應奉翰林文字七轉至中奉大夫旋上章求歸卒於繡湖之私第謚曰文獻元史本傳〔諸暨州謁先聖祝文〕昔者夫子之論政蓋曰子欲善而民善矣滑忝繇諸生與聞有政請事斯語以對夫子在天之靈〔謁三皇祝文〕維三聖人爲郡邑之通祀祀厥有著令滑祗事云初肇以禮見遵舊典也〔謁城隍祝文〕滑被命佐州與有民社

祇役告虔式遵故常治人事神敢不夙夜維爾有神尚其鑒之

諸暨州勸農文古之有民社者必以農事爲先拊循勸率具有其法我朝參稽故典郡邑守令悉以勸農人銜事莫重焉比以受任之初延登耆年詢以風土咸謂是州地產素薄兼之襟山帶湖旱潦相半仍歲凶歉民多阻饑夫不知盡其在人一切聽之於天烏乎可也昔魏文侯使李悝作盡地力之教以方百里之地爲田六百畝理田勤則歲增粟百八十萬石不勤則歲減粟百八十萬石勤與否之利害相遠如此然則欲盡地力者亦在乎盡人力而已誠能率爾子弟竭其四肢之力以從事於南畝將見富歲之入弗減益增蓄積既多縱有旱潦可無乏食之虞矧今聖人在上茂育羣品至和之應必有豐年乃若獎厲而成就之固長民者之責也茲以東作方興率遵故常躬秉耒耜爲爾農勸其尚勉之毋苟以爲具文而藐藐其聽也

奉府帖賜高年帛晚宿孝義山中詩捧檄去州邑承筐布明恩詎敢期稅駕唯知懼乘軒時春雨新已嘉木蔭正繁農人有耕作羽蟲亦飛翻感彼物情適念此王事敦悠悠追長路靡靡窮郊原庶與遺老逢幸聆長者言持以薦芹曝無慚責邱園低回白日晚寂寞蒼山根吾行距游衍此懷誰與論

俞長孺字觀光新昌人歷諸暨州學正治經敦行刻勵好修晚年所造益深教門人務以反身自約達近向之所著有心學淵源及詩文數十卷萬歷府志

楊也速荅兒山西人知州事平易得民及滿任前州判官黃溍爲文送之略曰諸暨古望縣也國朝以其戶口殷大易縣爲州仕焉者往往憚其俗險而不易治務出聲威以臨之恩意日益薄愚民無知苦吏急而不自安始有懷疑飾詐投隙而起者本其所以致此由御之乖其方非人性然也異時之賢守有爲之樹碑者有爲之立祠者好德之心何嘗一日亡況是州之人或出而以才顯或處而以尙義稱俗豈不美治之豈誠不易哉特患爲政者莫知以平易近民耳楊侯其知以平易近民者歟侯仕於京師最久補外得汝州政成又徙諸暨其治汝如在京師治諸暨如在汝不以地之遠近俗之厚薄變其志居之三歲未始鄙夷其民一切除去苛嬈而與之相安於無（本集作其）事不致疑於形迹之間而人自不欺向所謂愚而無知者亦靡然從其化蓋平易近民之效也說者謂能

見楊侯之幾微云萬一樓外集

明

欒鳳字棟德高郵人至正己亥明兵下諸暨明年庚子以鳳知州事廉謹愛民治多政績隆慶暨志張士信來攻與謝再興力守數出奇兵挫敵明史本傳時州民初附軍士下鄉索糧民不勝擾鳳乃置倉出納上下便之謝再興叛以兵脅鳳鳳不屈刃加頸氣益厲於越新編遂殺鳳鳳妻王氏以身蔽鳳並殺之太祖以再興數有功叛非其志故鳳不得卹云明史本傳

田賦字立夫蒲圻人洪武初知州事明年改縣遂爲知縣隆慶暨志時兵燹之後官吏皆寄宿民家賦夙夜經畫招撫流散墾闢草萊興起學校無不竭心力而營建亦稍備焉於越新編

史子疇洪武初爲暨簿剛介有才事至立斷萬歷府志

孟貞洪武初知縣事操守正大庭無滯獄隆慶暨志

袁時億東安人洪武末爲諸暨學教諭深經術善文章誘進諸生未嘗辭倦浙江通志先是學官多扳鄉儒爲之至時億始從銓選具冠帶備儒學之儀隆慶暨志時官聯法峻人皆以田里爲安不肯就學求仕宦及時億至闢有師模乃多從之遊時億著忠臣孝子輔相守令等篇與子弟論說謂得其義謹行之天下國家可幾而理云浙江通志

張眞蘇州人洪武末知諸暨性鎮重廉介是時縣始去兵民稍營聚而湖山閒土最瘠異時賦重皆棄不耕元知州馮翼力請蠲賦乃始田墾至是司國計者欲履畝升課百姓憂懼眞持不可以身爲請乃得減其賦額至今賴之萬歷府志

蕭九萬南昌人洪武閒歲貢爲暨丞博學能詞翰嘗書容忍思慮

四字疏其義揭門屏閒百姓以訟至者必諄諄以是誨之後陞華亭知縣疏民弊五事忤旨被逮臨刑嚙指血寫詩報母有微臣斬首丹心在尚有忠魂返故鄉之句萬歷府志孫敏道嘉靖己丑成進士萬一樓集

熊禮臨川人永樂初知諸暨詳於治體使者抵金淵山取金民皆閧擾禮與府判董瑛極言山本無金前時淘采無獲不可復起禍階使者按視得實事遂寢於越新編

羅伯初廬陵人永樂初爲縣教諭耿介直言後歷翰林院檢討隆慶駱志

錢顯吳江人永樂閒爲縣丞懷才挾器後歷工部主事隆慶駱志

吳亨字通夫鄆城人永樂中知諸暨清介方嚴悉心撫字縣湖田隄壞頻年苦潦亨疏請築隄遏防堅固水不能齧民享其利尋以

目眚免官貧不能歸遂寓安俗鄉卒而葬焉民率錢表其墓曰清廉縣令吳公墓（於越新編）

許璽高郵人正統初知縣事寬厚勤敏鞭朴不施未幾以憂去鄉民送者塡塞道左（隆慶駱志）

張鉞字大器河南新安人正統末知諸暨縣事廉正不阿且有才氣（隆慶駱志）訟清徭省飭學宮修縣廨易浮橋以石梁凡所建置皆遠猷大利會括蒼盜起轉逼壓境東南偏有大山當婺越界居民葉氏盤踞其閒素不奉法將應盜（於越新編）鉞率義士黃叔威蔡宗永等夜擣其巢（隆慶駱志）羣醜奔散盜不敢復窺縣賴以安（於越新編）

單宇字時泰臨川人正統四年進士除嵊縣知縣馭吏嚴吏欲誣奏宇宇以聞坐不并上吏奏逮下獄事白調諸暨遭喪服除待銓京師疏請盡罷中官監軍又請罷遣僧尼歸俗復知侯官宇好學

有文名三爲縣咸以慈惠聞明史本傳

李永字懷永一字恆齋吉水人司訓蕪湖成化初改諸暨性度端凝無支詞僞行抑浮賑乏終如其始居五年卒諸生立祠祀之萬歷府志馮珏爲作祠堂碑文載金石志

潘珍字玉卿婺源人宏治壬戌進士授諸暨知縣政務循良不事苛嬌分省人物考時縣事久廢案牘叢委珍尚少年摘發姦伏過於老吏旬餘百廢具舉萬歷府志刱建預備倉更拓養濟院新孔子廟程力計工民不知勞分省人物考砥礪廉隅迄無敗事萬歷府志正德中歷官山東僉事分巡兗州遷福建副使湖廣布政使嘉靖七年以右副都御史巡撫遼東累遷兵部左侍郎時議諫討安南珍上疏帝責珍撓成命褫職歸尋以恩詔復官珍廉直有行誼中外十餘薦皆報寢卒贈右都御史明史本傳

甯欽字宗堯衡陽人正德閒以舉人署諸暨學諭儀宇莊重性質慷慨以豪傑自許待諸生恩意款洽隨其材質爲科條以督之終始無倦有好學而不能婚喪者輟月俸爲助先是諸生中有持學事短長者稍忤意輒相傾垢欽至痛繩束之莫敢犯俗婚喪多不以禮欽爲繪六禮圖疏附儀注不時陳肄學宮令衆觀覽且有精鑒諸生中凡許可者無不向進十年召爲監察御史多士懷之爲立遺思碑碑載金石志當欽在任時憲司行部至縣以事怒縣令欽爲白并及之後爲御史前憲司被逮欽案獄知非其罪先令人慰之曰毋慊前嫌人服其長者隆慶駱志武宗北巡力諫不聽尋命巡按盧鳳釐剔奸弊晝夜勤力以勞疾卒官湖南通志

朱廷立字子禮一字兩厓通山人也嘉靖初知縣事恢廓有守愛民禮士皆出款誠作訟誡勸諸石諭民無相告訐置鼓於獄四繫

有所苦令擊以聞先是縣有額外長短差歲費民財八百餘兩廷立爲蠲除之山會二縣有海隄之役議者令暨亦歲出夫錢廷立曰居民守土各有分域禦災捍患從其封疆山會之隄而暨與修之暨亦歲有湖隄之役可率山會之民從事乎著海塘或問以難之詞曰或有觀於越者問於兩厓子廷立曰入子之境而聞海塘之議議誰爲也廷立曰瑞泉南子也曰於舊有諸曰有有奚瑞泉南子也曰塘備海潮也近海之人築之舊有也率諸暨之民往供其役著之籍使世講爲則瑞泉子議也故曰瑞泉子也曰議行乎曰他邑行之矣曰子弗行歟奚薄瑞泉子也曰弗行也者厚之道也非薄之謂也瑞泉子有言曰使民者佚民者也海塘之議有佚道焉其弗便於暨之民者有司未有以其故告瑞泉子也曰敢問其故如之何曰暨閒於山湖之間者也暨人闢湖爲田而病於滂

也是故有事於圩猶夫近海之人有事於塘也今也使之釋圩而之塘吾懼夫塘未成而暨其沼矣民孰便之惜瑞泉子不聞是也如其聞之則將曰暨人亦吾民也而吾於近海之民何私焉則議朝出而夕罷矣而奚有於是乃若予也於所謂故則既見之矣而復爲議之從是瑞泉子以佚民之心望夫人而夫人以勞民者事之也不已薄乎故曰不行也者厚之道也非薄之謂也曰當道者是其議著之籍使世講之法也子之言情也將廢法耶曰君子之於民也順而卹之存乎情戀而示之存乎法法固不遺情而情不廢法也子何見之晚耶或者矍然揖而言曰諱矣子之言也而可少哉勉也乎吾望子之不徒諱也郡爲罷議邑東迓福門舊有接官亭後廢修復之改顏觀稼而爲之記曰浣江之東去縣二里許舊有接官亭亭廢豪右據其地而田圃之二十餘祀矣兩厓予復

焉構亭三間門一閒環以牆題曰觀稼或曰奚以今名更舊名也曰子未知之乎諸暨之地湖山半焉旱澇亦半焉始予以癸未涖是邑明年夏旬未雨山田之民走於庭告曰旱矣予往觀焉則見夫田燥如也池涸如也稼綫如欲槁也越三日不禱而雨雨未及旬湖田之民走於庭告曰澇矣予往觀焉則見夫田洋如也隄頽如也稼渺如無見也越二日不禱而雨止是歲稼無全稔予曰是不可以無備冬乃南往山中謂山民曰爾其浚爾池以資灌乎北至湖謂湖民曰爾其築爾隄以禦衝乎民曰吾事也樂而事事至明年三月雨至五月無告澇者六月不雨至八月無告旱者是時也工告亭完予至亭四望則見夫昔之燥如洋如者潤如井如矣昔之涸如頽如者盈如城如矣昔之綫如渺如者芃如碩如矣非得於吾前之所觀耶是故亭曰觀稼庶乎後之來者以時觀焉可

也彼名接官者暫焉云爾喜雨亭志喜也醉翁亭志樂也觀稼亭志憂也唯其憂乃能始而喜終而樂也敢爲說以書諸亭後擢監察御史官至禮部侍郎參浙江通志隆慶騎志王守仁書朱子禮卷子禮爲諸暨宰問政陽明子與之言學而不及政子禮退而省其身懲己之忿而因以得民之所惡也窒己之慾而因以得民之所好也舍己之利而因以得民之所趨也惕己之易而因以得民之所忽也去己之蠹而因以得民之所患也明己之性而因以得民之所同也三月而政舉歎曰吾乃今知學之可以爲政也已他日又見而問學陽明子與之言政而不及學子禮退而脩其職平民之所惡而因以懲己之忿也從民之所好而因以窒己之慾也順民之所趨而因以舍己之利也警民之所忽而因以惕己之易也拯民之所患而因以去己之蠹也復民之所同而因以明己之性也朞年而化行歎曰吾乃今知政之可以爲學也已他日又見而問政與學之要陽明子曰明德親民一也古之人明明德以親其民親民所以明其明德也是故明明德體也親民用也而止至善其要矣子禮退而求至善之說烱然見其良知焉曰吾乃今知學所以爲政而政所以爲學皆不外乎良知焉信乎止至善其要也夫鄭天鵬御史吟送邑令朱兩厓被召之朱夫子何行行天書遠召趨神京慈母之去民欲哭吾獨喜去爲鳳鳴百里封疆何足惜爲鳳鳴天下平

尹一仁字任之安福人嘉靖十一年以舉人署學諭温厚忠信尤

喜接引後進初至即教人以致知求觀本體諸生譁然久之見一仁事事反躬約已取與辭受咸要諸義始翕然信之時紫山書院初成一仁爲諸生陳布科條作止進退坐臥歌詠皆有節次隆慶駱志院有求放心堂一仁爲說以諭諸生曰至誠不放者心之體動而後有放放而求之者善反之功也人心何能不放然雖至於奔逸馳逐之極而其本體之明未嘗不自知也學者於日用閒每即其能知者求之所謂求放心者在是矣求也者從其放而言之者也心苟不放何求之有知其心之未放時虛靈洞達本無一切習染之情唯精專乎此可也若或懼其放焉而輒動求之之念是嘗无妄之藥而割肌使潰也非即所謂放乎苟自知其心之放矣又不能即存其所以自知之心乃若別有心在外而求之使返將遂至於起伏無已生滅相尋猶窮響以聲形與影競走也得乎是故學

問之道無他求其放心而已矣求放心之道無他致知而已矣致知者致吾心知放知不放之實而毋自欺也於戲致知之義大矣哉學校志一時傳爲名言六年遷工部主事隆慶駱志

徐履祥字子旋長洲人嘉靖壬寅知縣事明敏有爲以縣寡文學加意振作凡在學之士無不愛而禮之萬一樓外集重建學廟事載學校志錢德洪記於學前環西築一隄人呼徐公隄樓志建置志復葺紫山書院敦禮師傳以教民子弟之有質者且爲復其家諸向學者家有小過皆曲宥之於是溪谷山澤之民皆知向學焉萬一樓外集後同邑陳允堅令暨邑人駱問禮序其德政簡請詳入名宦祠卒不果駱問禮簡陳毅軒大令書竊惟名宦鄉賢二祠係國家風化重典不當祀而祀與當祀而不祀皆非至當本縣鄉賢祠有越大夫范蠡夫范雖仕越非越人也越絕書曰范蠡其先居楚也生於宛橐高誘呂氏春秋註曰楚宛三戶人素王妙論曰南陽人列仙傳曰徐人註吳越春秋與史記者大率據之其非暨產明矣緣本縣山有名陶朱者井有名鴟夷者巖有名范蠡而湖亦有名五湖

者好事君子遂以爲眞而祀之不知范之出處甚顯去越始自號鴟夷子皮居陶始自稱朱公暨安得以名其山川名之必有別說非眞其故里也夫非其鄉之賢而祀於其鄉則不惟祀者爲虛而享其祀者必有不屑雖曰重之適以褻之耳若名宦則鑿鑿不可磨而又非暨所得專美此鄉賢祠所當議出者也本縣名宦其原已入祠與見履崇要者非所當議外嘗念嘉靖年間知縣徐諱其履祥者直隸蘇州府長洲縣人由進士在任精明廉正卓冠一時其尤著者則是時民俗尚利好爭不知好學因爲加意凡民閒子弟質有可進者皆勸之學與在庠諸生一體作養飭館延師授餼備用仍復其家雜役眞若父兄之於子弟漢蜀之文翁不是過也以故一時興起風俗爲之少變垂至於今雖所成就者落落有數而向微本宦則雖後之作興者未嘗乏人而風漓俗俚又將有不止如今日者近見本縣小民感德之私雖勝而仰德之見未眞生祠縟典趨新附熱而於本宦反寥寥焉即蒼顏黃髮者口不絕頌而靑衿突弁之輩漸不能道其衣冠動履之常矣先今不爲表揚後復何知此名宦祠所當議入者也顧謭陋之吏存之俱非一日而不敢遽露恭遇臺下政教鼎新大小廢舉動協人心正典禮以隆教化百歲一時也冒昧陳瀆惟照原之

林富春福建惠安縣進士嘉靖三十四年令諸暨暨自成化後舊城漸圮居民據爲室惟門存時倭寇爲患請築城公帑告虛請賣官泌湖並報可乃擬築撓者紛紛榜示曰城本官地決不與民城

本官造決不擾民遂興工不笞一民剋日告成自爲文記其事記載城垣志參章志建置志徐渭賦得城山篇爲林諸暨別號郎官身本是長城況住城山得勝名遥憶諸峰當戶列應如百雉帶雲平松蘿自記經行處水石終懸宴眺情寄語移文草堂使他年身退待功成

梁子琦字汝珍號石渠壽州進士隆慶丁卯宰暨爲政以開悟人心爲本潔身澡德貞志立教未朞月政平民熙初嘉靖間學諭林志與一二生儒惑形家言圖遷本學於郭外金雞山下盡鬻紫山書院田以充費費罄而學不果遷至是猶有鼓其說者子琦力闢之一意葺舊乃大恢學規以居師生異謀始息學校志及錢德洪修學記復修預備倉以廣積儲邑人周繼夏爲之記記載倉廒志建置志縣南十里許曰黃白山渡向設官舟覆溺千計行者病焉乃謀壘石爲橋捐俸金以爲民倡擇日鳩工民不知勞姜子羔梁公橋記南北飛亙穹然若虹暨民德之號梁公橋樓志萬歷間劉光復重修之更名會義橋

互詳山水志駱問禮歸自滇西謁梁石渠公生祠詩已分雲泥不再逢敬瞻恍惚夢魂中飛騰萬里經綸略伏臘孤城衮甫容庭樹新柯陵雨發澗毛清馥帶霜濃山翁不解歌堯舜只對歸人説召公

謝與思字見齊號方壺廣東番禺縣進士萬歷九年宰暨性明敏敢任事凡有興除知無不爲後令青陽劉光復以民繫去後之思屬邑人陳性學誦其德政而勒之碑蓋其時已越二十年而思慕之情猶如此亦可以想見一斑矣陳性學謝公德政碑今之令遷而去則必羣士民而謁藏其冠履則又册之豐碑以志德也則又像而祠之般乎其不能已也居無何有斷其名蝕其址矣夫所私者之思固非千萬人之思且昔偶閒或以後先輕重相牙而今所斷之蝕之者又未必非鄉之謁而碑而像之者上之人固曰吾業已遷則必覬以爲名而可藉手於嵩道下之人固曰是業已遷矣何愛乎一日之逢而且得乘其膴以有利也以故今之爲去後思者非諛則僞而余卒不能釋然於謝侯侯番禺人諱與思字見齊別號方壺以萬歷庚辰魁南宮比授職得諸暨令時侯方弱冠典銓者相傳以暨嚴邑將更之侯曰擇官避難非臣節也其乃公諱元光者繇治縣循良晉州長爲開諭方略則跽謝曰兒自能辦無所恩公爲於是下車嘗括田之役狡黠者每受賕上下其手侯能於掌中歸除一卓指輒罪其詭者雖磽陿沈斥必親歷故竟役無尺寸爽而所過供億又無受纖

毫其始視事時故益罷晦吏抱牘環廡頭遞進侯輒不問署之居有頃復署如初署畢諸吏將退忽叱某某立楹下數數之曰若所舞文法計得錢幾所云云因命卒持下榜百其所歷數無不悉中吏詭以爲神邑故剽疾負盛氣少齟齬輒投鉐箭中人產爲破析然父老趨譬畫解之尋亦罷去故侯受訟非再造趣獄吏者一聽之邑尤好妄訟殺人侯下令凡里中殺人必與三老偕來訟乃爲理由是無復以是詭侯其窮竟亦未嘗持成心惟不欲令吏胥肆神姦嘗標數十牌於門有願置對解息者各持入門梟而不帳郎版名次者欲以疾徐取貸無得也故事民屬郡請室者郡發健兒逮捕於鄉其憑社尤橫恆徙家避之鳥散鼠竄捕掩無量侯白守相必傳檄抵邑令致之毋爲民擾故有到縣廳米一升之諺乃月一征摧多寡惟其便至期始責獻程焉且懸金鼓於門隸役小有所需索令擊以聞民益稱便會文學使者按部得弟子員若干人當謁廟慮博士之不飾者箕斂羔雉不賞遂躬卒投澤宮而恐其終獲罪博士尋葺紫陽書院舍之月給耦粱因偕諸弟子員操鉛槧手授藝焉其澤宮右有長山據上游縣又居澤宮左堪輿家謂不利於長吏吏縣門麗譙爲左顧以厭之其後邑中多故滋官者亦不利時有太學生某爲道始末侯亟復其故日苛利於民何惜長吏第奉職無狀爲祟耳無徒咨茲樓也侯於時舉秀才曾一詣縣門隸拽之遂拂衣去曰吾知所以治矣故服官一意以摧奸保民爲務諸縣役無不人人自劾求去其留者則無不人人貿質衣裝者居恆非燕客不殺生冬月猶葛穿臂膝處俱刓其釋褐所綴裋靴襟露踵決不易也過早齋居步禱不入臥內爲民有所與除則操牘達旦至往返數四必得報可後已其不善卑節以搆聲譽

可知侯之積精委神知有民而已固不知衣服被於體膳啗嗛於口絕幃帟之私脫誹譽斥沈之慮以質之於舞象之初而堅之於歇歷之後故侯之不以遷也以諵諵且死死且十餘年而謳思悲慕不衰夫侯故未嘗碑且像也權去暨後三年士民僅立片石而須駱大夫記焉乃深山窮谷無一非碑且像也無一不蒸嘗謝侯也侯不強而效之民民亦不強而效之侯斯誠之一極也今劉侯稔聞民之思而謀以記之則記侯者非余不可余曩以疏論政府待罪嶺南於侯父子最習茲又數官閩習侯之治大田者其治大田復論謫以不忍於鄉薦紳卒中之故韋籥木㨗以歸前束圖書後負嶫被居家拍浮斗酒讀離騷竟沈於南海之濱夫再謫以死死且十餘年而暨之謳思悲慕合於田之謳思悲慕無兩豈偶然者余不能枚舉美政大歸數事而結為大年者固有本也悲夫悲夫文能泣鬼神而或見詆於寐眛精能變天地而時為鄰里小兒所陷實能飭廢起頽興化善俗而適得杜後惠文之彈治自古英雄往往而是雖然浙有暨閩有大田侯與之而俱敝也復何憾劉侯與侯邈不相及而汲汲乎張民之思劉侯之誠一於民其徵也夫劉侯諱某字某別號某萬歷戊戌進士青陽人

汪應泰臨清人駱志作無爲人由進士任諸暨令破巨姦翦劇盜有能聲當事以定海爲巖邑調署之後召爲刑部主事定海縣志

李思誠江西豐城人多才工詩綽有冰蘗聲駱問禮民心公論序萬歷十五

年由武康典史遷諸暨簿年強度雅在任不問鹽米箇舍蕭然而幹局更優邑人敬而愛之值長吏入覲或曰當有贓不能辨曰吾敬長官以雅道正長官所望我者長官喜曰有佐如此足慰人心時執海塘役方有功人謂必得美陞而忽轉王官不能治裝寮長曲助之始得行父老皆流涕駱問禮二一主簿傳

時偕行字乾所江南嘉定人以進士起家歷確山長興二縣調諸暨多惠政著教民彝訓邑人駱問禮序而行之復於宣何剏設公館官民便焉後調定海去之日民於宣何公館傍立祠祀之駱問禮爲作生祠碑紀其功德今宣何祠圮乃與尹公從淑王公嘉賓合祀於靈雨祠中駱問禮教民彝訓序時公之涖我暨也不數月而百務具興公私樂業因緝男女之要行各數百言爲訓嗚呼此三代以上良宰執爲不可一日無而後世視爲具文者也而何幸見之詩不云乎愷悌君子民之父母說者謂愷以强教悌以悅安二者缺一不可公自涖政以來凡所作爲皆崇本務實眞所謂視邑如家視民如子以故觸處響應訟清盜緝積

遠宿慝莫不就理民且蒸蒸向方矣而復有是訓將驅悅安之衆而強之爲善公先會諸士子課文未嘗不道以德行繼頒保甲令一以講明聖諭爲首務而更益以此蓋尤其喫緊者愷悌兼至何以加此夫世風民俗上作之斯興而文告話言三代所不廢斯訓也據實屬辭撫之易曉而玩之愈深義例之正上可以爭衡於謨誥風雅以不肖讀之尙若發矇況夫有識誠使爲父兄者以教其子弟爲子弟者以事其父兄而內內外外各以相正有不三代其風俗而爲社稷盈成之助者吾不信也夫吾越文獻甲中原而曁獨寥寥不才生長其中郎寡昧無當感事觸時未嘗不欲偕父老子弟一洗凡鄙而德薄力微衆莫之與固嘗叨寄民社而優游玩愒亦無成效不圖獲覩此舉也能不怡然適奮然作忘其魯鈍攘臂挽幟與林林者朝惟夕礪以終令圖顧所以共成此舉在各有志者之自盡耳夫秉彝好德人所同有所患志之不立郎或有志而困苦累其心風會拂其向不自知其湮沒識者且爲扼腕今吾與父老子弟安養於愷悌之化而不能更相勸勉佩服雅訓以終令圖甯不自負其遇哉大都上德惟風下德惟草草上之風未有不偃而率先草莽當自衣冠之類始不才殊猥瑣固已濫附於衣冠之列矣贅陳其說於公而序之且因以自策云

騐問禮邑侯時公生祠碑蓋公之以文武威惠見知當道也奚遷定海時方嚴海防以定海當要津借之爲鎖鑰云遷不半歲而邑之父老子弟無不如赤子之慕父母也競爲祠而祀之索碑於不佞始宣何諸父老介諸生至予惟曁之東有我楓橋猶南之有宣何也爾思我公我獨不然而暇爲爾謀耶謝之既而通邑父老亦介諸生至予曰既嘗謝宣何父老矣若通邑則舉爲公事尤重昭盛大以埀不

朽此係籍聖賢者之事山林枯槁其將奚爲固謝之既而楓橋父老聚而詰曰公之惠在此鄉尤深汝不發一鄉之情使公英標如在汝獨不受公之惠耶而以不文辭耶予曰諾則嘗有所懲矣曩不見父老有所購而頌乎朝琬琰而暮草莽予不惜草莽惜非人情爾父老曰非也如爾所言殆上下之以僞相與者爾公離暨久寵辱榮利無所施於我而吾民思之不能已此皆至情汝獨不見漢劉一錢之廟至今不泯耶予首肯之既而會於邑城各申前議子曰一無知能塞多方責耶有何生者躍然曰我宜何先祠又早成爾固有言矣遂爲碑而繫之以詞使祀公者歌焉公諱借行蘇之嘉定人以進士起家歷確山長興二縣始至我諸暨其廉敏公慎如絕包苴平獄訟慎徵發造士重農以及編保甲頒教諭置義倉練鄉兵固城垣之類莫不井井熙熙者皆其粗迹要其氣度風神能使遠近風行而雷動非有大過人者何以至此即言宣何三百年來無館穀地來而往馳傳者止民家祠宇公私不爲便公捌建公館義倉之閒其若干楹詞曰猗與公兮今何方兮蕭衣繡裳整容端範兮維海之邦猗與公兮昔何方兮神清氣揚體國庇民兮茲山之陽奪此予彼重疆埸兮敢以爲愴日吉時良羅牲瘞兮歲以爲常憶公沛澤兮何啻江海之汪洋豈此一飲一食而足報且償抑公勵操兮何啻凜烈之冰霜即此一飲一食而肯啐且嘗况公方翱翔兮法禁嚴廊遠表邇匡享天祿而陳犧薌兮能顧此一方顧公之衣我食我撫而安我如父母之於赤子左提右將日無央兮有此一飲一食而能父母之少忘燈煌煌兮鐘鼓其鏜鼎氳氳兮玉帛在筐風穆穆兮恍若公之有楚且赫振履而鳴瑲公其

來享與否兮胡川谷亦爲之響應而亘宇鬱然其有光風和景長雲霞爛兮若爲之獻瑞而呈祥扶老攜幼拜起滿庭兮所願嗣公躅者皆公之臧兮錫福無疆

邱可詔福建上杭人萬歷二十年以貢士授暨簿勵志守素一塵不染遇有委勘拘兩造曉諭再四必令自相輸服以末減讞時當道方薄佐貳而簿亦凜凜奉禁令不得少展其才一長吏初下車私贄燕例頗費適家人至有餘資盡用之家人有難色曰吾囊羨而敢薄吾長官耶及後復有禮際不能繼曰吾囊罄而敢瀆吾長官耶人以爲難所司捕一士人縛一盜至視其創重白長吏曰頗有傷姑弗責且繫之士人方快其縱而盜卒成篤疾坐是罷職謂致其疾者簿也萬口寃之駱問禮二主簿傳

尹從淑字道傳一字又方四川宜賓人萬歷丙戌進士甲午知縣事惠愛廉明章志辨糧侵漁弊多害難枚舉從淑定爲清政之法析

戶折丁實收實折立石縣門永爲法守駱問禮食貨記他如修學宮築大侶湖圩牐建文明閣葺紫山書院凡所舉措悉規久大民懷其德立祠祀之志章後祠圯今與時公偕行王公嘉賓合祀於靈雨祠中

陶允宜尹侯德政碑越之屬八諸暨其一也而距府最遠蓋一邑而接九壤襟江而阻山中多大澤戶口眾則嚚訟興財賦廣則逋逃夥淵藪交錯則宼盜蔓滋城社糾棼則弊端叢積自不佞覩記以來令茲土者亦艱矣銳興革或咈輿情保安全終鮮吏績民何以稱焉唯宜賓尹侯素以文章節義世其家自對大廷宰劇縣往往以治行高天下銓司再舉調繁而後移諸暨識者難之侯曰吾先君捐軀報國下置死生於度外今兄弟幸登甲科寄朝廷百里之命敢論利害哉下車卽問民疾苦察其情而度其勢劑其輕重緩急之宜有詢之孔多而決之獨斷者有驟然劈畫而大快人心者有輾轉圖維而克垂經久者有朝聞於上而夕報可者有持論適年而晚獲從者其大略如催科苛急生理蕭條於是有十限適均之議豪右侵收保家乾沒於是有花戶自投之議賭博藏奸因緣爲盜於是有里社條約之議受瀾通潮條盈忽涸於是有溝壩蓄洩之議文運未宣科名久淵於是有修黌建閣之議白役下鄉猾書納賄於是有申嚴蠹弊之議司橃喧訌於公門解戶安享於私室於是有調停起運之議枚舉未能口碑具在用是賦充盜息吏畏民懷暨陽風俗煥然丕變邑士大夫父老喜其來歎其晚又懼其徵召之速而極盛之難繼也迺列其實蹟鳴之上官冀得立石

縣門永爲法守當事者許之因屬不佞爲之記余常讀令甲禁見任官不得立碑而今父老以是請監司以是聽大破常格則公與私之判也以予覩尹侯之爲暨也有二難矣夫令者親民者也以情可與樂成而不可與慮始使之以義田疇所以興歌繩之以法麛裘爲之致謗執一則伐異膠柱拙於鼓瑟聽百則黨同築室稽於道傍故信下難令者宰邑者也邑之上有郡郡之上有藩臬撫按當郡太守意未必諸司之爲何當監司藩臬意未必兩臺之允若攘臂則皆爲越分掣肘則阻於垂成故獲上難然而侯皆易之何也所以行之者善也聚精會神長慮卻顧利不伍不以興害不什不以去明也兼視博採相機乘便有所變通於今而無所出入於法公也建白洞於觀火碩布捷於建瓴堅如金石信如寒暑定也而又本之以仁如保赤子率之以廉不異寒儒舍鷹鸇之意藹鸞鳳之思秉松柏之操絕苞苴之路覩侯之實政鏡侯之實心如揭日月而中天矣語曰有關雎麟趾之意然後可以行周官之法今侯有此二美以行三善雖以宰天下易耳何有於二難他日銘彝鼎而勒旗常則於是碑爲小試矣余不佞與父老有厚望焉是爲記

陳允堅字毅軒長洲人萬歷乙未進士授諸暨令未出京邸觀輿地志暨邑有僻刁澆之注卽思所以變化之歎曰易俗移風事在人爾涖任治尚愷悌勸民息訟嚮所謂刁者洗心過半良民益爲

醕謹府志邑有溺女俗嚴禁之又慮民苦嫁資爲定上中下三等議婚時卽約定夫家不得爭厚薄民甚便之其俗遂化無錫青城鄉保嬰會得一錄後調繁石門去四民皇皇如失慈母攀轅不得歲走石門謁之允堅亦不忘暨民休戚子仁錫進士第二崇禎中贈允堅翰林春坊府志

劉光復字貞一江南靑陽人萬歷戊戌進士令諸暨潔已愛民始終不渝遇事果斷無能旁撓府志廉察姦非亡不駴詫流汗竊怪令神明也邑有父子夜竝守麥爲盜殺吏意其仇爲之捕而拷掠十年不決波及逮者相繼瘐死光復至未幾錄麥獄令闔者縱邑人入觀於是殺人者亦雜其中探耗光復先爲摶景掠所逮逮微聞同逮者某知其事因大呼而卒惶急誤呼殺人者之名旁觀者竊訝其非是光復捉而詰之果卽殺人者自言偕一人盜其麥不虞

爲所見故殺之歸而悔諸母母驚起爲鄰某竊聞故曰某知其事也於是窮究悉合遂抵法一郡稱明中黃門出治礦稅閭巷震恐依山谷者多徙去光復曰浙古揚州地禹嘗制荆揚貢三品湯鑄莊山周廿八守厲禁固不足爲聖朝病獨計典守濮惡經制失節流禍元元守令貴在調停若嘵嘵過激即福山益都以及南康何裨哉礦使至縣門頤治器具直蹤席舉身語之曰高帝卻礦議憲宗亦錮河南況邇者礦氣獨盛於青兗之閒暨產微不足償供餽耳使者以其言婉而有理遂升車去秋毫無所犯（陳性學送劉令君入計序）暨介萬山閒而七十二湖處於下流山田易旱湖田易潦光復相度地勢於諸湖中畫爲經界築長圩以捍水置水門以時啟閉立圩長數十人令督領培補歲以大稔浣江出縣界地勢犬牙錯水至此盤渦不瀉上游潰溢光復欲直其江以地屬山蕭率民夫數百

入一夕開通謂之新江水患大減著有經野規略一書又置義田數百畝貯租備賑立義冢百餘處掩骼埋胔停喪溺女錮婢及同族爲僕之弊悉革除之浙江通志擢河南道監察御史神宗定儲事光復贊成之見統紀府志後以梃擊事帝幸慈甯宮召見百官亦從光復請也光復越次大言觸帝怒逮下詔獄明史紀事本末暨民周國琳等疏救尋獲釋陞光祿寺寺丞卒贈太常寺卿暨民追思建祠凡六十三所府志

〔寄豐城令傅徵初筮仕邇言二則〕昔人云三折肱爲良醫弟非良醫亦曾折肱敢效涓滴於左右大凡世路雖多坑塹吾心自有周行敷政不越寬嚴而嚴之得民鄒郎弟初遭訴病可知也故欲其禀然不犯尤示以藹然莫欺致治惟求利病而利興則病除即今暨民樂輸赴工亦其驗也故欲斂戢奸蠹莫先則壞有成任事必度已能甯損事莫厭事安詳而無不理矣聽斷必平其衡甯任理莫任術公恕而無不愜矣有言逆於心必求諸道士夫之意氣相加或有闕失自反自克而毋遽與相左有言遜於心必求諸非道左右之先意承志定爲設除日戒日愼而毋輕墮其餌掩瑕讓功則同濟相安流慈秉義則百姓親附隱惡揚善則士類彈冠堅心忍志則當道見容凡此皆弟之日臨羊腸而以爲如此可庶幾也　語云門内如秋霜門外如冬日而門内

之鎮撫昔賢所愼蓋彼之伺我常密而我之防彼難周或乘隙而投連機而中喜鼓我怒張我疑難我危撼我名誇以忻我世貧以誘我見端露倪以嘗我所好益致之所惡加嫉之旋探其不然而旋轉易之若以爲不解而若以爲無成心也者入而諾諾出而諺謬變態百出不窮其言儘鑿鑿有據其意似戀戀不欺其中亦閒有誠僞相參者然聽一言而羣以言售不必然者至矣悅一意而羣以意中不可惻者夥矣倚一人而人爭附之彼倡此和爾揚我譽前後左右聯若一人我爲所役而終莫得其開矣縣中豈能少此輩特各授事責成少令附密其上司文移各曹自有舊規有當稟白耆或僉押時令彼條說量度而裁之藏奸悞事者壐懲勤愼能事者禮待而露信任之意簡易端詳以達其情正大嚴飭以杜其閒庶不墮鉤餌而快興情吾嘗謂衙門淸則四境淸亦竊慕古人之風然瞬目而玩者卽至受侮日多但時察覺防閑於常役使者更甚猶未知得免愚弄否至投文聽審無事人役切不可在旁彼能慮傳淚張足以惑衆故也不若吾以至誠動民以正理諭民以恕施乎民民亦有心豈甚深情否則確然者輕擬獄疑者姑置或發處以消其忿或調停以息其爭而大獄重情上司與閒者從容請教而審圖之甯詳毋略甯遲毋急則求之吾心而權衡已得自鮮敗事燕人之告越人舟也言則否而心則是亦或以當一榜一楫之用焉

〔經野規略自序〕孟子曰受人之牛羊而爲之牧之者則必爲之求牧與芻太史公曰飢寒切於人之肌膚而欲其無爲奸邪不可得矣管子曰衣食足而後知禮節則奉天子明命惠養一方元元計所以哺字安全之俾無乖戾忿疾之心愁歎不平之辟者非導利而與以自生不可也暨之民率貧生田畝暨之田又

半屬下澤高田雖磽十年而旱者二三棗栗茶筍麻麥絲絮之產出處山民猶得各取所有以濟燃眉可少緩須臾無死若低田則與浣江平上流澎湃而來者不知幾千百派中之容受處僅一衣帶下之歸洩處若咽喉然驟雨終朝百里爲壑十年而得無害者亦不二三暨民蓋無歲不愁潦矣況一經漂沒居無廬野無餐立之乎溝壑四方耳每見埂倒老幼悲號徹晝夜此豈爲人上者所忍聞而得坐視之乎光復戊戌冬抵暨值大祲之後次年焉夷爲虐各湖遍沒幾無以爲生幸天牖下民予巡視所及詢無隱情令鮮玩梗受事約成不聞慾期比年遂獲大有民始知不爲徒勞嗣是歲歲畚鍤亦歲歲逢年而長年三老與力田者謂人事未盡天災所時有也官民未習大功不易就也欲因眾心之鼓舞圖生養之永計害祈盡除利祈盡興時雲中劉公撫越諄諄勸以必行當道俱交勉之於是鑿渠導流芟穢塞竇丈埂分築高廣倍加兩岸有路通行灘中無物作梗十旬而千里之隄屹然暨民之勤生固如此哉吾何與焉倘其祛故維新而盡若茲也禮讓之風予日望之乎雖然桑田滄海天地不能以自必此特其大略也若謂今之壘土者遂可晏然無事不幾誣暨民而禍後日乎獨念譾劣如復黽勉朝夕猶荷天祐以無荒民事況聰明特達百倍於復者耶暨誌有之日三夜月明來告旱一聲雷動便行船則暨之所重與思所以重暨民者可知先務矣

陳性學經野規略序　太史公嘗言江淮以南呰窳偷生無凍餒之人亦無千金之家暨且依山盤谷水易暴漲復易瀉涸高者好雨卑者好暘非五日一風十日一雨全暨必無各足之歲是暨固山邑而反苦澇暨固澤國而更苦旱旱則雖無珠璣琫瑁齒革之利而猶有漆絲帛絮棗栗之饒澇則

大澤中一望魚鱉匹夫編戶之民智謀不長袖手待斃非有發徵期會以其捍大患惡能逞北山之誠一以自濟也哉神禹不生天下豈遂爲沼池陽劉大夫國器無雙治暨不三年而庭可張羅臥犬生氂尨嘗曰倉廩實而知禮節衣食足而知榮辱非空言也暨疆畝百萬而大半當水之衝顧自披草萊以來未有蒿目而力捍之者豈以爲迂緩而簿書是兢兢耶乃以單騎循浣江而下度其兩隄以圖培之令田閒自趨力而民亦閒復惰窳不前者夫計畝而培之畝不寸許耳卽曰貧者所培如其畝吾自是以易百年之膏腴何弗利也故曰可與樂成而不可與慮始董率勞來大夫恒身冒風雨暴露於外不辭困頓而收比年之穰又周視水勢凡紆迴處舟行數十里而陸行徑捷可數十武者皆鑿直流以殺奔潰之勢新流徑則故道必壅新流鑿則分土者必怨大夫非特各善其宜而鄰邑境上曲流爲吾患者審顧定丞召其民盟而鑿之曰毋令秦越之築道旁也快哉此舉蓋囊者明詔復浣江入海故道其後議者紛紜不決以迄於今大夫固善爲權變以力捍大患如此卽其所立永利倉者亦以漢之常平倉後世往往失其意至類青苗法大夫爲捐其息歲久取其息置義田以備旱澇之無可致力者嗟乎立法之艮至此極矣夫捍患則勞勞乃永逸法久必窮窮則必通禹治洪水萬邦作乂大夫之粒我蒸民則暨之禹也余聞之父老閒者以農隙治水數月不雨倉舍鼠爲徙去大夫之積精委神以爲暨也顯穹諒之矣今取其書讀之阨陋沆斥無所不至鎦銖尺寸無所不悉窔奧熒燭無所不照天下奇才也暨卽惰窳當無飽衣食而具鬚眉者矣余願後之代大夫者守若晝一可也

宋賡送劉令君入覲序

蓋聞鄭大夫之言曰治民者不改其度

乃克有濟善政莫如猛猛所以成寬夫以鄭之族大寵多民有慢心非猛胡以糾之而庇其衆卒之政成民孚稱遺愛焉假令輿人初謗而僑也改度鄭之民其弗永終惠矣越邑八暨最難爲其他山确而湖陂高者畏暵而卑者畏浸民無恆產歲比弗登往往爲溝中之瘠里賦官租累逋以千萬計督課使者趾相錯於道弗能完其民頑而武健疾貧者三五羣爲盜其俗氣使而好訐獄訟塡委奸人猾胥巧發伺便其士僻處椎魯無閒洽游覽以飾其固陋故賢良文學稍紬焉候至則謂是皆無難也難在當事者不審寬猛之便宜察威惠之次第而輕重布之不務去太去甚與民更始而徒因沿敝習闒亢苟安以庶幾乎飲醕鞭蒲之譽致使奸民受其利而窮民不蒙其惠政無度故也乃進父老備詢所疾苦狀弊利原委囑如觀火倣古僑治鄭亮治蜀之意而整頓之欺隱有罰侵漁有罰嚚訟舞文有懲里保什伍有禁片言摘發藥若神明胥吏抱牘而進不敢仰視萑苻不敢宵嘯而累歲積逋奸宄穴窟其中者一切督責不少假時有不便於初令者幾致輿人之謗矣侯謂古人苟利社稷死生以之禮義不愆何恤乎人言吾終不改其度居無何設法議賑溝壑頓起赦小寬贖無告更生會礦員欲有所騷動民恐奔命不遑侯善調停之一無所取於民而事寢境內宴如莫知其功兩造具單詞立決無不人人首肯庭無滯訟訟亦衰止稍暇則遍歷郊坰孰察原隰高濬池陂卑固埂圩俾商羊肥臘不得乘不備而虐我民民亦庶乎有恆產又以其暇新神宇創尊經表忠聖葺輿梁百廢具舉皆百姓之所樂成樂助而惟恐後者其注意則惟文學教化日孜孜焉庠序之閒聯師儒而富載籍庋閣橫經圜橋講藝遠遵程朱之格調近翊新建之正宗業已操

履冰雪視躬爲諸士範而諸士且瞿然顧化彬彬行有其文猗歟侯之嘉惠於暨者良深哉夫昔之論政者必曰三年有成侯自釋褐而服官甫兩朞年而治成若此非夫才合於誠義以行惠定規模而從事卽有眞實愛民之心不幾於慢而窮乎鄭大夫政不專觭惠而孔子以謂惠人原其心也侯茲以入觀行矣循良異等將不次如積薪倘子產而去誰其嗣之越之士大夫且圖且詠而不能旦暮釋侯宜也是舉也倡之者侯治傅君賓而踵和者則壽君堯臣朱生席錢生梧傳生宗周生維楨錢生壽彭陳生應禮陳生錫恩傅生應麟列張潘生悚也余老矣不能文藉侯之庇而無以謝諸君子請爰書其首以紀盛雅云

陶望齡前諸暨令劉公生祠碑會稽負海受上游諸郡水釃爲東西兩江西江烏傷浦陽水所出也道於諸全維浣浮於麻溪入於餘暨達於三江同於海其受巨其趨海遠寄徑過什倍於東方常爲山蕭菑患勝國未築壩臨浦閉麻溪以過浣水更疏磧礦納諸錢塘江然磧礦東兩厓流不得駛又潮汐持水去來大江漲怒時不可卒泄閉逆浣以入而故所捐寬閒地豬水曰泌湖者民積盜田其中官遂嚮之殆盡水盛時靡所休憩則橫決敗圩於是西江之患獨中於諸暨矣暨之原田率高仰而竝江沮洳曰湖田各治圩捍水大小七十有二所食民中分其邑歲潦每每害稼是暨人恆半餓也夫水害如剩賊然莫禦其來而利其速去故嚴壁繕完以待之無保奸無齎敵以驅之令寇來失便毋爲巨創而已暨土斥遠其人婾富家率甌脫湖田治弗肯亟貧者力少弱償植犅耔藝不謀斂幾幸旱暵則擊鼓封豕而賀逢年隄防敝惡日哆月削而江壖行水地顧聽民私防閑爲小湖或樹桑柳築廬舍墆塞要害與水爭尺寸篙梁曾步

截江如檣往往而是歟之戰壘以延敵來逆其去也又百方撓之此所謂保奸畜賊者也前諸暨令青陽劉公明恕而忠信洗謀而善斷撫裔招利正俗格奸七年之中靡事不舉暨富人役族姓夷於傭奴買婢至老死不壻父母喪停葬不薶或至敗槨產女多不舉積習相恬莫可剗改公慨然懸榜訓誡若曰四弊弗更令即失職不得復對士民矣暨人感其誠俗爲大變爲政識體要計畫久遠事既晰即堅守而力行之謂暨疾苦無甚於水治水之法三曰屏曰懷曰捍捍如守障懷如受降屏如逐賊湖田畝之多者無甚大侶白塔於是大鳩其人以隄之度其廣皆可旋車也圩成建長以董之畫地以守之待材以備不虞信罰以繩不率足以捍矣所盜田之據江瀆者廬舍蔬圃蔣茁竹樹之植水道者漁之截流畱箔必伐必撤若喉刺拱若腹瘕拔水之至者漾濱淫裔而得所趨於是足以懷矣去邑七十里曰黃沙匯三十里曰蔣村匯江又折行迂五里許其徑八十丈公按視喜曰水直走視折旋倍速又以八十丈易五里之遙不啻千百矣蔣村鄰壤也遂以便宜夜發丁夫三千疏土三日徑穿河成而鄰未及聞水益奔注若歸師之得縱蓋湖之工於是乎訖爲方是時湖田連稔數歲稇載溢塗廩廥充滿民歌舞之公既擢去乃醵金即蔣村之湄奠棟礎爲公生祠有石麗姓諸生翁孫謀等以父老意屬予紀其績予聞名法家之言民心嬰兒也修禿治瘍先號而後笑夫孫叔史起西門豹召信臣名爲能吏咸用河渠陂堰之利垂稱後世然計其慮始省成驅倦民嬰橫議殆廩乎其甚難已國以渠毀秦終亦利之毁近而利遠宜亦有嚚口舌以逞者是役也民不告勞自田穫滋富朝築而暮端堤無秋毫之毁而有旦日之利功驗較白便若蹊然而隨祉

公者亦稍有後言予甚惑焉以論暨之父老曰君不聞北鄙之障敵者者牆塹設矣而敵時闌入然不以一入敵故廢障不事其所保者大也故謹烽堠警屯戍因勢爲守不聞樹空壁而委之行隄者亦然嚴窒微細伺望以時暇則埤之急則趨之而後隄防可長固也暨人之言曰一尺隄一夜雨以言防之難恃夫救旱非一溉之力止潦非尺寸之功然當其要會固有一溉而與苗尺寸而湮水之者況巋然墉崇岡峙之基哉恆情多暗大較重纖末笱梁之利林壞之殖伐之則懵心撤之則動色若彈癰痤而嘑號者耳公善政不勝載斯特其大者抑吾儕小人庶幾甘棠憩茇之思乎予聞而韙之爲稍錄水功梗槩鐫曉後世俾繼來者無忘嗣公之烈併著父老之說於後以明予與翁生輩非以言私公者也公諱光復

耿文高普安人由華亭教諭遷諸暨時麗司馬方攝邑政既而司馬坐事去遂以文高視事暨俗剽疾狺狺聚訟闤譙門文高一切以愷悌撫之理縮者不勒罰鍰卽不縮而知悔罪則城旦鬼薪亦就湔除俗樂其寬爲罷去嗣後投缿筩者日不滿什餘葦獄吏胥徒無所舞文民賴以安歲不穰則示隸卒無急催科民益頓足闔澤視如保母越半歲釋事始獲悉意弟子業然暨壤遼曠依山谷

水澤者窮日之力而始達學宫於是悉授以意旨遠近隨其宜令
各以時至肅衣冠受課焉士亦翕然嚮風而覩師氏藹然父兄也
文高以儒術飾吏治故士民委心以歸部使廉其實則發金綺襃
之苎蘿山稿初元時邑人胡存道爲松江教授死難文高攝暨篆以其
事詳憲建忠聖祠於學宫旁祀之後暨人追思德化遂與胡公合
祀焉祠祀志

黄鳴俊字跨千福建興化人由萬歷乙未進士知縣事緩征薄罰
平易近民有大獄輒反覆求生不忍即置之法後調會稽章志歷陞
浙江提學參議改杭嚴兵備超擢都御史巡撫浙江福建通志官浙數
十年猶惓惓於暨暨民尤德之章志甲申之變鳴俊慷慨誓師將以
討闖聞江南馬士英用事解綬歸福建通志

唐顯悅字梅臣福建仙遊人由天啟壬戌進士知縣事臨事坦易

御衆和平性好奇喜山水書法尤精時遊苎蘿探洞巖多題名石上雖絕險不避章志

周文煒字赤之江甯人一作金谿人素行屹立人稱爲如山先生笑曰吾如山哉吾坦然者耳以國子監生任諸暨簿文獻徵存錄不以卑秩自解凡事不便民者力爭於令必得當然後已嘗夜出聞戶內女子絮泣趨詢之女吳與人北里朱某計購之渡江逼與蕩子夜合女弗從日鞭扑無完膚文煒置朱於法遣役召女母與俱歸有婦妒妾以炮烙立斃者令屬文煒往驗文煒痛治之夫欲復生婦曰毆婢無死法文煒謂即毆婢無死法拗非刑斃人固當死奪筆予死後令亦謂毆婢無死法反扑妾父數千人羣飛礟擊令曰令乃不簿若耶其不避强禦如此櫟園行述然終以恆與令左久之左遷王府官遂拂衣還白下子亮工庚辰成進士乙未擢戶部侍郎櫟園年譜

余純照字臨甫婺源人天啟間任暨諭敦大體勵士節篤禮讓義尤勤於行殷殷以訓迪爲己任未嘗開口吏事及於令及尺一居間者雖前後視篆數易猶然而惟是蒙冤不白輒抗首伸之於公府侃侃而言義形於色德化所被一時多士咸有氣節一年後遷藩府駱先覺爲撰師表記以寄去思碑載金石志

王章字漢臣武進人崇禎元年進士授諸暨知縣少孤母訓之嚴及爲令祖帳歸少暮母訶跪予杖曰朝廷以百里授酒人乎章伏地不敢仰視親友爲力解乃已明史本傳性誠篤潔己御下諸所利弊漸興革民賴以安浙江通志治諸暨有聲以才調鄞縣諸暨民與鄞民爭挽章至相譁明史本傳鄞人來迎暨人逐之曰王君我父也鄞何與鄞人爭之曰王君我父也暨安得留章兩慰遣之乘夜啟門牲去治鄞如暨兩邑皆肖像以祀邵長蘅三忠傳數注上考行取入都擢御史

毋憂歸服闋還朝巡視京營踰月賊陷眞定京師大震章守阜成門賊傅城下章手發二礮賊少卻頃之各門礮聲絕賊突至刺章股墮章罵賊怒攢槊刺殺章而去贈大理卿謚忠烈

國朝賜謚節愍明史本傳

張夬字撤藩江南丹陽人崇禎辛未進士方其宰暨也東事方汲人皆督課轉餉之不暇夬獨以作人爲先務割官俸建明倫堂謂倫明則心正人心正則寇氛自靖事載金石志餘姚姜尚書逢元重建明倫堂記其課士錄余侍御縉曾序而行之謂興懷往事不勝今昔之感知教澤之入人者深矣參姜逢元重建明倫堂記及余縉課士錄序

路邁字子遒一字廣心江南宜興人崇禎甲戌進士與張夬先後令暨皆加意造士季有試月有課屆期必使餮人潔饌醍人縮酒預庀以需一切催科讞獄停待次日晨興適館與諸士祓襟解帶

從容盡一日之長或以卷親授者郎面加評閱有快意處輒大呼擊節酬以巨觥諷誦佳篇未嘗釋口以是士皆激昂自奮雖中材多所成立余紹課士錄序

陳子龍字臥子松江華亭人生有異才工舉子業兼治古文崇禎十年進士選紹興推官明史本傳署諸暨篆聽斷明決庭清如水乾隆府志時歲大饑奸民誘聚亡命肆行剽掠子龍以計擒之民賴以安浙江通志以定亂功擢兵科給事中命甫下而京師陷乃事福王於南京列上防守要策不聽乞終養去遁爲僧尋以受魯王部院職銜結太湖兵欲舉事事露被獲乘閒投水死明史本傳乾隆四十一年賜專謚忠裕府志〔馮夢祖叢笥臆草〕明崇禎十三年歲大歉暨民掠食別駕雲間陳臥子來攝篆立誅六人掠遂止或曰民饑而誅之侯忍矣或曰賑以療饑道也毋甯賑諸叢笥曰皆非也饑而掠亂民也優容姑息媚凶人以儌倖於及身之無事府谷前車之鑒也夫賑可行之以救荒而不可行之以止亂饜欲給求適啟戎心李巖不以賑故而滋蔓乎侯當機立斷死六人生

千萬人侯之明決庶幾張益州之仁焉

錢世貴字聖霑江南青浦人崇禎庚辰進士持躬清慎涖暨二載値歲大祲死亡相枕藉世貴設法賑濟民賴以生縣治堂署廊廡傾圮庀材鼎新釐正民間權量至今畫一調繁山陰暨人德之爲立生祠於上水門外章志福王立南京與松江府知府陳亨兵部職方司主事何剛兵科給事中陳子龍鼓勸義徒捐貲募練水師爲守江之策當時頗稱勁旅陳忠裕公奏議

蕭琦字韓若江西吉水人崇禎甲戌進士由水部主政左遷知諸暨縣暨民健訟琦片言折服庭無留牘癸未冬東陽人許都倡亂時承平日久人不知兵數百里內外無不震駭奔竄琦閉城靜鎮人情始安浙江通志

諸暨縣名宦志卷二十二終

諸暨縣志卷二十三

名宦志二

國朝

方　杰　郝朝寶

朱之翰　蔡　杓

劉餘珊　姚啓聖

顓孫好賢　梁　偉

龍起潛　葉　蓁

毛上習　朱　扆

卞之釗　楊　洪

張長庠　王　璉

崔龍雲　王鯉翔

翟天翙　米嘉績

黃本忠　張端木

王榮紘　袁秉直

趙　杭　黃敬修

楊國翰　劉書田

繆壽昌　許瑤光

楊　勳　蔡樹芝

查炳堃　潘康保

范祖義　沈寶青

方烋錢塘人順治三年由舉人授諸暨教諭性仁慈濬學湖革漁租爲放生池四年山寇之亂城陷死之

郝朝賓山西汾陽人順治三年以吏員授諸暨典史四年山寇薄

城朝寶死之邑人爲擇地於西門外長山之麓葬焉

朱之翰字隺門江南上元人順治丁亥進士戊子春來涖暨冰櫱自矢時以初歸順羣盜未除民無甯宇之翰下車卽單騎至賊巢招撫賊感其誠信漸解散計任事三載未嘗以折獄取一罰鍰丁艱去民思之建祠祀焉一在茅渚埠一在王家步章志。（毛奇齡朱公治行錄敘）

浙東二暨爲秦時所分邑而漢魏以還惟予邑餘暨屢更其名而諸暨之稱至今不易則其邑之重巋然自立不與斯世爲推移槩可知矣邑侯朱公由名進士起家作　天子命吏出宰是邑人之望公如望歲其責備周詳有非他邑可比擬者乃不一載而多士誦之庶民謳之覺從來惠化之速無過於此然且郵亭父老編輯所爲詞不遠百里各不以予爲不當而踵門而告予以序其故有三一則二暨不相隔也一則鄉官居左塾教導里門可以周知列國之政與治也一則以予年滿八十其言可信也顧予則重有感者當予避人時出走維揚維揚人藉藉稱直崖朱先生爲昭代名賢能以經術超於人而其趨鯉庭而習詩禮者卽公也暨予入史館同館官邸君洗馬喬君侍讀亟推公人倫南國克領袖羣彥將以學古入官舒攬轡澄清之志而逮今而卜仕百里以治行聞大功德之錄類乎從諛疑非士君子所宜爲況朞月政成似蛾子待化不無過神而乃證乎昔而驗乎今因其已然而進觀其所未

至則其言有徵不翅如塾師耄年可高譚得失如前所云者然且二暨雖同封而究爲兩地夫編戶之民九親入口皆隸其分部其因而加譽或亦應有而予則垂老鄰界闔戶不言事何求於長官而以詞爲佞亦又何利則其言之公雖微父老請亦必謂無可渝者又況輿人有誦古則採之入鄉校而議執政之善否古則書之然則今兹之錄亦猶行古之道也雖以之宰天下有如此錄已衆日善遂書其言以爲敘。〔陳洪綬壽邑宰朱君詩〕野人學得畫山梅壽我朱侯當酒杯不索朱侯酬壽酒一錢都是上元來

蔡杓字而執號瞻嶽福建晉江人順治丁酉進士選授諸暨未出都即取暨之民風士氣山川關隘而詳詢之當報政之期矢公而革徭田之弊巡行而復經野之規具懾奸摘伏之神釋竊逃株連之累追黃白渡之私漁而石梁重建清茅渚步之官田而輿杠再興葺縣治建聽事堂捐俸勸輸不踰時而異材林集庶民子來政事以舉民氣以和余縉重修堂署記

劉餘瑡字鶴山懷甯人祖景孟於隆萬間分符山陰有惠政餘瑡涖暨時適羣盜蝟起邑城覆焉四郊士民望風潰竄當孤壘初復

諸大帥秣馬厲兵謀所以盡殲餘孽者餘黿日是輩案法固無赦然自古赤子弄兵亦在安集平定之巳耳徧請羣帥祈少緩須臾用招徠以戢之紫閬屬富春界負固者穴焉大帥雲集巷無居人芻糧脂牽之屬百無備備餘黿一身任之不費民閒一錢不徵民閒一粒常徒步往來營伍閒慰勞慇懃又時出家貲以饗士相感以誠莫有譁者事平之日歡呼搏顙人慶更生〔余縉壽邑侯劉鶴山敘〕。謹案趙裕蕁塘學古錄紀康熙甲寅之亂朱德甫既平朱成龍復踞紫閬號神武時劉公初涖不察情實倉皇申報日西路皆賊於是統諸路軍痛加勦洗大肆焚戮玉石不分婦女死節者不得上聞半邑居民悉遭兵災一言之失貽禍匪淺惟其後徧謁羣帥爲民請命似亦自悔其前此之鹵莽而思有以補救之而民亦幸獲安集斯亦善於補過者矣浣公之言略其前而敘其後特獻壽頌禱之詞耳附錄之俾論古者有所考鏡焉

姚啟聖字熙止會稽人附族人籍隸鑲黃旗漢軍由康熙二年特科舉人授廣東香山縣知縣以擅開海禁罷國史本傳時年五十矣

十三年吳三桂反耿精忠應之康親王傑書奉
命南征啟聖以家財募兵率長子儀赴軍前効力李元度國朝先正姚尚書事略三月二十四日耿逆耀兵仙嶺直犯浙東伏莽探丸輩各授劄僞都督朱德甫一作德福陷諸暨據城自守王命啟聖統兵進攻大戰於紫閬山賊衆潰散奮擊之斬德甫於陣上餘各披靡遂復諸暨縣王留兵四百名平定浙東紀略命署諸暨縣事國史本傳僞都督王山僞總兵楊芬生盧楚佩等復乘虛率兵三萬七千五路來犯啟聖孤軍力戰大敗之於楓橋斬獲不可勝計平定浙東紀略擢溫處道僉事隨都統拉哈達勦平松陽宣平二縣十五年國史本傳拔石塘奪楊梅岡取雲和縣擒曾養性論功擢福建布政使尋總督福建閩疆既定晉太子少保兵部尚書二十二年八月鄭克塽以臺灣降
召掌中樞十一月疽發背薨年六十國朝先正姚尚書事略

顓孫好賢江南蕭縣人貢生齠齡具文武才甫涖暨飛檄雨集責前任逋賦者鉅萬而一切徵科辦木催役緝逃之事督者如蝟好賢從容遊刃不震不慹事來輒應咸有成畫政事之暇加意人文集生儒肅試之拔其尤者又加試焉於是巖穴之英咸收棫樸矣余縉課士錄敘

梁偉奉天義州人康熙十三年涖暨時浙西李廣生糾黨行掠杭嘉間屢剙官兵督撫捕之急潛迹入暨偉奉檄捕之久不獲密令捕者入其黨乘間取之捕者如其指往因夜行掠被獲解詣縣偉詭曰此非眞廣生弗究發保去李信之因選力與李亞者六人同飲外伏力士數十人呼諾飲噱甚酣六人故以言挑李李大怒攘臂掀案羣以案覆之李一展足案躍戶外數仞將逸六人不能制外伏者奮前以椎擊其臚絕倒獲之馮夢祖蒼源叢筍論者謂偉之治盜

有虞詡趙廣漢之風前明梁燿書宰暨有政聲偉復具吏才時稱前後梁樓志

龍起潛直隸棗强人由進士宰諸暨方其未涖之前邑罹水災編戶蕩析比春霪雨無麥飢者望屋而食幾成亂階萑苻嘯聚勢將燎原奸民又挾採銅之例集亡賴無算朝夕攘鬭戕人命若草菅前時數宰咸以時多掣肘莫克整剔由是蠹胥猾棍作奸犯科者傲睨自恣法紀幾不可問起潛至悉除大難旬日間風俗立改余縉祝邑侯龍公壽敘

葉蓁字在菴山東歷城人以明經任教諭陞知諸暨縣會水災逋賦日積不忍嚴刑以前令張國棟虧賦論斬乃挂冠去府使至啟庫藏印信及所徵錢糧封識宛然及緝審復自歸投見以寬平廉潔會詳得釋後留暨一年民深惜之章志

毛上習廣西賀縣人康熙二十九年由舉人知諸暨縣捐俸賑饑愛民如子徵糧有法設立義學延師訓誨邑中寒士若坐春風在任三年疾卒奠送者塞道浙江通志

朱扆字界陶江南寶應人康熙丁丑中李蟠榜進士辛巳令暨寶應自前明朱升之父子順治中朱秋厓克生皆以詩名顯扆尤後來之秀其所著匏葉山莊詩稿已紙貴一時及涖暨以詩文爲己任精於識鑒季試月課令糊名易書如棘闈例閱畢予之百不爽一壬午秋賦與同考得佳卷心疑爲邑諸生駱炎薦之既定元二場爲外簾斥榜後拆卷果炎也人爲擬之文湛持之於陳大士云在任四年解任後留暨復六年問字者踵至臨歧各贈以詩至今珍之樓志

卞之釗漢軍正白旗人康熙四十七年由監生知諸暨縣持身謹

廉每月遴選鄉耆宣講

聖諭寒暑不輟捐俸修學訓課生童築湖埂以禦水設戸單以徵糧建粥廠以賑饑聯保甲以弭盜善政不可枚舉浙江通志

楊洪山東濟甯人由濟陽學博陞任知諸暨縣事未抵暨已廉得暨俗利弊涖任一月即取最健訟者二人痛懲之一時奸胥蠹吏爲之悚然前此邑紳謁令君皆見於內署洪曰是易以私相干也因於儀門左側闢一室曰賓賢館或求見則步出見之衆目咸屬請託遂絶洪治獄不拘故常能使伸者快屈者亦服尤自爲嚴立程限獄無留滯任一年竟以勤勞卒於官樓志

張長庠字設周號西園江南繁昌人雍正戊申知縣事時　功令嚴禁賭博長庠奉行尤力每夜鼓三下必身出巡察聞讀書聲機杼聲即獎借之如或博簺以戲必置之法風聲所至具有神威雖

深山窮谷中悉相戒斂迹然無一人怨者後數十年子宗伯成進士赴任廣東復與道暨田夫野老走相問訊如家人依戀不忍去樓志

王璉字珉巒號玉山桐廬人一作仁和人康熙壬午經元由廣西興安知縣改教諭任暨仿蘇湖條教嚴督諸生一時多所振作人文漸起先是學左毗連縣治公廨後多居民皆由學門出入璉議學宮嚴肅地不得作民間路築牆為界曰宮街居民便之自是黌舍肅清學業始專樓志

崔龍雲字雨蒼山東曲阜人以諸生舉賢良方正特簡令諸暨貞正寡慾而明於知人一寓目經數年猶識之涖任既久直如自治其家吏不敢欺人懷其惠秩滿調海甯樓志

王鯉翔本姓汪字靈川歸安人康熙戊子舉於鄉考授內閣中書

改選諸暨學諭溫溫雅飭吐詞若不出口而確有定見不少詭隨邑弟子員歲入以額其未進者鯉翔不以不在門厓岸之童蒙之求兼多成就立教以朱子讀書法爲程文法先正詩必法古所輯錄有集朱子讀書法時文法貫唐詩選皆未刻及門爲刻四書題鏡行世樓志

翟天翔字圖南直隸饒陽人由進士令暨介立有清操菲已潔素不饗非其粟初抵任歲旱湖蕩反稔官收得粟可千計吏以啟天翔拒之樂易近人人忘其爲官奉檄督修會義橋方渡人爭附其舟舟沈浚踝衆懼天翔笑而釋之遇事立斷姦宄譸張洞於觀火任數年德化大行責人以言勝於鞭撻後調平湖士民躋堂祖餞酌而請曰自公涖任不聞枉斷一獄何神明乃爾天翔曰某唯事事準以情理不聽在官人役一言耳當時輿論溯令暨之賢者百

年來天翔爲第一樓志

米嘉績字仲功陝西蒲城人雍正十三年鄉試第一乾隆十七年令暨歲大歉民不聊生請帑籍口給米人一斛月徧之復於城鄉設廠集邑紳捐米煮粥食餓者三月民賴以蘇二十一年歲復大饑富室皆空捐不給飢民集於庭有持穅餅者取齕之則哽且哇焉乃呼天泣且泣且慰卽赴布政司貸粟五萬餘斛賑如前九月以蠹書徵糧舞弊失察逮問自盡於江干舟次邑人哀之乾隆府志

黃本忠順天大興人初署壽昌縣事士民爲立去思碑及丞暨益清操自勵邑紳禮餽之不受令長招之飲亦不赴性僻於詩公事畢輒獨吟於庭雖飢不輟固窮守死任數年卒於官樓志

張端木原名若木字崑喬江南上海人由進士宦浙初署金華調諸暨多惠政尤勤於造士於時學宮就傾衙齋亦圮惄焉憫之乃

捐廉勸修復簡邑紳之廉幹者十二人襄其事自大成殿及兩廡先賢祠東西名宦鄉賢忠孝忠聖等祠左右祭器樂器等房齋宿省牲等處橫牆戟門悉撤而新之又建崇聖宮於明倫堂東復造諭訓兩署通計九十餘楹三年落成刻桷丹臒重檐飛棟煥然一新又督建毓秀書院凡四十餘楹各爲文以記之記並載學校志院課生童嚴申條約督責不稍貸馮森齋學博有書院三約詠其事其於振興文教之意至矣微矣樓西濱卜灋曰暨民去思甚長亘然參學校志及允都名教錄

王榮紘字慎菴西安人乾隆庚辰由歲貢司訓諸暨清操自勵勤於課訓以端謹表率多士歲癸未邑大饑榮紘協理賑務竭盡心力凡勘驗散賑之所至多有以韻語紀述惠績者蔡英王慎菴先生賑災頌德詩跋

袁秉直字柏田江蘇華亭人由監生補　四庫館校書授金華丞陞知縣調署諸暨暨之差役往往藉公騷擾勢如狼虎秉直泣任痛懲之卽定爲一票一差毋許乘輿申憲勒石鄉人德之性愛士以振興文教爲已任學宫前隙地民房市廛占居過半秉直毀其廬欄以石湫隘塵囂肅然以清院課膏火額向歉嗇乃捐廉生息以增之山長元和申贊皇紀其事碑在毓秀書院至今尚仍其舊其所以嘉惠士林爲無既矣一年後去任終按察使（參允都名教錄及毓秀書院捐俸膏火碑）

趙杭字銀槎錢塘縣進士授諸暨教諭學術湛深文藻宏博課士勤敏月必有試時毓秀書院山長方以成宏導諸生習其業者適成枯槁杭悉紅勒之則大譁閒有從其教者至目爲趙黨後趙黨之人咸掇巍科去而習成宏者卒不利於有司始漸漸信從之而

文風乃從此丕變矣新纂

黃敬修字東亭四川人寄籍宛平嘉慶七年十二年兩署暨篆皆迎養太孺人至署克盡子職暨民化焉性愛士造就人材無異子弟他如編保甲修隄防亦皆實事求是十四年以委辦雲南銅斤調去士民百餘人赴部院乞留不允其眷屬寓會垣暨民有負米往輸代供子職者其清貧可想矣

楊國翰字丹山雲南順甯人由廩膳生登嘉慶庚辰陳繼昌榜進士初宰奉化有異政調署諸暨奉民會赴部院乞留其宰暨也甫下車即興文教禁敝俗糾逖姦蠹雷厲風行不稍假借嘗變服矯裼徒步走鄉村訪求民隱舉地方之利弊民生之紓困與夫人之賢否事之曲直一一皆廉得其實而人卒莫之識也故如草塔牌頭之私宰賭博盛後之竊窩皆先躬訪之而後躬自擒捕之有亭

午坐堂皇問囚而既昏叩闔自鄉村獲地棍歸者有清晨輿衙出郭而晡時在城內搜索訟棍者周密矯變雖近習亦莫能窺測其鞫獄也剖決如流曲盡情詐若有神算初視事每收狀日可數十紙數月後僅有至者判不稽時案無留牘復訊結歷政滯訟數百宗無一冤抑人皆以楊青天呼之自始涖至去任不滿十月四境大治雀鼠斂迹姦宄累息民不見吏戶無尨吠化之神速古今罕對漢時吳公治平爲天下第一若此者可以當之矣以道光二年十月涖暨三年邑大饑民難謀生以請緩征忤上官八月檄調錢塘去暨民之乞留猶奉不獲如所請亦猶奉去之日祖送之餞至出境不聞後陞玉環同知丁憂歸以毀卒於家迄今八十餘年楊青天之名傳頌弗替其簿讞諸事亦猶有人能道之者〔余坤三哀詩〕我悲楊夫子積哀齊崑嵛公如千頃波汪汪無涯垠屈爲百里才烏獲舉一鈞大用不竟施收神歸蒼旻賤子昔未冠一見許國珍謂當扶

日車與世回陽春我聞竊矜奮蓄志期一伸蹉跎二十載低顔逐朝紳往情忽衰歇渺若歸山雲屢變入迷謬作計垂空文公言將不驗衡公名知人自計良已熟決往無逡巡行將負書去歸臥煙水濱報公知如何思公以終身○鄺滋德循吏頌并叙　滇南楊丹山先生來宰吾暨受篆之初即擒治豪猾吏吏皆股栗每出署以二人從雜剌邑中情僞悉得其實盜益化良夜臥者不閉戶前任訟牘累六百餘事數月間洪而空之吏詫爲神遠近駭服九閱月邑大治後調錢塘去士民至有涕泣者嘗曰毋任小民怨耐得上官怒此平生學養也然卒以是齟齬不得大用惜哉頌曰鼓我鼓鐘樂我旨酒乃有楊公作民父母父母孔邇子來奔走孝慈攸攸公私之日樹木以梓鋤禾以妒梓宜木卒妒傷禾故鈴鈴春霆藏濊湛露妒亦化梓而不公怒彼高石瀨其清清可厲肅肅霜秋詎容纖翳公治斯民猶身與臂冬夜非長清我夢寐五德其鳳五色其麟班然一見草木皆春大吏我奪肥馬雕輪公不奉吏在新斯民思古龔黃馮寇其然孰爲寇君更留一年作神萬邦涕胡不漣陶山巖巖銘此頌篇

劉書田字芸齋河南安陽人由舉人大挑授諸暨時頻年水災民多飢困道光庚戌災更甚夏五秋季兩遭蛟水七十二湖無埂不決飢民嗸嗸無以謀生乃爲請賑當道加意撫卹復召集圩長督促修埂輕輿減從躬自巡植相度其地勢水勢訪詢利害指授方

略齵齕者椓杙以護之衝激者楗石以障之窪陷者籠土以培之玩忽者懲之勤勞者獎之百堵竝作隄岸一新帶星出入不辭瘁焉嘗以繼軌前明劉青陽自任民亦以小劉稱之

繆壽昌字鵠臣江蘇江陰人咸豐六年補諸暨丞性勤敏舉能其官粵寇之亂江常失守永康繼陷邑境戒嚴善院長淸諸險要各調兵防堵時先後知縣事者爲熊鳳二公竝以儒吏自輩不堪煩劇供億之事一切皆倚辦焉壽昌受任於文檄塡委之時奔命於戎馬倥傯之地不怯不僨咸稱其職卒以勞勩歿於官邑人斂錢殯之逮子佑孫成進士始歸葬焉

許瑤光字雪門湖南善化人道光己酉拔貢咸豐七年由常山調署諸暨治尚嚴峻鋤奸誅暴不遺餘力其幕中刑名詠云叔世尚姑容而我重猛忍殺人救世心良朋肯不肯可以想見其績用矣

九年調仁和十年再涖暨於時粵寇氛逼浙東戒嚴防衢防嚴防金華皆取道諸暨驕帥悍卒士馬絡繹供億旁午不辭勞瘁東鄉何文慶父子招集亡命號蓮蓬黨勢洶洶不可測瑤光入其里則刼之不動何氣沮逆謀就寢暨民獲暫安十一年春仁和戴介驅孝廉僑寓北鄉之湖西悉何謀深患之走告撫轅令文慶勦攻金華圖將以恩威協制之（互詳流寓戴愔禧傳）山陰紳士刑部主事何維俊文慶同族也復爲之請五月撫札下文慶即就道徑邑城駐札江東時革職處州鎮總兵文瑞防守諸暨進勦金華駐城中兩軍交鬨事幾大訌瑤光竭力和解之暨民再獲暫安九月防兵退縮過江賊入城刃及其面被七創鄉人救之去於是文慶始從賊同治二年正月邑城克復奉左文襄札委辦諸暨善後事至則捕從賊作祟者數人悉誅之暨民大快然後招遺黎撫瘡痍時金華初復城

內積粟尚多乃走馬謁大帥移賑暨民復爲之請牛種分給四鄉民得復業是則風霆之威而濟以雨露之施者矣後擢嘉興府知府卒於官暨民至今猶思之不置云

楊勳字竹史海甯人道光甲午舉人咸豐九年司諭暨校年逾六十矣器宇偉岸操行峻潔文品似之邑令許瑤光素重其名延兼掌錦秀書院教城廂能文之士多從之遊鄉里躡至院宇至不能容雖戎馬驛騷而訓迪不輟辛酉夏寇氛日逼幽憂悒結疽發背卒於署殯邑西之墩頭傳門下士祭埽之迨寇平始舁送歸葬焉

蔡樹芝德清人由舉人任暨諭接引諸生藹然可親而持論不阿則又庸中佼佼者也後以憂去官多士咸懷之

查炳堃字杏橋江西義甯州人通知吏治勤慎職守喜文翰不以徽秩自卑尉暨三年潔淨瀟灑不名一錢卒於官藉賻舉喪柩去

之日送者塞道猶閙市塵歎好官也

潘康保字秋谷江蘇吳縣人由舉人官湖北迴避改浙江清勤自勵實事求是未嘗便文自營而上官亦不能以文法拘錢穀交代簿書必正侵隱虛謬之習一埽皆空重門洞闢下情不隔內外鉅細皆躬親其事初不假手胥吏當職剖斷不徇請寄單輿下鄉不欲民間一水即應從書役亦皆自給資斧隨輿出入毋得逗遛擾民雖甚奸蠹俱凜凜束手無敢隱欺亦無可舞弄民尤德之涖暨三年俗爲一變亦百年來之循吏也唯性稍陗直初亦不滿人意久漸馴擾頗繫懷思故人比之諫果謂咀之則味翾回之有餘甘焉後以病去官卒於家

范祖義字宜菴福建建甯人由拔貢生官浙光緒七年署縣事其治平易近情視官如家凡有訟牒必司察參詢語次尋繹詳慎周

密務得實際未嘗掉以輕心邑多命案案中誣陷一經牽累雖獲昭雪未有不失業破家者祖義極知此弊悉心推鞫苟得其情立予開釋不使受豪釐之累其爲德爲尤大也涖事一年以卽眞松陽去暨百姓懷愛如失慈父母先是楓橋陳阿庚素無藉祖義捕治之旣則婉諭勸勉給之資而遣之阿庚深自引咎感悟改行家漸溫飽其去也泣送之後又設木主於家每朔望焚香拜祝語人曰吾非范公安有今日卽此以概其餘其感人者深矣

沈寶青字劍芙江蘇溧陽人光緒癸未進士二十三年由歸安知縣調補諸暨溫厚和平靜泊無爲於時交涉事與諸多棘手撫循羈縻不激不隨良懦賴安遠近戴之南鄉邊壽二姓民性悍直寶青懷之以柔爲建書院立月課循循施誘翕然嚮化北鄉江藻每歲十月以賽神爲名演戲聚賭良莠麕集舉國若狂小民終歲勤

動往往一夕而秏甚至有歸家自盡者大爲地方患害而積重之勢歷政莫返邑紳陳遹聲稟請大吏懲治寶青奉府札諭禁肅然戢止數百年敝俗一旦革除斯則柔惠之德而其動也剛矣已亥歲饑悉心振卹兼謀善後永利倉者前明青陽劉公擲設以備荒者也歲久廢弛倉屋亦燬乃籌款重建更名寶豐追出倉田百畝交董經理令各鄉分都積穀明定條程歲收羨餘以待之罷從遹聲請以工代振濬楓橋江築沿江石路建東溪閘修湖頭阪埂數年無水災楓橋人建生祠於鎮南至今尸祝之庚子三月調署錢塘送者塞道邑中自楊丹山以還祖餞之盛無踰此者去暨數月民敎失和邑事幾潰復奉撫檄來縣理解嗣後無時無事不以暨民爲念上下調停左右護持思力所及無微不至陵侮之禍民卒獲免其惠澤之旁敷較在任時更爲周緻矣冬調仁和辛丑正月

卒於署卒後數日其子忽夢見曰諸暨近事如何李石朋久撫晉疏請繫懷思陳蓉曙書中何說見否醒後不解所謂急檢之果得陳書於簽次蓋書到時疾已漸與簽者不即呈送故云石朋署縣事李寶楠別字蓉曙則遞聲之號蓋頻以交涉事相函商者也嗚呼顧復我暨雖死不忘暨民之去思其足以報答萬一哉

諸暨縣名宦志卷二十三終

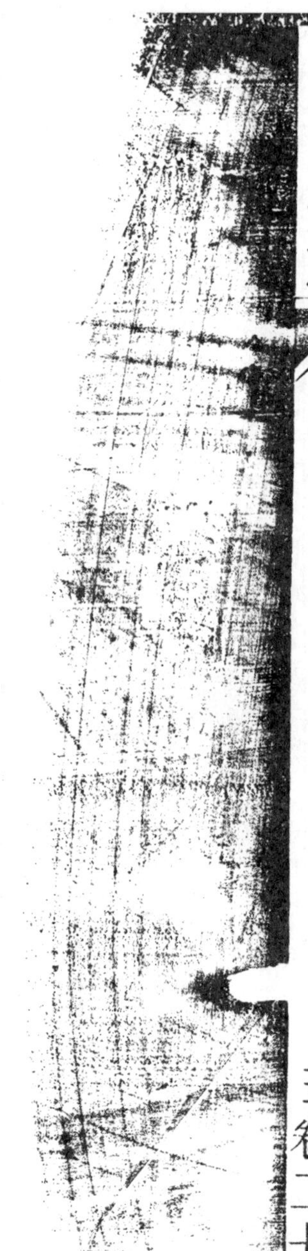
卷二十三

諸暨縣志卷二十四

科第表上

漢代取士孝廉察行賢良試策兩途並進隋始設進士科唐因其舊增設秀才明經等六科專試詞章終唐之世凡五十餘科而前志僅載二人書缺無稽今仍之至宋始有上舍而前志無之無舉人而前志有之元始有備榜亦名副榜而前志又無之歲貢一途亦始於元而明仍之而前志訛始於明諸多遺漏今自唐而下依年列表前攷制度後爲題名於宋增上舍一科而以特奏名附進士元以下則以備榜即今副貢附舉人明以來則以選貢即今拔貢附歲貢入

國朝則以明通榜附進士末又以

恩賞進士舉人附焉軼者補之訛者訂之無可攷證採訪者仍之

鈌之表中詳其里居紀其官職（僅書終官）如有高祖以至五世元孫旁及伯叔兄弟之並登科第者亦詳注之隸外籍者亦錄存之如左

唐

唐書選舉志唐制取士之科多因隋舊其科之目有秀才有明經有俊士有進士有明灋有明字有明算有一史有三史有開元禮有道舉有童子而明經之別有五經有三經有二經有學究一經有三禮有三傳有史科此歲舉之常選也其天子自詔者曰制舉所以待非常之才焉　凡進士試時務策五道帖一大經經策全通爲甲第策通四帖過四以上爲乙第開元二十四年攷功員外郎李昂爲舉人詆訶帝以員外郎望輕遂移貢舉於禮部以侍郎主之禮部選士自此始大抵衆科之目進士尤爲貴其得人亦最

盛先是進士試詩賦及時務策五道建中二年中書舍人趙贊權知貢舉乃以箴表論贊代詩賦而皆試策三道太和八年禮部復罷進士議論而試詩賦文宗從內出題以試進士乃詔禮部歲取登第者三十人苟無其人不必充數

冊府元龜進士所試一大經及爾雅帖旣通而後試文試賦各一篇文通而後試策凡五條三試皆通者爲第禮部關試之日皆嚴設兵衞薦棘圍之搜索衣服訶譏出入以防假濫其進士千人得第者一二

唐會要開元十七年三月詔限進士及第每年不過百人

文獻通考會昌五年詔州府舉士人數其浙西浙東所送進士不得過一十五人明經不得過二十人

進士

文宗太和七年癸丑	吳少邽字國珍，文簡先生翥孫，父蓋遷諸暨開化鄉大田里，由明經擢進士第，官至門下侍郎
僖宗中和二年壬寅	王祁字與伯

宋

〈宋史選舉志〉宋之科目有諸科，有武舉，常選之外有制科，有童子舉，而進士得人爲盛。神宗始罷諸科而分經義、詩賦以取進士，其後遵行未之有改。　制舉無常科，所以待天下之才傑，天子每親策之。太祖始置賢良方正能直言極諫、經學優深可爲師法、詳閑吏理達於教化，凡三科，對策三千言，詞理俱優則中選。景德眞宗二年增置博通墳典達於教化、才識兼茂明於體用、武足安邊、洞明韜略運籌決勝、軍謀宏遠材任邊寄等科。仁宗初又制書判拔萃科以待選人又制高蹈邱園科沈淪草澤科茂材異等科以待布衣之被舉者制科　初禮部貢舉設進士九經五經開元禮三史三禮三傳學究明經明法等科皆秋取解冬集禮部春考試合格及第者列名放榜於尚書省凡進士試詩賦論各一首策五道帖論語十帖對春秋或禮記墨義十條開寶四年文獻通考作六年　翰林學士李昉知貢舉取宋準以下十一人會有訴昉用情取舍帝乃籍終場下第人姓名皆召見擇其百九十五人并準以下乃御殿給紙筆別試詩賦命殿中侍御史李瑩文獻通考作纂等爲考官殿試遂爲常制自是御試與省試名次始有升降之別太平興國八年進士諸科始試律義十道免帖經明年復帖經始分三甲熙甯三年親試進士始專以策定者限以千字進士　諸州判官試進士錄事參軍試諸科中格者第其甲乙並隨解牒上之禮部解發　凡學皆隸

國子監生員釐爲三等始入學爲外舍外舍升內舍內舍升上舍月一私試歲一公試公試外舍生入第一第二等升內舍試入優平二等升上舍上舍分三等上等即推恩釋褐中等俟殿試下等俟省試上舍

制科

謹案樓志列薦辟一人曰朱戩下注舉明經科考宋制有制舉科大臣薦舉即特　旨召試天子每親策之中格則授以館職所謂待天下之才傑者是也其制較重於進士科目不一竝無明經明經係諸科之一神

進士

謹案今人書某某榜進士者始於吾邑楊鐵崖先生前此未之有也鐵崖成進士其年榜首爲李黼黼死節江州鐵崖義不仕明自書李黼榜進士竝刻之印章益援忠節以自重其意固有在也見明都穆聽雨紀談後人

上舍

謹案宋制學校試有三舍法舊志不載今特採而補之其有年分可考者編入表中無可考者附載於後雖未能全備整齊亦以昭有宋一代取士之制云爾

仁宗康定元年庚辰

宗罷之後未之復且明經與進上雜試既應明經不能再應進士乃於進士又列有朱戢之名殊未敢信至於薦辟名下注日象山今循吏傳中則日青田令其自相歧異更無論矣今改薦辟日制科而刪去朱戢之名以昭有宋一代之制云爾

沿稱之漸且追書於鐵崖以前殊失之矣今茲編表書榜首於進士眉上亦聊以仍舊志云爾非數典忘祖也

黃宋卿字公輔官比部員外郎居孝義鄉據樓志人物志及黃氏宗譜補有傳

皇祐元年己丑	馮京榜	馮滋 字德潤，居紫巖鄉上馮墺
		朱方
嘉祐二年丁酉	章衡榜	章蒙 官知縣
八年癸卯	許將榜	高象 官湖州司法參軍，居泰南鄉山遐浦，府學湻熙進士題名碑無
神宗熙甯六年癸丑	余中榜	韓羽 官秘書省校書郎，里居未詳
		張鎮 字奠國，居大部鄉盧墓府，學湻熙進士題名碑無
九年丙辰	徐鐸榜	黃彥 字子實，歷官秦鳳路經略安撫都總管機宜文字，三遷至侍郎

封開國男居孝義鄉有傳

元豐五年壬戌	哲宗元祐六年辛未	紹聖四年丁丑	元符三年庚辰
黃裳榜	馬涓榜	何昌言榜	李釜榜
宋戬中明經科官處州青田縣令有傳里居未詳謹案樓志作象山縣令今改從本傳以昭一律謹案宋志明經與進士雜試故列此	馮谷字于喬官知安豐軍居紫巖鄉祝家塢	姚舜明嵊縣籍字廷輝由婺州通判歷官至徽猷閣待制封文安縣開國男贈太師居台輔坊有傳	黃日新字德光官明州通判居孝義鄉

徽宗崇甯三年甲申

黃無隱 字邦正官失考舊志謹書文林郎居孝義鄉

張堅 字適道學入行科熙甯癸丑進士鎮子居大部鄉孝感里據舊志儒林傳補官職年分俱失考以八行始於崇甯三年故列此有傳謹案宋史選舉志崇甯三年初立八行科凡有入行實狀鄉上之縣縣上其名於州州第其等孝悌忠和爲上睦婣爲中任恤爲下郎奏貢入太學免試補爲上舍審考不誣申省釋禍優命之官不能全備者爲州學上舍

餘有差云云

政和二年壬辰

莫傳榜

朱常　官青田縣令元豐壬戌明經䕃子有傳

郭亢　官職未詳舊志僅作左朝散大夫居花山鄉馬隖

高桓　嘉祐癸卯進士象之後

謹案府學湻熙進士題名碑無名於高字下注欽宗廟諱四字

五年乙未

何㮚榜

韓概　熙甯癸丑進士羽子里居未詳府學湻熙進士題名碑作溉

宣和元年己亥

黃永　字謹修學入行科官未詳舊志僅書通議大夫居孝義鄉據黃

氏宗譜補，有傳

高宗紹興二年壬子

張九成榜

黃嘉禮 字仲文，官荊湖北路澧州知州。己亥八行上舍。永子。有傳

三年癸丑

馮時可 字與學，舉賢良方正科，官秘書省校理、監修史館。乙卯進士。羽儀子。據馮氏宗譜補，有傳

五年乙卯

汪應辰榜

馮羽儀 名鴻漸，以字行。官起居郎、中書舍人。元祐辛未進士。谷子

馮耀卿 字仲明，官職未詳。乙丑進士。滋子。著聞鶯館漫錄

六年丙辰

馮時行 字幼學，上等釋褐，官太常寺奉禮郎，知彭州。羽儀子。據宋史及

八年戊午	十五年乙丑	二十一年辛未	二十四年甲戌
	劉章榜 吳珪官起居舍人見浙江通志里居未詳題名碑亦無	趙逵榜 孫大中謹案浙江通志作餘姚人	張孝祥榜 黃開字必先官福建路崇安縣令有傳 黃闓字必謙官文思院監有傳 黃閶字必升官軍器所監造官三人皆同胞兄弟居孝義鄉有傳
馮氏宗譜補有傳 黃汝霖字公澤未廷對卒居孝義鄉據黃氏宗譜補有傳			

三十年庚辰

梁克家榜

馮時敏 字遜學官兵部郎中尚郡主以本官兼右武大夫乙卯進士羽儀子有傳

黃闓 字必明由永州知州歷官至祕書省丞甲戌進上開胞弟有傳

乾道二年丙戌

蕭國梁榜

王正之 官東陽縣令前諸暨縣令臨川榕孫居相門坊

王厚之 字順伯官江南東路提點刑獄公事直顯謨閣貟沖佑觀祿正之從兄弟居相門坊有傳謹桼樓志於宋列舉人一科紹興二十六年丙子王厚之乾道四年戊子

五年己丑

鄭僑榜

王誠之　字　官鎮江府教授丙戌進士正之胞兄

黃閶　別院省元字必誠官海鹽縣令甲戌進士開胞弟有傳

黃閶注云據浙江通志紹興府志載入蓋沿其訛也考宋制凡應秋賦而貢禮部者一舉不第次舉仍須考校然則有舉人之稱無舉人之科矣即令有之凡彼捷禮部試者無一不由舉人不當僅列王黃二人此尤顯而易明者也今皆刪去以昭有宋一代之制

八年壬辰

王定

王訢 兼中刑法科官職里居並未詳

謹案樓志於舉人名下注曰別院省元考宋制別院之試以士子與考官實有親嫌故別於大院而試之其試於諸路者則曰別頭試省元者省試之元以進士放榜於尚書省故名省試並非元之行中書省也今故刪去舉人而移注四字於進士之下

廖俣 官樞密副都承旨里居未詳題名碑無此恐有誤詳闕訪列傳

姚憲 嵊縣籍字令則歷官參知

榜

政事進端明殿學士出知江陵府丁丑進士舜明子題名碑作是年八月賜同進士出身有傳

俞涇 字本清由荊湖南路承奠縣主簿歷官工部侍郎居義安鄉次隖題名碑無有傳

王賚之 字　官長興縣丞居相門坊乾道丙戌進士正之兄弟題名碑無

淳熙二年乙未

詹騤榜

鄭大成 官職里居俱未詳題名碑無

無

十一年

衛涇榜

楊賢 字　由武義縣令歷官

甲辰

榜

靖江軍節度使居槩浦鄉十都據舊志武功傳補　題名碑無

陳充　字　官國子監宗學諭　居紫巖鄉店口　據陳氏宗譜補

十六年己酉

陸唐老　官職無考　居狀元坊

謹案嘉泰志選舉紹熙元年陸唐老狀元坊注云唐老紹興戊午進士慶元志云在府城西上里復以進士名云余嘗考陸唐老狀元坊名舍云狀元唐老釋褐上舍次云陸唐老熙已酉釋褐故名一若唐老釋褐以上考乃爲上舍釋褐後再一年再第進士者等第宋制上舍生上等釋褐免廷試上舍試中上等業取旨授官推恩則釋上業已釋褐然後授官必再廳進士雖不必再試應舉則鎖廳應試見任官亦有

士舉者然不得謂之釋褐矣唯中等俟殿試下等俟省試則釋褐當在次年庚戌非己酉矣二者恐有一誤考四庫提要有陸狀元增節音註資治通鑑一書題會稽陸唐老集注錢大昕謂宋時狀元無陸唐老其人蓋以進士第一人爲狀元此則未可泥也考宋史選舉志進士擇年長者一人爲狀元癸辛雜志上舍釋褐恩數以優者爲狀元二者俱有狀元之稱不必進士第一特不敢謂孰是孰非耳以府學進士題名碑不列其名

今改列上舍庶不致與坊里志歧出

光宗紹熙元年庚戌

余復榜

趙伯橚字景修官建甯府通判太祖子德昭七世孫居南郭據允都名致錄補題名碑無謹案表中四趙俱係宗室杜春生越中金石記日本貫玉牒不繫於縣故題名所不及也有傳

寧宗慶元二年丙辰

鄒應龍榜

黃伸字季南官嚴州司法參軍紹興壬子進士上嘉禮子謹案嘉樓志作乙卯似誤題名碑及騶志俱作丙辰今從之

馮景中字克溫宮集英殿修撰直

			學士院紹興庚辰進士時敏子有傳
嘉定元年戊辰		鄭自誠榜	黃俿　知泰安軍府學淳熙進士題名碑作虎居孝義鄉
七年甲戌		袁甫榜	姚翀 章夢光　章志府志誤作童 黃應龍　字　官南雄州知州題名牌無居孝義鄉
十年丁丑		吳潛榜	姚鏞　三甲三十四名嵊縣籍字希聲官國子監丞乾道壬辰進士憲姪孫著雪蓬集有傳 章叉新　字　官江南東路餘干縣令居花山鄉青山

年	榜	姓名	注
十三年庚辰	劉渭榜	林嘉會	官職里居並未詳題名碑無
十六年癸未	蔣重珍榜	趙汝銓	宗室
		趙希鵠	宗室有傳
		劉志	三人題名碑俱無
理宗紹定二年己丑	黃樸榜	楊灝	字與里居並未詳官開封府簽判題名碑無
五年壬辰	徐元杰榜	陳宣子	官縣丞字與里居並未詳題名碑無
		周恪	字誠夫官翰林學士承旨本南康人自國子監博士靖徙居紫巖鄉盛後里遂爲諸暨人據山陰周

源後村周氏淵源錄補有傳

年	榜	人物
端平二年乙未	吳叔告榜	馮喜孫 字文碧官徽猷閣學士丙辰上舍時行子公 謹案是年有俞公美浙江通志作諸暨人府志作新昌人官職里居今並無考省志似誤
淳祐四年甲辰	留夢炎榜	章夢璞 官職里居並未詳
七年丁未	張淵微榜	張雷發 字有敬官淮南東路如皋縣令居大部鄉廬墓 謹案舊志無科分今據張廉孝感里志編年府學紹定進士題名碑無
十年庚戌	方逢	黃雷 字與官職未詳居孝義鄉

寶祐四年丙辰	景定三年壬戌
辰榜	方山京榜
胡杲 字官江南東路轉運使主管文字居槧浦鄉十都	吳天雷 官新昌縣教諭
文天祥榜	吳大順
趙希屋 字繼先上舍赴廷試庚辰進士伯纁孫據允都名致錄補有傳謹案此下開慶元年己未周震炎榜有俞浙官都轉運使乾隆府志作諸暨人浙江通志作新昌人今里居無考府志似誤	王端 謹案吳王二人駱志俱無樓志補編

年		榜	姓名	注
				之而不注出處康熙浙江通志作咸湻元年乙丑阮登炳榜並新昌人府學紹定進士題名碑本作是科則通志似誤故仍舊志編列之
度宗咸湻元年乙丑		阮登炳榜	張翼	字以敬居大部鄉廬墓　謹案舊志列四年戊辰陳文龍榜今據府學紹定進士題名碑更正
四年戊辰		陳文龍榜	胡庸	
			楊潭	謹案舊志列七年辛未張鎮孫榜今據紹定進士題名碑更正
七年辛未		張鎮孫榜	吳去疾	並駱志章志作幼安

十年甲戌

孫榜

張　素字祝之居花山鄉紫草隖案二人府學紹定進士題名碑俱無

丁午奎字南山官職未詳由海鹽遷諸暨居楓橋即元孝子丁祥一之祖據府學紹定進士題名碑補

宣　繒字・官樞密使同知院事見隆陵駱志里居科分均無考故附此樓志案載晁跋倪夫人遺事後有宋進士倪丞年偏考各志未之有載知其外散佚尚多

陳昌言

蔣允恭

黃　鉞字武仲紹興戊午上舍汝霖父官吏部司封郎中有傳

黃　序字賓仲官京西北路長社縣主簿

黃伯達字知命官江南西路袁州通判

黃克泰字伯謚官江南東路池州

姚珴

尹子敬

高璿

幹緣

趙希鵠文應王廟碑載此六人書銜皆稱進士不詳其爲何科舊志有姚琳而無姚珴姑附此以待考

特奏名附

宋史選舉志凡士貢於鄉而屢絀於禮部或廷試所不錄者積前後舉數參其年而差等之遇親策士則別籍其名以奏徑許附試故曰特奏名

知州

黃宗孟 字仲酯官廣南東路韶州知州

黃俌 字叔和紹興壬子進士嘉禮子官廣南東路興化縣令

黃雲鶴 字惟文

黃自明 字明仲贈山陰縣開國男

黃叔豐 字亨甫

黃拱辰 字居尊乾道己丑進士閭子

右十人據黃氏宗譜採錄年分無考故附於此

張震發 淳祐丁未進士雷發胞弟

高宗紹興五年乙卯

陳壽 字元岡官慶元路學正改應奉翰林文字由河南閩鄉徙居長皁鄉楓橋有傳

黃闓 字必昌官廣南西路荔浦縣丞有傳

黃闡 字必大官職未詳譜僅載將仕郎有傳

黃閎 字必裕官江南東路旌德縣尉有傳

右三人俱紹興甲戌進士閎胞弟據年允都名教錄補分皆無考

謹案宋制特奏名

據孝感里志補

恩例始於開寶三年須十五舉嘗終場者賜本科出身

元

元史選舉志初太宗始得中原輒用耶律楚材言以科舉選士事未果行仁宗延祐間始斟酌舊制而行之其策名於薦辟者有遺逸有茂異有求言有進書有童子薦舉至元世祖十一年奉旨行科舉准蒙古進士科及漢人進士科事未施行皇慶仁宗二年詔以三年即延祐元年八月天下郡縣興其賢者能者充貢有司次年二月會試京師每三歲一次開試舉人從本貫官司於諸色戶內推舉及年二十五以上鄉黨稱其孝悌朋友服其信義經明行修之士結罪保舉以禮敦遣貢諸路府攷試程式蒙古色目人第一場經問五條第二場策一道只二場漢人南人第一場明經經疑二問經義

一道第二場古賦詔誥章表內科一道第三場策一道蒙古色目人作一榜漢人南人作一榜第一名（案此係廷試名次）賜進士及第從六品第二名以下及第二甲皆正七品第三甲以下皆正八品兩榜竝同若夫會試下第者自延祐創設之初年七十以上者與從七品流官致仕六十以上者與教授原有出身者於應得資品上稍優加之無出身者與山長學正後舉不爲例唯已廢復興之後其法始變下第者悉授以路府學正及書院山長又增取鄉試備榜亦授以郡學錄縣教諭（進士舉人） 成宗大德五年定生員散府二十人上州十五人下州十人八年始定國子生三歲貢一人十年定三年貢二人武宗至大四年復立國子學試貢法漢人授官從七品延祐二年後又命所貢生員每大比選士與天下同試於禮部策於殿廷又增置備榜而加選擇焉（謹案據此元制本有歲貢舊志不載然人物志縉紳類中）

凡官教授教諭學正學錄山長者未始無歲貢其人今則無可採訪不能編表矣節錄數行亦以見有元取士之制云爾

薦辟

俞　漢　字仲雲居花山鄉有傳

謹案隆慶駱志稱其著書進呈付禮部頒行咨行省於儒學正長錄用不就此正元史選舉志薦辟之進書也因補之年分未詳姑列之於末行科舉之前

楊　實　字國華官大理寺丞居長阜鄉全塘有傳

謹案樓志武功傳謂延祐間以者儒徵因列之薦辟考元史選舉志薦舉無者儒之目今姑

進士

舉人副榜低一格附

仍之

英宗至治元年辛酉

宗本榜

陶澤 字與里居竝未詳官稽山書院山長 謹案浙江通志作山陰人又案舊志及山陰縣志竝作林仲節榜今遵元史更正

泰定四年丁卯

李黼榜

楊維楨 字廉夫號鐵崖官江西路儒學提舉居長阜鄉全堂有傳 謹案浙江通志誤作山陰人

胡一中 字允文宋淳祐庚戌進士杲孫官紹定路錄事有傳

倪景輝

至順元年

王文

鄭性存 官湖廣興安縣令案府志

庚午

畢榜

作嵊縣丞居江東

順帝至正元年辛巳

馮勇 字翀中台州路教授居紫巖鄉祝家塢據馮氏宗譜補

副榜

高葆傳 字與官職里居並未詳據舊志坊里志補

四年甲申

副榜

申屠性 字彥德居花亭鄉據坊里志補有傳

高昌山 字與官職未詳宋嘉祐癸卯進士象政和壬辰進士桓之後居泰南鄉山還浦

副榜

申屠性 復中副榜官徽州路歙縣教諭

副榜

王賀字與里居未詳官安吉縣學錄

謹案申屠與王二人樓志作至正乙酉進士此駱志章志之所無而沿浙江通志之訛也考樓志坊里志丹桂坊下云高葆傳申屠性同中亞榜故名聯桂坊下云至正甲申申屠性王賀同中亞榜故名藝文志戴良申屠先生墓誌銘云僅中辛巳甲申副榜其年分正與坊里志合其官職亦與元史選舉志合似當以墓誌爲憑又

十五年乙未	
胡存道一名善字師善官松江路教授任槃浦鄉十都有傳祠忠聖祠謹案樓志忠節傳至正乙未以憲僉趙公舉爲松江路儒學經師因補之惜未詳科目耳又案駱志作甲午	
	元史選舉志云取副榜不願者聽其還齋此申屠所以兩中副榜也今更正之

明

明史選舉志選舉之法大略有四曰學校曰科目曰薦舉曰銓選明制科目爲盛卿相皆由此出學校則儲才以應科目者也其徑由學校通籍者亦科目之亞也薦舉盛於國初後因專用科目而

罷銓選則入官之始舍此蔑由焉　洪武六年罷科舉別令有司察舉賢才以德行爲本而文藝次之其目曰聰名正直曰賢良方正曰孝弟力田曰儒士曰孝廉曰秀才曰人才曰耆民皆禮送京師不次擢用而各省貢生亦由太學以進於是罷科舉者十年至十七年始復行科舉而薦舉之法並行不廢薦舉　科目者沿唐宋之舊而稍變其試士之法專取四子書及易書詩春秋禮記五經命題試士其文略仿宋經義然代古人語氣謂之體用排偶謂之八股通謂之制義三年大比以諸生試之直省曰鄉試中式者爲舉人次年以舉人試之京師曰會試中式者天子親策於廷曰廷試亦曰殿試分一二三甲以爲名第之次一甲止三人曰狀元榜眼探花賜進士及第二甲若干人賜進士出身三甲若干人賜同進士出身士大夫又以鄉試第一爲解元會試第一爲會元二

三甲第一爲傳臚云子午卯酉年鄉試辰戌丑未年會試鄉試以八月會試以二月　進士舉人

貢生入監初由生員選擇旣令各學歲貢一人故謂之歲貢其例亦屢更洪武二十一年定府州縣學以一二三年爲差二十五年定府學歲二人州學二歲三人縣學歲一人永樂八年定州縣戶不及五里者州歲一人縣間歲一人十九年令歲貢照洪武二十一年例宣德七年復照洪武二十五年例正統六年更定府學歲一人州學三歲二人縣學間歲一人宏治嘉靖間仍定府學歲二人州學二歲三人縣學間歲一人

歲貢　歲貢之始必攷學行端莊文理優長者充之其後但取食廩年深者宏治中南京祭酒章懋言歲貢挨次而升衰遲不振者十常八九令提學行選貢之法不分廩膳增廣生員通行攷選此選貢所由始也萬歷中工科郭如心言選貢非祖制請停其選神

宗以爲然至崇禎又嘗行之恩貢者國家有慶典或登極詔書以當貢者充之而其次卽爲歲貢選貢恩貢

	薦舉	進士	舉人	歲貢選貢恩貢附
	謹案薦舉一科舊志不詳年分不注科目今則無可考徵矣唯於有可檢者或標其年或注其目餘皆依舊志排纂			謹案歲貢一科櫰志不詳年分章志不編表今悉遵之
太祖洪武元年戊申	陳　韶字伯善官山陰縣訓導居紫巖鄉店口據山陰縣志編年有傳			
三年庚戌	張　辰字彥暐官府學		趙　仁字仁原居花山	

四年辛亥

訓導居大部鄉廬墓據本傳及府志編年有傳

吳伯宗榜

胡澄　三甲七十二名官河南通許縣知縣有傳

趙仁　未延對以老病辭歸有傳

楊文　三甲七十名官

鄉福泉山辛亥進士

胡澄　字清伯元泰定丁卯進士一中子遷居大部鄉寓居溫州辛亥進士

楊文　字與里居俱無考據明倫堂嘉靖乙巳題名碑補

南京懷遠縣丞據國子監題名碑錄補明倫堂題名碑無案國子監碑錄作山陰人

五年壬子

姜漸字羽儀辟修禮書官太常寺博士有傳據本傳及明史編年

陳凱字希元舉人才官陝西蘭縣縣丞據本傳編年

方自新名煒以字行舉孝行官湖廣鄖陽府知府

居花山鄉白門有傳

王祚　官湖廣按察使僉事

黃鄰　字元輔官監察御史謫杞縣知縣居南郭有傳

楊思永　官臨海縣縣丞

傅希顏　官湖廣漢川縣知縣

蔡權　官中都縣主簿

錢淵明　官知縣

錢存源　字遠甫淵明弟

兄弟同日被召官福建羅源縣知縣

方文懋官齊府典儀

胡文伯官南京鳳陽府敎授

應琚官江西臨江府知府

王孟暉名暘以字行官陝西鞏昌府知府有傳

孟濂官廣西賀縣知縣

趙用賢官陝西藍田縣

年	知縣
	方得偉 官國子監學正
	胡混 字本道舉明經官廣東高要縣知縣元泰定丁卯進士一中子有傳
九年丙辰	張世昌 字叔京元末官崇德州州判是年辟爲諸暨縣學教諭居諸山鄉有傳
十一年戊午	陳嘉謨 字文徽官本學教諭居紫巖鄉有傳
十二年	郭日孜 字敏夫官本學

年	人物
己未	訓導居花山鄉馬隝有傳
十三年庚申	吳鉞 字仲威舉聰明正直科官山西嵐縣知縣居孝義鄉流子里有傳
十四年辛酉	馮伯琦 官廣東高要縣知縣居紫巖鄉祝家隝
	楊鯨 字東溟舉賢良方正官經歷居長阜鄉全堂
十五年壬戌	陶狷 字叔爲官本邑教諭轉廣東瓊州府教授居花亭鄉

十六年癸亥	黃　鎰官四川漢州判官以上七人俱據宗譜編年		浙士登科考洪武六年起罷進士之科者十有一年是年詔十七年始復開科	駱志是年奏准天下府州縣學歲貢生員各一人此下歲貢編年俱遵章志
十七年甲子	胡天民官陝西按察使此下薦舉俱遵舊志排纂眉上編年爲進士諸科而設此非其列也	章志是年三月定科舉法三年大比子午卯酉年鄉試辰戌丑未年會試	鍾　庸官刑部主事居鍾家嶺樓志作鏞今據題名碑更正	婁宗海官工科給事中
十八年乙丑	張□□名軼字彥疆舉人才官陝西同官縣主簿			周　祚字宗祚官軍儲十四倉副使
十九年丙寅	陳思齊官江西安遠縣主簿			張允恒官行人司行人
二十年	孟　恪官南京常熟縣		俞仕賢里居未詳戊辰	張　鏞官鴻臚寺序班

丁卯

傅初 字元之 官廣東翁源縣主簿 居紫巖鄉泗池 有傳 教諭

進士 仕樓志作士令 據題名碑更正

居金興鄉董村

二十一年戊辰

楊允升 官福建泉州府通判 任亨泰榜

桂昱 字仲晦 官金華府同知

何遠 官行人司行人

黃希傳 官福建建陽縣知縣

駱用賓 名觀光 以字行

俞仕賢 二甲五名 官禮部主事 陞監察御史 終運司經歷

駱志 是年始詔天下縣學三年貢一人

舉書民使隨右救荒居長阜鄉楓橋此據駱溪園文集編年有傳

二十三年庚午

周文煥字彥章舉賢良方正官廣東布政使左參議居長甯鄉泗村有傳

何貴官行人司司副舉賢良

王堂舉賢良有傳

呂升字升章山陰籍官大理寺少卿有傳自父文著由山陰遷居義安鄉西隅遂世爲諸暨人題名碑無

二十四年辛未

梁伯善官廣西平樂府同知

張文達字行可舉賢良方正居金興鄉董村

傅文昭官北平按察使知事駱志二十五年詔明年始縣學一歲貢一人

卷二十四

年	上欄	中欄	中欄	下欄
二十六年癸酉	蔡貝寶 官湖廣按察使副使 宗譜作丁卯舉孝廉 方輝 官湖廣襄陽府知府 有傳			董閶 顧濬
二十七年甲戌	倪仲圭 官南京太平府通判 朱彥敬 官山東東平州知州			壽堯 王爾堅 官福建莆田縣主簿
二十八年乙亥	趙伯潤 官山東壽張縣知縣 余季良 官江西大庾縣主簿			朱景純 官廣東吳川縣知縣

年				
二十九年丙子	孫逝可 字繼宗 官工部主事 居花山鄉孫家溪		陶祐 官吏部考功司員外郎 字與里居並未詳 兪希孟 居花山鄉坊口	蔣文旭 字公旦 官河南道監察御史 居靈泉鄉十三都 有傳
三十年丁丑	余澤 官湖廣按察使副使			婁衡 官江西按察使僉事
三十一年戊寅	翁潜 官湖廣祁陽縣知縣			方杜倫 官國子監學正
建文元年己卯	方寅 官國子監助教 徐圭 官南京貴池縣知縣			斯干 官通判 樓志作湖南長州誤
二年庚辰	黃鐘 字伯聲 奉使莆田 此據黃氏宗譜編年			許用賢 官南京定遠縣教諭

三年辛巳　戚元義官南京貴池縣知縣

四年壬午　張庭蘭官江西廣信府經歷

陳宗孟官河泊所官

郭斯垕字伯載官福建政和縣典史居花山鄉馬鳴有傳

錢思誠官河南懷慶府經歷

毛仲興官福建甌寧縣知縣

金鎮官刑部主事

戚文鳴官監察御史

周景濂官湖廣興國州知州採訪冊作源潔字景濂

郭如權官江西大庾縣縣丞

孟德官典史

吳儒源字國賓官保定府知府

虞以文官陝西按察使僉事居東安鄉虞村

郭如樫官廣東靈山縣縣丞

章　信官湖廣按察使僉事

郭　禮官知縣

章　曾官江西鄱陽縣知縣

壽伯達官巡檢

王愷之官福建延平府同知

張文成

俞　蔭

俞　祐

胡文穆官應天府推官

永樂元年癸未

續文選通考永樂元年敕內外諸司文職官員各舉所知無間遠近竝舉以聞

馮賚 字汝賢舉人才官山東蒲臺縣縣丞居紫巖鄉祝隝

黃鐙 字伯韶官泗州判官此二人據宗譜編年

朱子名 官福建長樂縣訓導

陳同 官江西新建縣知縣

二年甲申

孫宗海

俞允承

黃士華 官南京上海縣知縣

三年乙酉

蔣誠

鄺俊 官江西新淦縣

	楊善政官福建泉州府同知		知縣
四年丙戌	俞文祥字性中官衛王府典寶以楷書徵有傳		趙秩字尚禮官南京高郵州學正居陶朱鄉
	蔣柱		
五年丁亥	宣相		王安官江西鄱陽縣知縣
	張潤		
六年戊子	孟臨官廣東南雄府知事	王鈺字孟堅居紫巖鄉店口壬辰進士	王志中官南京廬州府同知
	章伯升官鴻臚寺序班		
七年己丑	俞軾字敬中舉孝廉官刑部郎中有傳		周興官南京無爲州同知

年				
八年庚寅	俞　輞字用中舉人才 魏宗杲舉稅戶人才官刑部主事入方外傳			馬宗昂官湖廣通城縣知縣
九年辛卯	陸　時官倉大使			方　倫官福建知縣樓志作甌城誤
十年壬辰		馬鐸榜 王　鈺一甲第三名探花歷官翰林院編修修撰終江西提學僉事有傳		鄭　宏字仲耀官南安府同知居泰南鄉
十一年癸巳				孫　祥官四川郫縣知縣
十二年			王　常官四川奉節縣	許子恭官湖廣黔陽縣

甲午	十三年乙未	十四年丙申	十五年丁酉	十六年戊戌
				陳滋字德敷舉稅戶人才官翰林院待詔居長阜鄉楓橋
知縣居紫巖鄉店口	陳偲官福建政和縣教諭		阮溥舊志作浦據題名碑更正	
知縣	陳寶官河南汝州知州	魏孚官湖廣黃岡縣縣丞	劉穆官都督府都事	趙賢

	十七年己亥	十八年庚子	十九年
	張雅一 舉稅戶人才官江西永豐縣栝楊巡檢居長浦鄉水霞張		
		一	
		胡驩 居大部鄉廬墓 甲辰進士 成規 官監察御史 成矩 規胞弟 案二成本江蘇吳縣人以父允官諸暨教諭故寄籍焉 謹案浙士登科考有成規無成矩	
	程永文 官御史	金謙	胡怡

諸暨科第錄

辛丑

二十一年

癸卯

駱黼字文繪居長阜鄉楓橋

蔣忠

張剛

俞德昭字官南京全椒縣教諭居花山鄉坊口

翁佐字官四川酆都縣教諭

呂公愿山陰籍庚午舉人升子官國子監學正題名碑無

三十 卷二十四

駱志是年詔縣學歲貢三歲一人

二十二年甲辰	邢寬榜	胡驩二甲第九名	山陰縣志作國子監助教	
洪熙元年乙巳				俞景昂官典史
宣德元年丙午				陳文信官山西行都司司副斷事
三年戊申				盧立官福建南靖縣知縣
四年己酉			陳璣字叔衡庚戌進士居長阜鄉楓橋樓志誤作丙午今據明倫堂嘉靖	

五年庚戌

林震榜

林陳璣　二甲第七名翰林院庶吉士有傳

乙巳題名碑更正

陳祥　字逢吉官江西臨安府推官居北郭有傳駱志七年詔縣學歲貢一人歲一人

七年壬子

續文選通考宣德七年詔各省有文學才行出衆之士自二十五歲以上令所在有司保舉赴京選用

俞僩　字訥齋癸丑進士居義安鄉次鷗樓志誤作丙午今據明倫堂嘉靖乙巳題名碑更正

八年癸丑

黄餘蔭　官江西星子縣縣丞

曹鼐榜

俞僩　二甲二十八名官福建汀州府知府有傳

王彥常　官河南鄭州知州

九年甲寅

翁惟信　官山東陽信縣縣丞

宣載　官江西餘干縣教諭

十年乙卯

翁惟謹

瞿文偉

正統元年丙辰	二年丁巳	三年戊午
鄺軾 主簿 官廣東陵水縣 楊資 官于府典膳 蔡炯 官主簿 陳洙 字文淵官左軍都督府都事有傳 王璵 官福建建甯府訓導王冕孫	方坻 主簿 官順天遵化縣	
		馮謙 字履吉官南京沛縣知縣居紫巖鄉祀家
殷增 主簿 官江西新淦縣	金俊 知縣 官湖廣漢陽縣	何琚 知縣 官山東泗水縣

年			
五年庚申		附有傳	趙理 駱志六年詔縣學歲貢開廣一人
七年壬戌			阮剛 官福建崇安縣縣丞
九年甲子			陳旭 官廣東遂溪縣知縣
十一年丙寅			賈愚 官河南南陽縣知縣
十二年丁卯		徐琦 字廷振官湖廣道州知州居長浦鄉牌軒	俞鼐 官福建尤溪縣知縣

年			上格	下格
			下有傳	俞安
十三年戊辰				嚴翊 王琳官福建沙縣知縣
景泰元年庚午			張肅字克恭官福建莆田縣知縣居天稱鄉平闊	張祿字志學官江西廣昌縣主簿居北郭
三年壬申				章明官湖廣宣慰司經歷
四年癸酉			陳翰英字廷獻官廣東南雄府同知居長阜鄉楓	俞景

五年甲戌	七年丙子	天順二年戊寅	四年庚辰	六年壬午
橋有傳				
張銅字宗器官福建建陽縣縣丞居天稠鄉平闊	陳貴字彥城官山西太平縣知縣	俞轂	張澄官江西靖安縣訓導居北郭	駱志是年詔廩膳生員年四十五歲以上者俱貢

八年甲申

成化元年乙酉

張　俶　字潔明官福建同安縣知縣居東安鄉銀杏樹下下張村

呂　詵　山陰籍永樂癸卯舉人公愿子官福建南平縣知縣題名碑無

馮　銓　字叔衡官江西瑞昌縣訓導

何　奎　官福建福安縣知縣

俞仕清　字景濂官鴻臚寺鳴贊

楊　豹　字文炳

蔣　憲　官湖廣應山縣知縣有傳

二年丙戌	四年戊子	六年庚寅	八年壬辰	十年甲午	十三年
章矩 官倉大使	章敬 官江西瑞金縣知縣	駱章 官左督都督府經歷樓志作江西宜春縣縣丞今據李先生祠堂碑更正	傅環 字文輝官福建建寧府推官居紫巖鄉湖池	酈秆 字校蕃	王楨 官河南布政使

年	進士	舉人	貢
丙申			理問
十三年丁酉		馮珏 字朋玉，宣德戊午舉人謙子，戊戌進士	楊滔 官四川建昌衞經歷
十四年戊戌	曾彥榜 馮珏 二甲五十五名，官南京刑部員外郎，有傳		
十六年庚子		駱瓏 字蘊良，居長阜鄉，楓橋辛丑進士 鄭欽 應天府榜，字敬之，官湖廣澧州知州，居泰南，後遷居楓橋，有傳	陳輅 字任道，官貴州都司經歷
十七年辛丑	王華榜 駱瓏 二甲第十八名，官廣東潮州府知府，有傳		

十八年壬寅
金墜 官江西南昌縣縣丞

二十年甲辰
錢鍏 官福建光澤縣縣丞
姜鍾 官河南開封府教授

二十二年丙午
姜元澤 字 官湖廣平江縣教諭 里居未詳
樓敏 官王府教授

宏治元年戊申
張琯 官福建長汀縣教諭

三年庚戌
宣增

五年壬子
楊琦

七年甲寅	八年乙卯	九年丙辰	十年丁巳	十一年
	陳元昭字子亮，癸酉舉人，翰英從子，官德府右長史			陳元魁字應文，翰英子
陳泰字世亨，官福建浦城縣訓導，居紫巖鄉店口		章誠官湖廣德安府經歷。駱志詔自今年始縣學歲貢每歲一人	呂濟官南京亳州訓導	酈璸字　官湖廣

年			人物
戊午			官南京五河縣知縣有傳；德安府訓導
十二年己未			王琦
十三年庚申			陸綸 駱志自今年始縣學歲貢仍間歲一人
十五年壬戌			周諡 官貴州永從縣知縣
十七年甲子			陳天賞 更名賞字青峯戊午舉人元魁子辛巳進士 浙士登科考明初應試止取廩生後漸及增廣至是詔廩增附一；駱珮 官湖廣上津縣訓導

正德元年丙寅	三年戊辰	五年庚午	七年壬申	八年癸酉
體掄選		陳仲洙字官南京寶應縣知縣		鄭天鵬字子沖庚子舉人欽子官江西弋陽縣知
朱琅 石琨官南京泗州學正	吳祥 楊漋官遼府教授	駱鳳岐字有徵官京師省靈壽縣教諭居長阜鄉楓橋	石璵官內黃縣訓導	

年			舉人
	縣有傳		張文官廣東陽山縣教諭居東安鄉銀杏樹下下張村
九年甲戌			陳文卿字堯賓官江西臨川縣訓導陞柳城縣教諭居長阜鄉鄉楓橋
十一年丙子			馮琥字廷獻官江西九江府教授居紫巖鄉祝家隖
十三年戊寅			陳鵠官江西都司司副斷事居紫巖鄉店口

十五年庚辰　十六年辛巳補殿試

楊維聰榜

陳賞（鄉榜名天賞以世宗號天河釣叟故去天字二甲七十四名由兵部主事官京師眞定府同知有傳謹案嘉興府志庚辰會試時車駕南巡辛巳世宗登極五月始補行廷試）

何汝礪

嘉靖元年壬午

王爵（官山東聊城縣）

訓導

張雨（官福建南平縣）

					訓導居東安鄉銀杏樹下
三年甲申					馮軒字季昂居紫巖鄉祝家隝
五年丙戌					徐浚仁官山東遼東司海州衛經歷
七年戊子				翁溥字德宏居紫巖鄉店口己丑進士 王珽字東匡官南京如皋縣知縣居紫巖鄉店口	王溥官京師寶坻縣教諭 俞耿字孔昭官廣西慶遠府推官居義安鄉溪埭有傳
八年己丑		羅洪先榜	翁溥三甲四十二名官南京刑部尚書謚榮靖		

	九年庚寅	十年辛卯	十一年壬辰	十三年甲午	十五年
			林大欽榜		
有傳			駱驥三甲一百七十一名官刑部主事有傳		
		駱驥字汝良居長阜鄉楓橋王辰進士		駱騰霄應天中式官河南唐縣知縣	
	駱騰霄居長阜鄉楓橋甲午舉人		呂欒官江西會昌縣知縣 駱驗字汝明官南京懷遠縣知縣有傳	楊承恩官河南王府教授	俞玠字廷貴官山東

年			
丙申			武定州訓導 呂相
十七年戊戌			鄭澧陽 字海珊，庚子舉人，欽孫，官湖廣新化縣知縣
十九年庚子			陳相宸 字泌南，官王府教授，居長阜鄉楓橋 駱騰光 官陝西甯州訓導，居長阜鄉楓橋
二十一年壬寅			朱淪 官福建教諭，樓志作沙城縣，誤
二十三年甲辰			俞天楨 官訓導

二十五年丙午	二十七年戊申	二十九年庚戌	三十一年壬子	三十三年甲寅
			壽成學應天中式字子行官南京太平府通判居西安鄉墾城	
駱騏字汝先官孟津王府教授居長阜鄉楓橋	駱九功官河南封邱縣訓導	張思得字陽山官南京太和縣教諭居金興鄉花廳	陳紹科字懋達官楚王府審理居長阜鄉楓橋	楊承恩官南京如皋縣訓導

三十四年乙卯	三十五年丙辰	三十七年戊午	三十九年庚申	四十一年壬戌	四十三年甲子
駱問禮字子本號纘亭居長阜鄉楓橋乙丑進士					蔣桐錦衣衛旗籍順天中式戊辰進士
	陳士華官湖廣隨州同知居紫巖鄉店口	姚德中官福建延平府教授 邵廷潤	宋承祿官南京長洲縣訓導	錢鐸官王府教授	陳寬字能日官廣東韶州府訓導居長阜鄉楓

年		榜	進士	舉人	貢
					橋
四十四年乙丑		范應期榜	駱問禮 三甲一百六名官湖廣按察使副使有傳		
四十五年丙寅					汪直孫 官福建建陽縣訓導
隆慶元年丁卯				周繼夏 順天中式字居長浦鄉豐江戊辰進士	
二年戊辰		羅萬化榜	周繼夏 三甲十八名官江西袁州府推官 蔣桐 三甲二百一名官知縣		俞序 官福建沙縣知縣 傅良鯁 官台州甯海縣訓導
四年庚午					俞臣良

六年壬申	萬歷元年癸酉	二年甲戌	四年丙子	五年丁丑
				沈懋
				陳性學三甲十三名懋
			陳性學字還沖翰英元孫丁丑進士	
張思聖字睿卿官甯波象山縣教諭居金興鄉花廳	謹案是年奏准歲貢生員年六十以下考優者充貢舊志不載今無考	黃璧官南京太倉州判官居龍泉鄉璜山 李秀實	駱夢周官雲南臨安府推官居長阜鄉楓橋	

年				
		學榜	官至廣東左布政使有傳	
六年戊寅				沈資 官訓導
八年庚辰				方策
十年壬午				楊天盛 官訓導
十二年甲申				陳相 官訓導 張選 字萬青居平闊
十四年丙戌				華岳 字仲西官江府長史居紫巖鄉白塔斗門有傳
十六年戊子				徐有悅 此後至三十年舊志並軼
十九年			壽堯臣 應天中式字祝	

諸暨縣志卷二十四 上

辛卯			餘居西安鄉墨城遷東安鄉虞村甲辰進士
二十二年甲午			傅　賓字見大居花山鄉直步辛丑進士
			周希文據採訪冊補
二十九年辛丑	張以誠榜	傅　賓三甲七十七名官江西豐城縣知縣	
三十一年癸卯			陳　殷仁和籍字曲江由楓橋寄居山陰壬戌進士
			謹案是年立皇太子恩詔府學貢二人縣學貢一人舊志不載今無考矣
三十二年甲辰	楊守勤榜	壽堯臣三甲九十九名官南京霍邱縣知縣謹案樓志作壽縣考明史	
			何　敏官台州府教授

年	進士榜	進士	舉人
		地理志有鄮縣無雩縣今據壽氏譜更正	
三十四年丙午			錢　時字惺復居西安鄉江藻丁未進士 陳應麟字字泰官台州府教授居長阜鄉楓橋
三十五年丁未	黃士俊榜	錢　時三甲十二名官山東布政使左參議有傳	
三十六年戊申			鄭之士字完心官廣東海康縣知縣有傳此後舊志多遺軼
三十七年己酉			壽成美字充之居西安鄉墨城壬戌進士 陳　經居金興鄉蜘蛛潭頂 陳元暉字　居紫巖

四十年壬子

四十三年乙卯

鄉店口王戊進士

朱長庚 順天中式字與白由城內遷居龍泉鄉官南京含山縣知縣有傳

陳善學 字淵止官南京廣德州知州丁丑進士性學胞弟有傳

壽秉初

駱先覺 字莘夫居長阜鄉楓橋王戊進士

姚一鸞 字孟皆官南京英山縣知縣居花山鄉姚公步有傳

年		進士	舉人	貢生
四十四年丙辰				陳克建字明臺官莘亭縣訓導居紫巖鄉店口據樓志人物志補據陳氏宗譜編年有傳
四十六年戊午			楊肇泰字六符居諸山鄉楊家漊己未進士	酈文相恩貢
四十七年己未		莊際昌榜 楊肇泰三甲二百七名官南京安慶府知府知府有傳		何昇官常熟縣縣丞
天啟元年辛酉			楊從本字培之 駱方璽字爾玉嘉靖乙丑進士駱問禮孫壬戌進士	謹案是年詔府學貢二人縣學貢一人舊志不載今無考矣
二年壬戌		文震 陳元暉二甲七十六名		郭四聰

孟榜

官工部主事改遂昌縣教諭

壽成美 三甲十四名官吏部文選司主事

駱方璽 三甲一百八十五名官工部營繕司郎中太常寺少卿有傳

駱先覺 三百二十九名官山西垣曲縣知縣有傳

陳殷 二甲五十九名官太僕寺卿

周希旦

蔣一泰 字大倩選山東

酈光祖 字均儀官福建

四年甲子

六年丙寅

崇禎元年戊辰

劉若宰榜

阮元聲三甲二十九名雲南曲靖衛籍舉人無考

諸城縣知縣居紫巖鄉王家步

方允昌順天中式字全之居花山鄉白門甲戌進士

邊維甯應天中式字宗城官江西九江府同知居同山鄉茶院

邵武縣知縣居城內後街

章志賢有傳

郭元佐字含沖官貴州思南府同知居浣東有傳

酈民法字聲我官河南陽武縣縣丞居城內後街

	三年庚午	五年壬申	六年癸酉
據浙江通志謹案國子監題名碑錄作由靖衛官籍是殆父祖宦遊雲南而寄籍者也今則無可考			
			張夜光順天中式字元珠官南京鳳陽府推官居天稱鄉平闊有傳
有傳案是年詔府縣學廩生選優貢一人舊志不載今無考矣	張德侍字元陽官湖廣興國州學正居金興鄉董村	錢方肅字稺敬萬歷丁未進士時子有傳	

七年甲戌

劉理順榜

方允昌　三甲四十二名官兵部員外郎

孫必賢

九年丙子

余縉　字仲紳居泰南鄉高湖國朝順治壬辰進士

張汝嘉　本姓屠順天中式

陳潛夫　錢塘籍字元倩官開封府推官擢監察御史有傳祖居紫巖鄉店口

酈用賢　字寰中官德清縣教諭轉國子監學錄

十二年己卯

余綸　字伯綬丙子舉人縉胞兄癸未進士

郭四宗　字養沖

邊士彪　官衢州西安縣

年		進士	舉人	
			陳　檄 字仲琳官台州訓導黃巖縣訓導居長阜鄉楓橋	
十五年壬午			方宏憲 順天中式 史繼鮨 字矢如居花山鄉紫草隖癸未進士	宋存殷 官杭州仁和縣敎諭
十六年癸未		史繼鮨 二甲十九名官刑部郎中有傳 余　綸 三甲一百七十一名官福建興化府推官有傳		
			陳元祚 解元楓橋人	酈允昌 字叔典六廩[illegible]貢

讓案山陰縣志壇廟志載有解元廟在縣南十五里盛塘上皁神陳姓明初解元諸暨楓橋人俗傳爲此地土穀神云云其名既軼其事蹟亦不傳今其廟現在七月初六爲神誕辰祭賽甚盛殿上額日魁光鼎煥係鄭縣史大成書聯日服前靈爽唯留姓身後文章不訃名係里人徐元障書則早失考矣前志科第

生入國朝官永州府通判有傳年分未詳故附此

陳淇綬字章侯積分貢生有傳年分未詳附補於此

不載其名唯駱志坊表志載有解元坊下注在楓橋陳元祚立或者即其人歟科分無考補附於此

諸暨縣志卷二十四終

諸暨縣志卷二十五

科第表中

國朝

大清會典國家以科目取士其制最重自順治二年秋初行鄉試三年春初行會試嗣後定子午卯酉年秋八月舉鄉試丑未辰戌年春二月舉會試　康熙二年停止制義鄉會試以策論表判取士分爲二場第一場試策五道第二場四書論一篇經文一篇表一道判五條七年仍改制義　凡貢士成均歲貢生以各學廩膳生員食餼年久者依次貢入成均直省府學歲貢一人州學三歲二人縣學二歲一人　恩貢生遇覃恩之年以本歲正貢作爲　恩貢與選拔及副貢同以需次待貢之生作爲歲貢如州縣學不値貢期俟應貢之年補行　選拔

貢生每十二年一舉由國子監疏請得旨下部行直省學政於科考後合兩試優等生員考擇文行兼優者直省府學二人州縣學各一人謹案拔貢卽明之選貢初無定制雍正元年以後六年選拔一次乾隆六年後定爲十二年選拔一次副貢生以順天及各省鄉試取中副榜升入太學準作貢生優貢生學政歲科試拔於所報優生中擇其尤者送部考試廩生準作貢生

	進士明通榜低一格附	舉人副貢低一格附	歲貢拔貢優貢附
			謹案歲貢一科乾隆以前舊志未經全錄其年分亦後先錯出今唯於有可考證者略爲補輯而更正之餘皆仍舊志排纂恐未見確鑿也
順治		駱起明字子旭官福建永春縣知	馮吉夢字應祥官處州府教授居

三年丙戌

縣居長阜鄉楓橋有傳

蔣爾琇　字博菴居紫巖鄉王家步丁亥進士

壽以仁　餘杭籍字靜若居西安鄉墨城己丑進士

紫巖鄉祝家隝

謹案是年恩詔歲貢凡首名次名並准貢

四年丁亥呂宮榜

蔣爾琇　三甲二百十六名官河南原武縣知縣有傳

壽挺茂

陳光瑊　字咸玉居紫巖鄉店口

五年戊子正科

壽肇基　字夙銘官湖廣安陸縣知縣居西安鄉墨城

章平事　字無黨居花山鄉青山王

壽愷　字仲芳

樓璇　拔貢官湖廣黃梅縣知縣居長阜鄉楓橋

辰進士

俞成龍據府志補官河南鄭州知州里居未詳

六年己丑

劉子壯榜

壽以仁二甲七十六名官戶部主事雲南提學副使擢廣西按察使有傳

七年庚寅

周崇禮恩貢字君厚官歸安縣訓導居同山鄉豐江

周廷俊字德詮官慶元縣教諭居花亭鄉兼溪

八年辛卯正科

許兆桂

錢洪袞字雁湄明萬歷丁未進士

時孫官山東清平縣知縣有傳

楊學溥　字森如官山西平陽府推官居南隅山下楊

虞宗岱　順天中式原名士口避諱改今名字奕大居西安鄉檀樹頭乙未進士

陳可畏　順天大興籍字伯聞祖居紫巖鄉店口府志作山陰壬辰進士

九年壬辰

鄒忠倚榜

余縉　三甲一百五十一名官河南道監察御史有傳

章平事　三甲三百十三名官河南永甯縣知縣有傳

王錡　官教諭府志入上虞

年	進士	舉人	貢
十一年甲午正科	陳可畏 三甲九十二名 官京畿道監察御史 有傳	馮勸 字屏山 居紫巖鄉祝家隝 乙未科明通榜	蔣生亮 恩貢 姚更生
十二年乙未史大成榜	虞宗岱 二甲三十九名 官廣西左江南潯鬱上兵備道 有傳 馮勸 明通榜 官山西道監察御史		
十三年丙申			石于介 官麗水縣訓導
十四年丁酉正科		樓璘 河南中式	傳列彰 字楚分 府學 官鄞縣訓導 居花山鄉直步
十六年己亥			壽銓 拔貢 字純菴 居西安鄉墨

十八年辛丑

城有傳

壽嘉裔拔貢官推官居西安鄉墨城

駱復旦山陰籍拔貢字叔夜官江西崇仁縣知縣居長阜鄉楓橋有傳

科分無考附列於此

康熙元年壬寅

史之英官平陽縣訓導

二年癸卯正科

余一燿字如齋明崇禎癸未進士綸子壬戌進士

傅聰字聽思官海寧州訓導居花山鄉直步

五年丙午正科

陳其素字口口官廣東河源縣知縣居南郭

八年己酉

錢廷燦字國楨官福建福清縣知府志歲貢三年停八年復

正科

九年庚戌

縣居西安鄉江藻

俞麟翔府志麟作鱗

副貢

楊學泗字魯峰居諸山鄉楊家漊有傳據毛奇齡墓志補謹案鄉會試之有副榜前代名日激賞順治戊子詔廩生中副榜者貢至吏部謁選以推官用知縣次州佐增附中式者入監讀書滿一年送吏部歷事考用如廩生例見阮葵生茶餘客話

章在茲字景與官浦江縣教諭署金華府教授居花山鄉青山

年	舉人	貢生
十一年壬子		余毓澄拔貢
十三年甲寅		蔣無競字□□居紫巖鄉載里
十四年乙卯正科	余毓澄字退菴壬辰進士縉子戊辰進士遷居楓橋	
十五年丙辰		楊嗣振恩貢 壽士升字貞階居西安鄉墨城
十六年丁巳恩科	蔣遠字平山居義安鄉山環壬戌進士 錢廷範字石葊辛卯舉人淇表子官嘉善縣教諭 錢㭿字鏡崖淇表胞姪	
十七年戊午		包渲

十九年庚申			周廷偉字子凝居花亭鄉兼溪
二十年辛酉正科		駱伊祜字□□居長阜鄉楓橋 錢世勳字晨亞明萬歷丁未進士時五世孫官奉天廣甯縣知縣升戶部陝西司主事	
二十一年壬戌	蔡升元榜 蔣中遠三甲三十七名官戶部郎中 余一燿三甲九十七名官內閣中書有傳		俞環贊
二十三年甲子正科		楊戒順天中式解元字西疇官河南永甯縣知縣居長阜鄉全塘	壽子發
二十五年丙寅			馮欲驥字德生居紫巖鄉硯家鳴

年	進士	舉人	貢生
二十六年丁卯正科		樓桂 廣西中式字荆山官順天玉田江西贛縣知縣居長阜鄉楓橋有傳	壽祺益 府學
二十七年戊辰	沈廷文榜 余毓澄 壬戌會試中式是年應補殿試二甲三十九名官湖廣龍陽縣知縣有傳		馮日袞 字子心居紫巖鄉祝家隝
二十九年庚午正科		樓績 字爾成官直隸良鄉縣知縣居靈泉鄉十五都有傳 酈祖仁 字九乘居城內後街甲戌進士	趙蘭猶 字晉佳
三十一年壬申			石紹年 拔貢
三十二年		壽致潤 解元字雨六己亥拔貢佺	

年	進士	舉人	貢生
癸酉正科		子丙戌進士 孔彖 居大部鄉孔村丙戌進士 傅濟 字用楫順天中式考授中書居紫巖鄉湄池據允都名教錄補	
三十三年甲戌	胡任輿榜 酈祖仁 三甲九十一名官湖廣應山縣知縣有傳		張鶴霄 居縣後
三十五年丙子正科		趙枚 字漢如官秀水縣教諭居超越鄉關湖	傅信 本姓邊字聖林
三十七年戊寅			駱士璜 字望菴居長阜鄉楓橋 壽穀生 府學拔貢
三十九年庚辰			周于德
四十一年		毛鈺 字式湄居東安鄉五宜潭	酈宣

壬午正科

丙戌進士有傳

余桂昉 字丹植壬戌進士一燿子有傳 案昉府志誤作芳

四十三年甲申

周宏易

四十四年乙酉正科

楊三炯 字千木官山東兖沂河道己酉副貢學泗子有傳

錢天相 字松亭時五世孫

蔣三唐 字靜溪官內閣中書居紫巖鄉王家步

副貢 余懋杞 字玉京縉孫遷居府城戊子舉人

四十五年

王雲

壽致潤 三甲一百三名官翰林院

鄒元煜

丙戌恩科 錦榜

檢討有傳

孔家 三甲二百二十三名官內閣中書

毛鈺 三甲二百四十五名官四川蒲江縣知縣有傳

四十七年戊子正科

壽奕磐 本姓陳字佳峰居西安鄉墨城壬辰進士

余懋杞 順天中式官內閣中書有傳

余毓瀚 字坦菴 恩貢

郭鈺

四十九年庚寅

酈琦

五十年辛卯正科

壽致浦 字雲濱丙戌進士致潤胞弟癸巳進士

	五十一年壬辰	五十二年癸巳恩科 三月鄉試 八月會試	五十三年
	王世琛榜	王敬銘榜	
	壽奕磐 三甲二十一名 由子史精華館纂修官湖廣光化縣知縣 有傳	壽致浦 三甲一百三十九名 官河南禹州知州 有傳	
趙漙 字尊塘 官通判 居靈泉鄉 宣奇 本姓蔣 順治丁亥進士爾琇孫 字敬齋 官內閣中書 副貢 壽奕文 本姓陳 字桐坡 戊子舉人 奕磐胞兄 癸巳舉人		壽奕文 官金華縣教諭 副貢 趙驥 字北野 居城內南司 丙午舉人	駱鳳翔 一名志升 字□ 居長阜
	何錫全		章暐

諸暨縣志 選舉表 卷二十五

甲午正科			鄉楓橋 駱志适字南宮官河南洛陽縣知縣改海鹽縣教諭 駱宣遠字修來官陝西華州知州謹案三駱皆潯州府知府駱貞臣子寄籍廣西中式	陳書思官泰順縣訓導居紫巖鄉店口 陳　治字皞園恩貢居長阜鄉楓橋
五十五年丙申				駱　炎字則先官象山縣訓導居長阜鄉楓橋有傳
五十六年丁酉正科			錢大長本姓陳字居紫巖鄉店口 傅學灝錢塘籍字兆漁居花山鄉直步遷居紫草塢庚戌進士	

年	榜	進士	舉人	貢
五十七年戊戌				朱之雲
五十九年庚子正科			陳　愷字孟爽居長阜鄉楓橋辛丑進士	陳士岳字鐵山居長阜鄉楓橋
六十年辛丑	鄧鍾岳榜	陳　愷三甲一百十七名即用知縣就教職入方伎傳		
六十一年壬寅				壽爾康恩貢官直隸定州知州 余懋楩字楚材
雍正元年癸卯正科			宣　鉞居長甯鄉陳昂 樓　襄居長阜鄉楓橋	錢夢弼拔貢字補堂居西安鄉江藻　謹案選拔一科康熙三十六年以後停止至六十年陳元龍奏開始定每六年選拔一次
二年甲辰				劉　嚴恩貢

壽楠

四年丙午正科

周晉　字接三居花亭鄉水口有傳

趙驥　官嘉善縣教諭

錢曰布　字玉釭順治辛卯舉人洪袤孫有傳

姚枝薇　官泰順縣訓導

六年戊申

袁粹中　官永康縣訓導

七年己酉正科

蔣文儀　本姓余字實岡康熙戊子舉人懋杞子丁巳進士

余懋棅　字蘿村懋杞胞弟庚戌進士

傅學澐　字錦川官德清縣教諭居

余懋棅　拔貢本科舉人

	八年庚戌	十年壬子正科	十二年甲寅	十三年乙卯正科
	余懋棟三甲一百八十名官杭州府教授有傳 傳學灝三甲二百七十三名官湖廣衡陽縣知縣有傳			
花山鄉直步		樓卜岐字西甸居超越鄉鳳儀樓 余銓字石驪懋杞子有傳		湯聘仁和籍字莘來祖居長阜鄉湯村丙辰進士
	周作豐府學 周志誠	壽凝正	黃國鳳府學字竹梧居龍泉鄉璜山 陳一新字子一居紫巖鄉店口	石嵩拔貢官湖廣沅陵縣知縣

	乾隆元年丙辰會試正科鄉試恩科	二年丁巳恩科
	金德瑛榜	于敏中榜
	湯聘 二甲八十四名吏部驗封司主事歷官江西湖北巡撫有傳	余文儀 三甲三十二名鄉榜姓蔣通籍後改本姓由刑部山東司主事
副元 傅學流 癸酉解元 副貢 趙綸 字人表順天宛平籍官直隸威縣訓導雍正丙午舉人驥子	余斌 字太初紹曾孫丁巳科明通榜 余蛟 山陰籍字復齋愁杞胞姪官江蘇鎮江府通判 副貢 傅羽仙 字羽容居花山鄉直步	
	楊維辰 恩貢字□□居諸山鄉楊家溇 趙琦 字鼎若	

歷官刑部尚書有傳

明通榜　余斌　分發江南河工知縣

有傳

三年戊午正科

馮慥　字南堂，景山官學教習，居紫巖鄉祝家塢，有傳

王紹昌　字周顯，官山西大同府同知，居紫巖鄉，有詩覺韻

副貢　張鴻儀　字羽文，居花亭鄉湖藻樓，志作宏儀，今據孝感里志更正，有傳

陳光宗　恩貢，字碧山，居長阜鄉楓橋

五年庚申

張必揆

六年辛酉

副貢　陳勳　字思陶，居紫巖鄉店

陳光訓　拔貢，字翰儒，有傳

	正科	七年壬戌	九年甲子 正科	十一年丙寅	十三年戊辰
	口		張楷 字端木，官嘉興縣教諭，居安俗鄉盧家溪		
	是年始定十二年選拔一次	趙一鵬 字羽九，府學 章芹	周洪先 字松年，選孝豐縣訓導，居花亭鄉大林	傅燈 字端衡，居花山鄉直步	王超 孟夏 十三氏恩貢，居槃浦鄉 謹案：是年奉上諭十三氏孫考驗文行兼優者咨送禮部貢入成均，於是夏以亞聖孟子四十七世孫信安郡王後裔奉特恩考驗入貢

十八年癸酉正科	十七年壬申	十五年庚午
傅學沅解元字莫菴居花山鄉直步有傳 趙南觀字燕山官湖南桃源縣知縣署淮安府中河通判居東安鄉虞村有傳 副貢余世康順天宛平籍字介夫		
陳維垣拔貢	何正品恩貢字口口居西安鄉何家山 陳嘉楠居紫巖鄉店口	錢塘恩貢字青銅選宣平縣教諭居西安鄉江藻有傳 陳國守居紫巖鄉店口

官直隸成安縣訓導居奏南鄉高湖

十九年甲戌

馮慎 字思永署仁和縣訓導居紫巖鄉祝家隖

二十一年丙子正科

石漣 字　官慈谿縣教諭居開元鄉范家隖

楊如瑤 字西望居諸山鄉十九都 霞紋 有傳

二十三年戊寅

黃溶

二十五年庚辰恩科

樓卜瀍 字西澗雍正壬子舉人卜岐胞弟恩賜國子監典簿銜有傳

副貢 方華 字堯巡居奏南鄉湯家店

二十七年

李本玉 貴州貴筑籍本姓王官永

年	進士	舉人	貢生
壬午正科		甯州訓導居東安鄉王家溪頭	章　美　恩貢 周一浩　字雲溪選建德縣教諭居花亭鄉大林
二十九年甲申			余　鼇　字海山居長阜鄉楓橋
三十年乙酉正科		余　炳　字樸齋官翰林院典簿繕五世孫 蔣五權　字立可居紫巖鄉王家步 姚　桐　字楚林居花山鄉姚家塢 陳黨義　順天大興籍字子茹居長阜鄉楓橋丙戌進士	傅秉鑑　拔貢字鏡三居花山鄉直步
三十一年丙戌	張書勳榜	陳黨義　三甲六十二名官福建漳平縣知縣	阮　進　字　居西安鄉黃材

三十三年戊子正科

王紹典　字錫經，戊午舉人，紹昌胞弟，官秦順縣教諭，有傳。

副貢　孫鳴珂　居泰北鄉漁鱗山

趙宗遠　居花山鄉福泉山

三十五年庚寅恩科

楊惟信　字裴午，居長阜鄉全堂，有傳

馮洪範　字夏疇，居紫巖鄉湖西

陳鳳起　字翊丹，居紫巖鄉店口，入方伎傳

三十六年辛卯正科

蔣載康　名釗，以字行，又字楊莊，大挑知縣，分發甘肅，居紫巖鄉甑里，有傳

楊垂　字統甫，恩賜國子監學正銜，居諸山鄉楊家漊，有傳

年				
三十七年壬辰				呂坤一恩貢居義安鄉西隖 徐鑑 蔡本莪府學字蓼坡
三十九年甲午正科			姚元昇字紹周又字乙齋居花山鄉姚公步 王國元貴州貴筑籍字藎臣壬午舉人李本玉胞弟丁未進士	黃文模
四十一年丙申				石作硯字爐餘一字靜久居浣西有傳
四十二年丁酉正科			蔡英字東軒官江山縣教諭居金興鄉島橋有傳 陳淇水字脩瞻居北郭	陳允紳拔貢字搢卿官甘肅會甯縣知縣居阜鄉楓橋

諸暨科第表

年份	進士	舉人	貢生
		王霈霖貴州貴筑籍解元字雨蒼壬午舉人本王甲午舉人國元胞弟戊戌進士	
四十三年戊戌	戴衢亨榜 王霈霖二甲八十名官長樂縣知縣		酈　欣字木莊官永嘉縣訓導居城內
四十四年己亥		錢　鴻字既軒居西安鄉江藻	
四十五年庚子			張長祚恩貢字穀人就職直隸州州判 趙　槩字平甫居開花鄉獨山有傳
四十七年壬寅			樓大章府學選石門縣訓導居超越鄉

年份			舉人	貢生
四十八年癸卯正科			孫元音字鈞庭居花山鄉孫家溪 陳念慈字思庭居長阜鄉楓橋 楊之昂字候補國子監博士居諸山鄉楊家漊	余作林字西園居龍泉鄉溪北
四十九年甲辰				樓乾行恩貢居超越鄉鳳儀樓 陳孔章字後村居紫巖鄉店口
五十一年丙午正科			虞泰字梅巖居東安鄉石宕下嘉慶戊辰恩賞進士 錢秉鈞字梓軒己亥舉人鴻胞弟官建德縣教諭 馮至字森齋戊午舉人慥子官	蔡聃府學居金興鄉島橋 章瑾字懷叔居花山鄉青山

年份	進士	舉人	貢生
		玉環廳訓導有傳	
		錢瀛 字藎塘，鴻胞弟，署江西德安縣知縣，居西安鄉江藻	
五十二年丁未	史致光榜 王國元 三甲二十八名，官吏部考功司郎中，南甯府知府	楊炳 仁和籍，字全堂，居長阜鄉	許梧 府學，字知白，居龍泉鄉許村
五十三年戊申			蔣杏
五十四年己酉正科		吳燧 字振齋，居孝義鄉流子里 副貢 李傳澗	王邦緒 拔貢，字筠莊
五十五年庚戌			余振 恩貢，字克家，居楓橋 趙炯

五十七年壬子正科

蔣　燮　字梅坨官義烏縣敎諭居義安鄉山環

俞之鉦　字寶軒官山東海陽興國等縣知縣居義安鄉次鳩

湯承恩　仁和籍字石琴丙辰進士聘子官直隸昌黎縣知縣

郭宏鈞

五十九年甲寅恩科

金　蘭　字湘珮官龍泉縣敎諭居陶朱鄉金村

鄭光燦　字盧齋居泰南鄉

蔣源鎬　字蘭法官黃巖縣敎諭居義安鄉山環

副貢　陳　瑄　字純南居紫巖鄉店

魏家駒　恩貢字汝驤居長甯鄉下廊橋有傳

郭　潮

六十年乙卯正科

鄭之翆 字圃田居楓橋

口

周春溶 優貢字雪園官四川南溪縣知縣居靈泉鄉藏綠鷗有傳

嘉慶元年丙辰

袁日森 恩貢字松亭居浣東

王奉階

楊維聰 仁和籍字聽泉官松陽縣教諭居長阜鄉全堂

三年戊午正科

王海觀 字越槎乾隆戊子舉人紹典子己巳進士

何永昌 字 居紫巖鄉西何

蔣一經 字蘭臺官甯波府訓導居紫巖鄉戲里

毛祖蕘 府學字翰青居金興鄉帆揚溪

章起孝 字克諸居花山鄉青山

周桐 優貢乾隆乙卯優貢春溶弟丁卯副貢

	五年庚申恩科	六年辛酉
		顧傳棠改歸本籍二甲七十八名
趙辰字邑暾乾隆癸酉舉人南覲子 副貢壽于敏字春亭居西安鄉墨城庚午舉人 副貢張之楏字春洲官湖南宜章縣知縣居城內縣後	蔣錦川名士淙以字行別字燕園官歸安縣教諭居紫巖鄉蕺里 陳葵 傅棠順天宛平籍字石波居紫巖鄉湄池辛酉進士	趙熟字復齋居開化鄉獨山
	孫克坊恩貢字令儀居花山鄉孫家溪 余拱宸字雲橋居泰南鄉高湖	

會試恩科 鄉試正科	七年壬戌	九年甲子正科	十一年丙寅	十二年丁卯正科
皋榜				
官翰林院編修內閣侍讀學士提督廣東學政有傳				
屠倬 錢塘籍字孟昭一字琴隖祖居紫巖鄉琴隖戊辰進士		陳世榮 字小鐵居開化鄉小陳宅 蔡梁 字萊峰乾隆丁酉舉人英子官開化縣教諭居金興鄉島橋		錢衡 字平舟以河工知縣借補滄州州判署直隸天津縣知縣居西安鄉江藻有傳 副貢 周桐 字圭封由優貢中式八旗教習候選知縣
袁黨吉 拔貢字清壺道光丁酉舉人	孫克基 字劭太居花山鄉孫家溪	蔡珍 字華谷居長甯鄉步溪	姚一鳴 字律中居花山鄉姚公步	

十三年吳大 戊辰會試信 正科鄉試中 恩科榜

屠倬 二甲三十名翰林院庶吉士改知縣歷江西袁州府知府有傳

副貢 虞際唐 字孝治居東安鄉虞村

樓厚桐 字蔡琴居超越鄉凰儀樓

十四年己巳恩科 洪瑩榜

王海觀 二甲八十一名官河南信陽州知州有傳

壽千敏 又字謹齋官湯溪縣訓導居西安鄉墨城

蔣應鍔 居義安鄉山環

十五年庚午正科

郭源 字星海居城內南司

周森 字蔥若官龍游縣教諭居靈泉鄉藏綠隝

周栻 字未菴居靈泉鄉藏綠隝 丙戌進士

錢瑜 字璞堂號子宮江山縣教

年			舉人	貢
十七年壬申			諭居西安鄉江藻 副貢酈屏字候選直隸州州判	壽邦磐原名新之居西安鄉壘城
十八年癸酉正科			周杲字蟫史選長興縣教諭居靈泉鄉藏綠塢 副貢石光泗字居浣西 副貢陳汝銈字玉琢居紫巖鄉店口	蔣學洵府學官天台縣訓導居義安鄉山環 呂濟蒼拔貢字菠川居義安鄉西塢
十九年甲戌				趙明素字居靈泉鄉萬塘
二十一年丙子正科			余景福會稽籍字覲光居泰南鄉高湖	俞魏封字居義安鄉文塢 郭以蕃府學

二十三年戊寅恩科	二十四年己卯正科	二十五年庚辰
王景沂原名應槐字葭塘居城內　壬辰進士 斯之均字魚庭官富陽縣教諭居孝義鄉斯宅	郭鳳丹字天木居天椆鄉星屋 副貢余燾字仲曜居楓橋 何秉雅字　官雲和縣教諭居長浦鄉蔡家阪 副貢俞啟茂字春珊居花山鄉	
徐端林恩貢字銀峰選臨海縣教諭居龍泉鄉大成里 蔣昱字　居靈泉鄉十三都		邵立中恩貢字霞軒居紫巖鄉大山塢 虞韶字成九居東安鄉石宕下

道光元年辛巳恩科

張志齡字魯郊官臨海縣教諭居金興鄉董村

周臺字諶野恩賜大理事評事衙居花亭鄉周村

陳廷楷字笠亭居紫巖鄉店口

周謙字歛若居同山鄉五指山

許存之字盧齋官陝西雒南縣知縣居龍泉鄉許村

二年壬午正科

周紹宛字平子居西郭

馮淮字香伯覺羅教習候選教諭居紫巖鄉湖西

周檀字樂園居靈泉鄉藏綠鴨

周紹宛恩貢本科舉人

李涵醕字靖江官直隸嵩河縣知縣居浣東

	四年甲申	五年乙酉正科
姚書山字茝香居花山鄉姚公步 副貢王書常字連節居紫巖鄉有覺嶺 副貢馮煜順天昌平籍乙酉舉人		周檢 陳衍更名祥燨字椒堂官海鹽縣教諭居城內登仕橋 金樹本字培生居靈泉鄉藍田癸巳進士
	張廉字通源居長浦鄉水霞張有傳	陳衍府學拔貢本科舉人 葉敬拔貢字去病武英殿校錄議敘教職任雲和縣教諭居城內有傳

	六年丙戌	八年戊子正科	九年己丑	十年庚寅
	朱昌頤榜		李振鈞榜	
	周　栻二甲三十九名官直隸南宮天津縣知縣改嘉興府教授有傳		余　坤二甲六十二名由戶部雲南司主事授四川雅州府知府署建昌兵備道有傳	
馮　熤字野航官河南孟津縣知縣居紫巖鄉湖西 副貢潘　源居東安鄉潘家隖		余　坤字小頗居泰南鄉高湖己丑進士		
	駱式音原名照居長阜鄉楓橋	孫　沅字鄂舲居花山鄉孫家溪		趙　機字白魚居南郭有傳

	十一年辛卯恩科	十二年壬辰會試恩科鄉試補行辛卯正科	十三年癸巳	十四年甲午正科
		吳鍾駿榜	汪鳴相榜	
		王應槐鄉榜名景沂二甲八十二名官刑部四川司主事改知縣任順天大興縣知縣	金樹本二甲七十七名官廣東乳源縣知縣陞署廣西柳州府知府有傳	
	周采臣更名保勳字慎夫官福建建甯縣知縣居超越鄉楊樹下 駱寶楨官福建長泰縣知縣居東安鄉駱家橋	周煥更名炳鑑字槃菴嘉慶癸酉舉人杲子庚子進士		何萬鍾字化千居紫巖鄉東何 周樂字子謙居花亭鄉周村
		錢汝濟恩貢居西安鄉江藻 余恕字松圃居楓橋		程燮字理堂居城內

	十五年乙未恩科	十六年丙申	十七年丁酉正科
姚燮 鎮海籍字復莊祖居花山鄉姚公步有傳	趙傑 順天中式國史館謄錄議叙知縣居靈泉鄉尊塘 駱榮福 順天宛平籍字榮牧居東安鄉駱家橋 丁熙 廣東番禺籍字守載官新興縣訓導祖居槃埔鄉大馬鴎		錢毓輝 字璞崖揀選知縣居西安鄉江藻
		酈濬 貢 恩 俞炳	

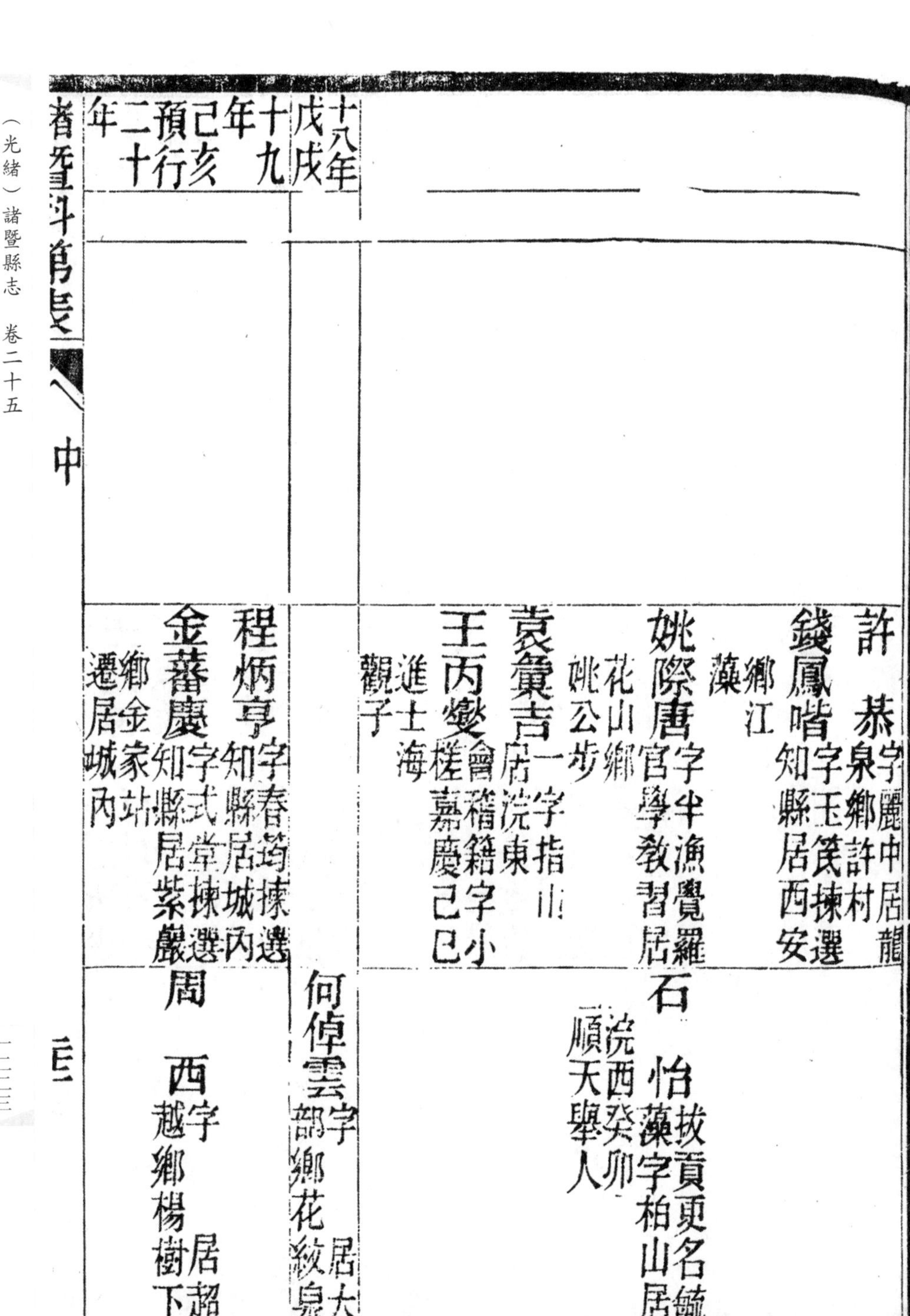

許　恭　字麗中居龍泉鄉許村揀選

錢鳳喈　字玉箴揀選知縣居西安鄉江藻

姚際唐　字半漁覺羅官學教習居花山鄉姚公步

袁黌吉　一字指山居浣東

王丙燮　會稽籍字小槎嘉慶己巳進士海觀子

石　怡　拔貢更名毓藻字柏山居浣西癸卯順天舉人

十八年戊戌

何倬雲　字　居大部鄉花紋泉

十九年己亥預行二十年

程炳亨　字春嶠揀選知縣居城內

金蕃慶　字式堂揀選知縣居紫巖鄉金家站遷居城內

周　西　字　居超越鄉楊樹下

庚子正科

金樹棟 字任之揀選知縣居靈泉鄉藍田

陳子駿 字曼生揀選知縣居城內

趙樾 字雙溪居靈泉鄉蔣塘辛丑進士

副貢 徐奎 更名葆仁字東臣居陶朱鄉徐鐵店癸卯順天舉人

副貢 蔣一桂 字元銘廣東候補直隸州州判代理潮州府豐順縣知縣居城內

副貢 蔡煒 字箕翁居開化鄉航村

年	榜	進士	舉人	
二十年庚子會試正科鄉試正科恩科	李承霖榜	周炳鑑鄉榜名燠二甲四十四名官翰林院編修授湖北黃州府知府郵贈光祿寺卿銜有傳	郭鳳沼字澹門居浣東有傳 袁惠時字少逸丁酉舉人彙吉子居浣東 馮烈字偉伯官廣西富川縣知縣居紫巖鄉祝家隝	
二十一年辛丑	龍殿瑞榜	趙樾二甲六十九名官湖南通道縣知縣署道州知州有傳		
二十二年壬寅				趙三衢字皋鄉居長蘭臺
二十三年癸卯正科			馮商霖字肖雲署金華府訓導居紫巖鄉湖西 駱文蔚字越樵居東安鄉駱家橋壬子進士	

二十四年甲辰恩科

趙錫恩　字瀓庭居長阜鄉蘭臺

章心樹　順天中式字恂如居花山鄉青山

石毓藻　順天中式原名怡官直隸州州同署湖南江華縣知縣

徐葆仁　順天中式原名奎官西安縣訓導

章瑞麟　字素軒居花山鄉青山有傳

姚燦　字霞軒大挑二等選仁和縣教諭居花山鄉姚公步

壽鳳庚　順天宛平籍更名僑字眉

樓堤　恩貢居超越鄉

張之楷　字居城內縣後

劉潮　府學字屏山居開元鄉浮

生嘉慶庚午舉人于敏子有傳

邱

二十五年乙巳

王瑞鳳府學字翊卿居同山鄉王沙溪　恩貢

二十六年丙午正科

副貢杜賡棠字東嶠居花亭鄉杜家山

徐漸逵字煦齋居龍泉鄉溪北有傳

二十八年戊申

何瑞文府學居長浦鄉礦亭選分水縣訓導

程光宇字敏中號書田居城內

二十九年己酉正科

錢慶照字古春嘉慶丁卯舉人衡胞姪官戶部湖廣司員外郎

余靖字笏山揀選知縣居泰南鄉高湖

周惺然拔貢字篤甫雲南試用知縣改內閣中書署山西朔平甯武潞安等府知府居靈泉鄉藏綠塢

年份	榜	進士	舉人	貢
			朱以勳 字月帆 揀發貴州知縣 居長阜鄉楓橋	
			姚承典 字文波 居花山鄉姚公步	
			丁熊 字守和 乙未廣東番禺籍舉人 熙胞弟 官福建蓮河場大使	
三十年庚戌				郭岱 字芳田 居花亭鄉兼溪
咸豐元年辛亥恩科			周乃大 字健奄 嘉慶戊午優貢 丁卯副貢 桐孫 官直隸霸州知州	王應銓 府學 字薑生 居花亭鄉澧浦
			張現 字朗山 嘉慶戊午副貢之槎孫	
二年壬子會試恩科	章鋆榜	駱文蔚 三甲十一名 官刑部廣西司員外郎 有傳	張宗齡 字茹生 嘉慶戊午副貢之槎子	魏際青 恩貢 字曙霞 居西安鄉彭家嶺

鄉試正科

四年甲寅

五年乙卯正科

姚恭治字海槎道光丁酉舉人際唐胞兄

周若霖字時菴官工部屯田司主事居靈泉鄉藏綠隖

朱鼎元錢塘籍字調梅官武義縣教諭居紫闐鄉朱家姑僑居省城

六年丙辰

郭順美字文典居天倜鄉義井

徐金鏞恩貢字小笠居金興鄉溪前門頭

吳疇良字賧雲居孝義鄉琴絃岡

陳珪恩貢字寶堂居東安鄉

先陳

八年戊午正科

俞倉 字稼生居義安鄉次隝

周申緒 字保甫殉難卹予雲騎尉居靈泉鄉藏綠隝

蔣又新 字筠亭揀選知縣殉難卹贈知府銜世襲雲騎尉居紫巖鄉莪里

周裕如 字容菴揀選知縣居靈泉鄉藏綠隝

錢葆瑩 字藻村嘉慶丁卯舉人衡孫官戶部貴州司郎中

周紹達 字惺莽居靈泉鄉藏綠隝

郭榛 字思齋居浣東

張世緒 字居城內

九年己未恩科

癸亥進士

周孫錦　字雲裳，揀發甘肅委用知縣，居靈泉鄉藏綠隝

徐鴻飛　字韻軒，居龍泉鄉溪北

王三及　字小山，殉難，卹予雲騎尉，居紫巖鄉鎖金

周紹适　字韻石，戊午舉人，紹達孿生弟，辛未進士

周啟泰　字交甫，候選直隸州知州，居靈泉鄉藏綠隝

陳　俊　字恕齋，居長阜鄉楓橋

趙寶森　順天中式，字瀶崖，居長阜

樓浚源　府學，字石泉，選景甯縣訓導，居超越鄉凰儀樓

年份			貢
十年庚申		鄉蘭臺 副貢俞丙森字居義安鄉次鳴	周珪恩貢字半匡居花亭鄉周村 陳嘉猷字田菴居城內
十一年辛酉			周蕃拔貢字屏山乾隆乙卯優貢春溶孫官廣西遷江縣知縣
同治元年壬戌			王淦恩貢字秀水居紫巖鄉店口 蔡金相字湑泉署湖州府教授居孝義鄉陳蔡

年份	進士		舉人	貢生
二年癸亥恩科	翁曾源榜	周紹達三甲八十二名官直隸三河大興等縣知縣署涿州知州		周錦泉字鑑亭居靈泉鄉藏綠隝
三年甲子正科			丁樹棠廣東番禺籍字擷芳道光乙未舉人熙己酉舉人熊熙胞姪江西候補知縣	
四年乙丑補行辛酉正科並壬戌恩科			周奎照更名景祁字鄂友辛酉拔貢蕃子署江西鄱陽星子等縣知縣 蔣贊堯字省三揀發知縣居紫巖鄉王家步 斯康字仰止官湖北東湖縣知縣改授四川鹽源縣知縣居孝義鄉斯宅	

五年丙寅

六年丁卯正科並補行甲子科

副貢 楊彬 字郁齋居長阜鄉全堂

副貢 郭泰 字香波居安俗鄉宫山莊

陳鳳鏘 字越峰四班通選教職居長阜鄉楓橋

陳光榮 字峴村署温州府教授居開化鄉陳宅

周覲光 字小烈居靈泉鄉藏綠隝

斯際華 字松亭居孝義鄉斯宅

金光基 字立堂居靈泉鄉藍田戊

樓永春 字梅溪居超越鄉寶稼堂

駱葆慶 優貢本科舉人

辰進士

趙昌言 字雲楣居長阜鄉蘭臺甲

戊進士

駱葆慶 更名元邃字筠孫道光乙未舉人榮福孫官青田縣教諭遷居楓橋

湯銘新 字霞軒居泰南鄉浪搖山

戊辰進士

酈作彥 錢塘籍字曉霞居天稠鄉牌頭

副貢

陳孝基 字雲岑道光乙酉舉人祥儀子同文館教習議敘分

	七年戊辰	九年庚午正科
	洪鈞榜	
	湯銘新 三甲一百八名官陝西朝邑安康等縣知縣補用同知 金兆基 三甲一百十五名官湖南龍陽縣知縣陞直隸州知州	
省知縣 副貢 蔡正昶 庚午舉人		蔡正昶 字少溪道光己亥副貢煌子揀選知縣 陳模 字式菴居長阜鄉楓橋乙未進士 周銓 字二橋道光壬午舉人紹宛孫
	金式如 庚午舉人	趙寶晉 恩貢道光癸卯舉人錫恩子本科副貢 趙廷筠 字少眉居長阜鄉蘭臺

金式如字堅亭署衢州府訓導遺安縣教諭居城內花園嶺

王慶平字耜雲居滶江蘇上海籍北鄉寺後王村庚寅進士

副貢趙寶晉己卯舉人

副貢馮繼棠字韻莊居紫巖鄉湖西

十年辛未

梁耀樞榜

周紹适三甲一百五十名官福建侯官縣知縣

十一年壬申

趙炳文恩貢字靜山道光辛丑進士樾子

郭祥字熙堂居浣西

			郭肇 商籍寄仁和字復亭居泰南鄉沙埭有傳
十二年癸酉正科		趙丹林 字月槎揀選知縣居長阜鄉蘭臺 陳濬 更名通聲字蓉曙丁卯舉人鳳鏘胞姪丙戌進士	陳偉 拔貢乙亥舉人 陳濬 優貢本科舉人
十三年甲戌 陸潤庠榜	趙昌言 三甲三十九名官工部屯田司主事改江蘇震澤縣知縣		馮寶昌 府學字竹安居紫巖鄉湖西 周養元 字子雨居靈泉鄉藏綠鳴
光緒元年乙亥恩科		朱艾 更名守誠字蔚亭揀選知縣居長阜鄉楓橋 斯之棨 字青壚嘉慶戊寅恩科	周奎璧 府學恩貢字連城居靈泉鄉藏綠鳴

二年
丙子

舉人之均從
弟揀選知縣

吳頴炎更名忠懷字澄夫一字亮公揀選知縣大挑二等歷署景寧仁和餘杭海鹽教諭居孝義鄉琴絃岡

陳偉字耐安咸豐丙辰恩貢珪子大挑二等候選教諭有傳

金毓麟字勳昉居紫嚴鄉金家站

庚辰
進士

駱雲衢順天中式字少甫咸豐壬子進士文蔚子牒館謄錄議敘知縣

周顯廷字液波咸豐己未舉人敢

正科

泰子

蔣鴻藻更名昌謐字笠山咸安宮敎習揀選知縣居紫巖鄉莪里

駱騰衢順天中式字獻圖文蔚子國子監博士授福建福州府平壇廳同知升用知府

郭錫純恩貢字槐庭居浣東

潘文濬字廉臣居東安鄉潘家隖

四年戊寅

樓繼襄字幼溪居超越鄉寶稼堂

五年己卯正科

趙寶晉字硯山

樓藜然字薔菴大挑知縣分發四川官漢州知州候補道員居超越鄉箬山下

六年庚辰恩

黃金毓麟三甲一百三十八名署福

金福昌恩貢乙酉舉人

年	榜	進士	舉人	貢
	永榜	建閩清縣知縣		周丙炎字鐵亭居靈泉鄉藏綠隖
八年壬午正科			陳禹九更名瀚字梅坡己丑考取內閣中書宮南河廳同知居長阜鄉駐日嶺	金夢齡恩貢字雨舫居紫巖鄉金家站 何品璋字春舫居大部鄉花紋泉
十年甲申				趙寶綸字檢齋居長阜鄉蘭臺
十一年乙酉正科			孫廷翰字問清居北郭己丑進士 金福昌字瞻岵揀選知縣居靈泉鄉藍田 俞瞻淇字竹甫居義安鄉次隖 周光藻字子光揀選知縣居靈泉鄉藏綠隖 周之驤寄籍直隸清苑縣順天中	樓觀拔貢字曉滄朝考二等未引見歿於京邸居長阜鄉楓橋

	十二年丙戌	十三年丁亥	十四年戊子正科
	趙以炯榜		
	陳遹聲鄉榜名濬二甲四十名由翰林院編修財政處提調政務處總辦官四川重慶關監督節制川東巡防全營分巡重慶夔州綏定忠州酉陽州石砫廳[illegible]處兵備道欽加二品銜		
式改歸本籍字驤儕咸豐辛亥舉人乃大孫大挑知縣分發山西			樓守愚字木菴居超越鄉耕霞莊甲午進士
	周景鄘字薇亭居靈泉鄉藏綠鳴	樓敬熙府學字靜安居超越鄉霞紋莊	黃錦瀾府學字霞洲居龍泉鄉壙山

年	榜	進士	舉人	舉人
			何榮烈石門籍字秋坪居西安鄉何家山遷居城内乙未進士 陳學文商籍寄錢塘更名儀亮字堯夫官嚴州府訓導居紫巖鄉店口	周心豫字介石居超越鄉楊樹下 蔡啟盛優貢字曜容官湖南華容縣知縣居孝義鄉陳蔡
十五年己丑恩科	張建勳榜	孫廷翰三甲第一名現官翰林院檢討	王恩溥字止軒兩淮候補鹽大使居紫巖鄉有覺嶺 章鈺江蘇長洲籍字式之祖居泰南鄉下章癸卯進士	許葆榮府學字虛儂居超越鄉莊埠
十六年庚寅	吳魯榜	王慶平二甲四十二名現官禮部郎中政務處總辦軍機處領班兩浙江南鹽運使司鹽運使		徐厥聲恩貢字理堂居龍泉鄉溪北 蔡嶠字雲山居開化鄉航村
十七年			蔣麟振字再堂乾隆壬子舉人孌	

諸暨科第表 卷二十五 三

辛卯正科

四世孫大挑二等居義安鄉山環

蔡殿襄字清吾居孝義鄉陳蔡江蘇試用通判

十八年壬辰

詹慶祥字益卿居西安鄉詹家嶼

十九年癸巳恩科

朱斯華字古眉居龍泉鄉桐樹嶺

孫廷獻字藹人己丑進士廷翰從弟

周紹洪嘉興籍字子英道光丙戌進士栻四世孫

陳其閑會稽籍字佶甫居紫巖鄉店口寄居府城

副貢 周省蘭字曉圃居長浦鄉豐江

二十年甲午會試　張謇榜

樓守愚　二甲七十六名現官兵部武選司主事改授平樂縣知縣

恩科鄉試正科

姚清瀾　字乃安居花山鄉姚公步

周錦榮　字琴軒居靈泉鄉藏綠隖

周鍾麟　字濤安居花亭鄉周村

駱子超　字雲飄居長阜鄉楓橋

周秉成　字謹候咸豐戊午舉人裕如子

周峴緒　字希郊道光庚子進士炳鑑子

郭心雁　字睿吾居泰南鄉沙埭

樓思誥　錢塘籍字歐荻祖居長阜鄉楓橋甲辰進士

副貢　王毓俊　字悠韻居城內

副貢　周善培　順天南皿中式字孝

懷祖居紫巖鄉官四川勸業道

何炳燿字笠山居大部鄉泉畈

二十一年乙未

駱成驤榜

何榮烈甲午會試中式是年補應殿試三甲一百十二名即用知縣分發江蘇署婁縣知縣

陳模三甲名即用知縣分發山西官介休縣知縣

陳秉慈府學字少蓮居紫巖鄉店口

二十二年丙申

黃金生字藝菴居龍泉鄉璜山

二十三年丁酉正科

陳蔚文字霞臣居城內登仕橋官度支部主事

錢含清字雲舫居西安鄉楊子山

傅振海拔貢字曉淵就職直隸州州判分發江蘇由海運保知縣同知官太倉州州同卓升太平洲撫民同

二十四年戊戌

二十六年庚子

蔣光錢字介眉同治乙丑舉人贊堯子候選知縣

知居龍泉鄉梅嶺

蔣國亮順天中式字星僑居紫巖鄉滸山

副貢周燮鴻字襄臣居靈泉鄉藏綠隖

副貢周善培順天再中

郭錫祚字菊藩居浣東

蔡煥廣恩貢字蘊香居孝義鄉陳蔡

樓蔚然字斐菴居超越鄉箬山下江蘇試用通判

二十八年壬寅補行庚子辛丑恩正併科

陳闓 字季侃，丙戌進士遹聲子，由廣東揀選知縣官民政部郎中、東三省諮議廳參事

斯國香 字蘭馨，居孝義鄉斯宅，寄居嵊縣吳家灣

陳錦文 字丹軒，丁酉舉人，蔚文胞兄

金燊 字浯生，居靈泉鄉藍田

副貢 樓振聲 字稷臣，居長阜鄉楓橋，丁未朝考一等，官度支部七品小京官

副貢 郭鼎新 字燮齋，同治乙丑副

周鉅煒 優貢，字謹人，居靈泉鄉藏綠鴻，朝考二等，授教職

陳詵 字叔彝，丙戌進士遹聲子，朝考一等，由知縣官陸軍部員外郎、軍牧司均調科科長

湯紹南 字姓舫，居長阜鄉湯村

二十九年癸卯會試補行辛丑壬寅恩正併科鄉試併恩科

王壽彭榜

章鈺二甲名官刑部主事

三十年甲辰

劉春霖榜

樓思誥二甲名官戶部主事

貢秦孫

宣澍甘字雨人居天稠鄉中央宣

何焯時字雨孟居大部鄉花紋泉

徐道政字平甫居龍泉鄉黃阪陽

蔣拯字月艇居義安鄉三塘丁末朝考二等以知縣分發安徽

余重耀字鐵珊道光己丑進士坤曾孫朝考二等以知縣分發江西

副貢陳時梟字達夫居長阜鄉楓橋

馮鳌颺優貢字蟠溪居紫巖鄉湖西丁末朝考二等以知縣分發四川

	恩賞進士附	恩賞舉人附
	謹案皇朝文獻通考乾隆三十五年開萬壽恩科奉特旨凡鄉試八十以上會試七十以上者各督撫暨禮部查明具奏俱蒙賞給舉人并檢討學正職銜有差　恩賞之典自是科始	
乾隆五十九年甲寅恩科		張大維字纚舟居花亭鄉湖藻
六十年乙卯會試恩科鄉試正科	張大維賞翰林院檢討銜有傳	蔣杏字　居花亭鄉磨石山 趙概字平南居開化鄉獨山
嘉慶元年丙辰	蔣杏賞翰林院檢討銜 趙概賞翰林院檢討銜有傳	
三年戊午		黃祖啟字　居龍泉鄉璜山
四年己未	黃祖啟賞翰林院檢討銜	

年	進士	舉人
九年甲子		王鴻漸字吉菴居天稠鄉埂頭 副貢陳維垓
十年乙丑	王鴻漸賞翰林院檢討銜	
十二年丁卯		陳維垓字卓巖居紫巖鄉店口 蔣越字居義安鄉山環
十三年戊辰	虞奏乾隆丙午鄉試中式賞翰林院檢討銜 陳維垓賞翰林院檢討銜有傳 蔣越賞翰林院檢討銜	
十八年癸酉		副貢趙思道字棻園
道光十一年辛卯		副貢鄺眞裕
十四年甲午		何穀

二十九年己酉		副貢 錢　淦 字錫嘏居西安鄉江藻
咸豐元年辛亥恩科		副貢 孟一飛 字丹摩居紫浦鄉十二都
九年己未恩科		壽錫璐 字法殷居同山鄉邊家塢 副貢 陳　貞 字　居天稠鄉外陳莊
同治六年丁卯		趙亮采 字翁亭居天稠鄉趙阡
九年庚午		邱復旦 字　居同山鄉嶺頭
十二年癸酉		吳子申 字令之居孝義鄉琴絃岡
光緒元年乙亥恩科		樓公望 字東濱居超越鄉鳳儀樓
二年丙子恩科	吳子申 賞翰林院檢討銜	

五年己卯

副貢斯際榮字蘭坡居孝義鄉斯宅

十七年辛卯科

副貢趙抑戒字春亭居靈泉鄉尊塘

諸暨縣志卷二十五終

諸暨縣志卷二十六

科第表下

武科

漢選羽林期門以材力爲官此武選之始也唐始制武舉有長
垜馬射步射平射筒射諸制然有武舉而無進士舉行亦無常
例宋之右科即武科也以弓馬爲高下而仍以策爲去留至明
而舉行鄉會一與文同

國朝因之前志武科託始於明今遵之而列表如左

明

明史選舉志正德十四年定子午卯酉年鄉試嘉靖初定於十
月考試次年四月會試起送考驗監試張榜大宰仿文闈而減
殺之崇禎四年中允方逢年倪元璐以時方需才奏請殿試傳

臚悉如文例武舉殿試自此始

	進士	舉人
		田九區科分軟
天啓二年壬戌	田九區	
四年甲子		楊肇禧樓志誤作崇禎甲子 壽邦宧 傅均字平公居紫巖鄉湄池有傳
五年乙丑	壽邦宧官游擊 傅均	
崇禎十二年己卯科		徐杰

趙士進

呂　定

吳萬里崇禎中解元隨閣遠伯殉節居上澧浦

許炳光以上四人科分無考

國朝

順治二年題准子午卯酉年舉行鄉試辰戌丑未年舉行會試

順治八年辛卯

傅啓麟乙未進士

宣德仁順天籍字靜庵官終湖廣都司居花山鄉長瀾有傳

十一年甲午科

呂之引

周　勝

柴時茂

科年		
十二年乙未科	呂之引 傅啓麟官浙東永生營守備	壽龍
十四年丁酉科		郭凌霄 傅鼎順城門守備據允都名教錄補 沈斌石門籍
十七年庚子科		陳陛 何銓浙江通志列癸卯
康熙二年癸卯正科		王逢春居長甯鄉豁頭 王廷綵逢春兄 郭天行 李斌

三年王廷綵官吳淞鎮中軍守備

甲辰郭天行官甯夏中衛守備

六年丁未王逢春官潮州府守備

八年己酉　邵綸

十一年壬子　袁文錦

二十年辛酉　楊錫履官太原府守備
王廷俊廷綵弟
王家楨廷綵姪官江西九江府守備
阮三仁居西安鄉王村
陳士俊

二十一年壬戌阮三仁官温州城守營都司

年	上欄	下欄
二十九年庚午		朱　斌 蔡之蕙 陳士珪
三十二年癸酉正科		壽敬勝本姓王
三十三年甲戌正科	趙　斌舉人無考	
四十四年乙酉正科		袁　星 壽而仁 楊　琮官溫州府平陽鎮守備
四十八年己丑	袁　星官袁州都司陞遊擊	

科年	姓名
五十年辛卯科	壽而安
	趙　方
五十六年丁酉	趙金劍
雍正元年癸卯	趙國光仁和籍
四年丙午	袁文渭
乾隆六年辛酉	酈國屏
九年甲子	楊　槐仁和籍守備
十五年庚午科	王廷佐
	袁大鶴官江西南康營都司
二十一年丙子	壽如鵬

年份	姓名
二十四年己卯	陳邦昌官眞定府左營守備
	邊羽若
二十五年庚辰恩科	劉大受
二十七年壬午	沈光杉
	王萬年王樓志誤作黄
三十年乙酉	呂大勇
	王兆熊
	壽五備
	壽如豹
三十三年戊子正科	陳大定乙未進士
	劉大觀

年份	進士	舉人
三十五年庚寅恩科		何百勝 邊羽豐 黃若虎 徐大雄 王夢熊 馮熊
三十六年辛卯		呂渭
三十九年甲午		袁曰榛官黃巖遊擊 趙大剛官廈門遊擊 陳治安
四十年乙未正科	陳大定官雲南提標右營遊擊征四川教匪陣亡磨子壩入祀昭忠祠世襲雲騎尉有傳	

四十二年丁酉		呂大均戊戌進士 袁鳳鳴 袁曰楚 樓光國
四十三年戊戌	呂大均山東高唐營守備	
四十四年己亥恩科		袁夢麟 何萬清 劉鳴皋 陳世安
四十五年		邊紹南 周大懋 陳以錦

年份		
庚子		陳昌世漳州中營守備 王有義
四十八年癸卯		陳萬清 陳大用解元 陳之壯丁未進士 呂大坊
五十一年丙午		徐堅 陳三捷己酉進士
五十二年丁未	陳之壯湖北安陸府城守營都司有傳	
五十三年戊申恩科		陳萬年 姚國梁 石大雅

五十四年己酉	陳三捷	章起鴻 袁有均官定海鎮守備
五十七年壬子		陳九皋 楊大椿
五十九年甲寅恩科		袁永清 傅施廣湖州府守備
六十年乙卯科		徐聿球 金萬齡官太平營中軍守備署甯波府左營遊擊
嘉慶三年戊午正科		趙大和 章起鵬 徐聿環
六		裘安邦解元本姓陳會稽籍居長阜鄉駐日嶺乙丑進

年	上	下
年辛酉		士 趙楚江
九年甲子		陳廷獻官江蘇徐州府鎮標中營守備 黃萬年
十年乙丑	裘安邦官徐州壽春鎮總兵	
十二年丁卯		趙鴻謀己巳進士 陳錦瀾 包世昌
十三年戊辰恩科		吳萬清 邊大防 馮殿魁 吳永清

十四年己巳恩科	趙鴻謀官雁門總兵	
十五年庚午科		酈國慶進士丁丑
十八年癸酉科		何泰清 郭繼汾官處州鎮守備 酈國元官撫標左營守備
二十一年丙子		金鳳翔 袁啟忠解元官象山都司 樓九河
二十二年丁丑	酈國慶官太原府守備升運城營都司	
二十三年戊寅恩科		黃邦安 陳錦超

年份	姓名
二十四年己卯	袁國標
道光元年辛巳恩科	陳大定
	袁徽之
	劉光鎬
	壽大豐
二年壬午	黃夢賚 官鹽捕中營守備署象山都司
	吳森
五年乙酉	周占鼇
	徐潮泰 己丑進士
	王慶雲
八年戊子	徐廷彪
	劉滄海

九年己丑　徐潮泰

十一年辛卯恩科

十二年壬辰補行正科

十四年甲午

十五年乙未　鍾文模官直隸大名府都司

鍾文模乙未進士

黃雲龍

壽大文官衢州中營守備殉難

葛雲龍

趙夢瑰

趙定邦辛丑進士

樓岑官溫州守備署衢州楓嶺遊擊

俞定國

鍾國慶

陳千祥

徐殿魁

會試正科鄉試恩科	十七年丁酉	十八年戊戌科	十九年己亥
		趙周誥官寍夏遊擊征捻匪陣亡卹予雲騎尉有傳	
趙周誥戊戌進士 鍾大雄庚子進士 孟夢虎守開化陣亡卹予雲騎尉世職有傳 傅夢潮一名德恬字載和居龍泉鄉藍田	金殿傳 陳安邦 徐熊飛 趙萬年		盧清元 鍾文彩庚子進士 袁淦

預行庚子正科		許廷燦 黄飛熊 徐鳳飛
二十年庚子會試預行正科鄉試	鍾大雄官陝西長武營都司陣亡 鍾文彩官兩廣督標中營都司陞用遊擊	黄殿祥錢塘籍 趙之輝 壽炳濤 樓國泰 壽作棟 徐殿標
二十一年辛丑	趙定邦官松潘遊擊	
二十		章掄元 丁椿榮平陽右營都司

三年癸卯	二十四年甲辰恩科	二十五年乙巳恩科	二十六年
		顧飛熊署福建延平營副將護理泉州陸路提督	
黃世華 壽金元官溫州平陽鎮守備守省城殉難 郭承泰 顧飛熊乙巳進士	鍾世斌 趙家驥 孟壽蛟 石祖彬		丁占鼇 顧三炯官福建延平營守備

丙午		蔡百祥 楊春輝
二十九年己酉		王慶雲 陳定泰庚戌進士 顧大彪
三十年庚戌科	陳定泰浙江提塘	
咸豐元年辛亥恩科		陳定邦 黃定泰 樓升殉難
二年壬子		周沛 呂世俊 周秉魁

五年乙卯

陳殿祥
黄吉慶原名邦泰居龍泉鄉墳山咸豐辛酉殉難
壽逢庚
傅鵬超己未進士
王子均

八年戊午

趙振沅
郭秉璋
陳金衢
趙熊飛
趙桂溎殉難
孫慶元拒賊陣亡郵尋雲騎尉
陳廷鉅

年份	上欄	下欄
		趙順運
九年己未	傅鵬超官大沽協左營都司總兵銜	
同治四年補行辛酉		楊知鑑　黃熺
六年丁卯		楊鉅源　壽金傳
九年庚午		黃維熊　楊大剛　邱殿元　徐人俊　何廷驤　黃國安

科

侯得標

十年辛未

蔡榮光現官廣東高廉欽羅中軍守備

蔡榮光辛未進士

十二年癸酉科

壽文鼇解元

馮國祥

周鳳元

蔣忠全

趙國樑

壽錦城

光緒元年乙亥恩科

章國樑

二年丙子

金榜傳

五年

吴勝標

己卯 黃殿鼇

八年壬午 陳振皋 許步明

十四年戊子 陳殿榮

十五年己丑恩科 蔣艮山 章占鼇 黃兆熊

十七年辛卯科 楊連陞 黃泰字祥庵，居龍泉鄉璜山。 趙作幹

十九年癸巳恩科 邊虎臣 張炳魁

二十年甲午

章經魁

何錦榮

壽立功

章賡耀

邊葆翰

二十三年丁酉

趙鳳鍾

附仕籍志凡由科第入仕悉詳注科第表中不復重出茲仍前志删其所複補其所軼以時代階級編次之文止七品武止都守加銜署任悉不錄

宋

阮佃夫建城縣侯南臺御史龍驤將軍太子步兵校尉南魯郡太守遊擊將軍假甯朔將軍淮南太守驍騎將軍淮陵太守兼中書通事舍人加給事中輔國將軍黃門侍郎右衛將軍豫州刺史歷陽太守

梁

吳文寵 左僕射大同中捨宅爲永壽寺見嘉泰會稽志據補

唐

吳秉操 少府監　吳　忞 太常博士　吳少曇 諫議大夫

蔡元方 樂平縣丞　吳　晸 軍庫使團練衙前散將據墓誌銘補詳金石志

宋

羅維文 參知政事　應　鎬 兵部尚書　廖虞弼 樞密副都承旨

宣　珙 資政殿學士　陳　璧 翰林學士　陸景思 戶部侍郎

應　奎 工部侍郎　黃晉卿 左諫議大夫　馬　純 江西轉漕有傳

張　定 知德安府有傳案定舉右科宜入科第表以科分無考姑仍列此　黃叔溫 知襄陽府棗陽軍有傳

陳　石 知延平府事　張　澡 國子司業　屠文忠 金部郎中

屠元忠 禮部郎中　吳　伸 樞密副都承旨　吳　瓔 襄州監察

吳　昉 溫州監察　傅　巖 太子侍講　黃克敏 閤門舍人

屠繼忠 大理寺評事　周 亥 大理寺評事　姚 寬 樞密院編修有傳

王 瑊 知通州事有傳　黃粹和 知象州事　吳 㝗 知全州事

楊 高 知高州事　王鼎之 循州通判　黃克寬 衢州通判

張 海 南昌府通判　姚 伸 撫州通判　黃宗諤 雍州通判

張 淇 嘉興府通判　姚 偓 處州通判　黃宗諒 信州推官

陳必得 慶元推官　俞仕隆 潤州推官　蔣 蒭 國子助教

陳仲正 國子學諭　陳天麟 天章閣講書　徐 正 翰林院經諭

陳文龍 翰林院經諭　徐 信 翰林院檢閱　孟 贇 沿江制置使

陳 格 淮西制置使　郭 諫 天長令兼沿江制置使　吳景父 越州訓練

吳 倬 口口都監　姚 宏 江山令有傳　王叟之 淮陰令

王友任 南昌令　王友元 天台令　黃九齡 考城令殉難有傳

黃 杞 靜江令有傳　黃宗昌 海門令　姚 渥 仙居令

黃汝楫 浦江令有傳　吳　樞 北流令　陳　懿 餘姚令有傳

郭　寬 溍安令　楊文舉 鄱陽令　楊　倫 武庫令

孟　協 高郵令　孟繼榮 石城令　張仕明 玉山令

屠　榮 金華令　姚　銑 德化縣丞　黃　朴 武岡軍僉書

孟　銘 祕書省校勘　徐　執 管閣校勘　王節之 舒州大使

王友仁 全州教授　周　靖 國子監博士有傳　周　謹 行軍司馬有傳

蔣先顏 處州教授　楊　質 青州教授　於　崇 臨安教授

楊敬之 紹興教授　陳　丁 嘉興教授　徐　沂 金溪教授

李俊耆 兩浙運使主管文字　王　澄 平江都稅　楊　欽 司法參軍有傳

姚　侃 淮西鎮撫使幹辦公事　胡亨之 蕪湖贍軍酒庫提幹

前志陳當以下十二人有階無職今從刪

元

王　艮淮東道宣慰副使有傳　魏友敬廣東道宣慰副使　楊　彬江西湖東道廉訪副使

錢伯賢福清州知州　方　沂饒州路通判　黃　源奎章閣典籤

錢應麟甯遠縣尹　楊　宏瑞安縣尹　錢　鼎樞密院都事

金仲賢江西行樞密院都事　王希賢廣州經歷　金志一福建儒學副提舉

孔　疇山西潞州倉使　王仲廬福建道宣慰司都事　方　泗杭州蒙古學教授

陳　起崑山州蒙古學教授　周麟昇撫州路教授　楊　縉紹興路教授

吳　庸大理路教授入方伎傳　楊維楨紹興路教授有傳　方　汶樂平州教授

陳　洙口口州教授　方　洵沅州路蒙古學正　王仲進大甯路學正

王應甲口門州學正　陳志甯瑞安州學正有傳　於立本福清州學正

王應常口口州學正　楊維易浮梁州學正　王剛中處州獨峰書院山長

申屠震稽山書院山長有傳　陳　策稽山書院山長有傳　楊維幹滁州山長

明

蔡勳 光祿寺卿	蔡堯中 寧藩儀賓	駱國挺 兵部職方司主事有傳
陳時暘 兵部職方司郎中	斯道 平陽府知府	孟循 西安府知府
魏廷賢 桂林知府	陳廷俊 晉府左長史有傳	孟貞 湖廣按察使僉事
王暘 瓊州府同知有傳	楊光國 汀州府同知	孟時 荆州府同知
應世卿 徐州府同知	俞情 邵武府同知有傳	沈元宰 通州知州
壽一京 解州知州	趙宜濬 南京禮部主事	蔣仕文 工部都水司主事
史儀 太醫院院判	斯樸 河南府通判	傅燦 梧州府通判
楊滔 蘇州府通州	陳憲學 遼東都指揮使都事	趙有仁 趙府審理正有傳
孫紀 福甯衛經歷有傳	酈希賢 鄖陽衛經歷	孫國 德陵衛經歷
郭從華 豹韜衛經歷	酈元亮 京衛經歷	楊圭 德漳衛經歷
趙道明 清浪衛經歷	楊士昌 中都衛經歷	陳道成 洱海衛經歷
斯天佑 鳳陽皇陵衛經歷	陳廷儒 宣武衛經歷	朱夔 柳州衛經歷

應　津和州州同知　許日新亳州州同知　楊肇安內閣中書

趙周賓藍田縣知縣　楊　輗廣東昌化縣知縣　周兆祖清河縣知縣

壽一麟龍陽縣知縣　何維元開縣知縣　楊志明蕪湖縣知縣

陳　言弋陽縣知縣　翁　渚祁陽縣知縣　徐士瀛湖廣新甯縣知縣

壽萬化齊河縣知縣　鍾守禮華陽縣知縣有傳　何志張建甯府推官

斯時中衢州府推官　蔣廷策中城兵馬司副指揮　楊富春山東鹽運使經歷

黃　淝廣德州州判　楊先彪四川達州州判　楊雲鵬邳州州判

楊　止高唐州州判　鄭天駿潁州州判　蔡　鎰武定州州判

駱九成宿州州判　陳廷傳陝西華州州判　駱思詔宿州州判

陳文學泰安州州判　蔣　貴平蠻將軍封定西伯進封侯贈涇國公謚武勇有傳

蔣　雄貴子陣亡贈懷遠將軍彭城衛指揮使　蔣　琬貴孫襲定西侯平羌將軍加太保兼太子太傅贈涼國公謚敏毅有傳

蔣　傅琬孫平蠻將軍加太子太保有傳　張鵬翼衢州鎮總兵封

永豐伯有傳　張鵬飛都指揮僉事有傳　張季熊都指揮僉事有傳

吳　凱溫州鎮總兵封開遠侯有傳　壽允昌總兵有傳　黄　岳采石營副將挂將軍印有傳

呂元鋌後軍都督同知　蔣　愉燕山右衛千戶有傳　蔣存禮愉五世孫參將有傳

張岐鳴參將　陳干嘉甯海衛守備　許子良六安營守備

國朝

蔣毓英奉天錦州籍官浙江布政使有傳　章　櫢湖南寶慶府知府

余毓浩廣東惠州府知府有傳　趙之璘河南陳州府知府有傳　楊　僎江蘇常州府知府有傳

陳光蘭貴州遵義府知府　駱貞臣廣西潯州府知府　周源琳戶部山東司員外郎有傳

楊元彬甘肅鞏昌府同知　壽鳳高福建漳州府糧捕同知　陳毓書貴州郎岱廳同知有傳

顧清濂福建邵武府同知　余振芳山西代州直隸州知州　張之芬廣東連州知州

陳光龍湖南武岡州知州　陳錫光貴州麻哈州知州　余振華刑部江蘇司主事

孟昌德中書科中書有傳　趙寶坤戶部江西司主事　駱守基兵部武庫司主事

余鏞淳直隸河間府通判　朱以熏直隸永平府山海關通判　余一燧奉天錦州府通判

陳日登直隸永平府山海關通判　趙　寅廣西柳州府通判有傳　王維清直隸永定河管河通判

何燮元福建晉江縣知縣　金寶常直隸布政司經歷　金鶴凌兩淮鹽運使運判

郭　洪安徽廣德直隸州州同　余　仁直隸霸州州同　俞　經山西澤州州同

趙宗鈺福建海澄縣知縣　魏敷道廣西義甯縣知縣　陳國義江西弋陽縣知縣

郭　銈河南孟津縣知縣　沈天安直隸南皮縣知縣　駱兆熊山西五寨縣知縣

斯可學江西萬載縣知縣　陳大猷河南固始縣知縣　楊　森陝西會甯縣知縣

壽運焻福建武平縣知縣　駱景高江西鄱陽縣知縣　翁維甯甘肅永昌縣知縣有傳

陳元麟江西弋陽縣知縣　湯　景湖北黃岡縣知縣　陳祖範山東博平縣知縣有傳

何廷球廣東樂會縣知縣　湯　軒四川岳池縣知縣　趙凝錫山東濟陽縣知縣有傳

葛其英河南儀封縣知縣　宣繼雲廣東澄海縣知縣　袁福臨河南臨漳縣知縣

鍾國章湖南臨湘縣知縣　袁　機直隸青縣知縣　湯壽銘湖南辰溪縣知縣

周　苛　貴州畢節縣知縣　包秉奎　山西太谷縣知縣　周　棣　福建沙縣知縣
余世苓　江蘇吳縣知縣　樓鳳清　廣東澄邁縣知縣　余　枌　河南新野縣知縣
余　枋　直隸武強縣知縣　周　震　四川營山縣知縣　嚴祖望　直隸定興縣知縣
余嘉穀　河南太康縣知縣　何炎邦　直隸建昌縣知縣　陳　謨　安徽鳳臺縣知縣
周　冕　湖南通道縣知縣候補道發北洋差遣　黃紹楚　安徽巢縣知縣
陳　沐　直隸槀城縣知縣　余嘉珍　山東按察司經歷　酈廷樞　貴州鎮西衛經歷
陳元勳　貴州都督同知管定廣營副將　顧飛熊　延平協參將　許一卿　副將銜管嘉興協遊擊
駱天榮　福建陸路副將　樓　全　川沙營參將　傅文才　嘉興協中軍都司
劉夢彪　瑞安協中軍左營都司　楊懷清　衢州右營都司　馮錦峰　海甯州都司
楊高發　杭州城守營守備　壽廷彪　樂清協大荊營都司　嚴文昌　處州協左營守備
斯蘭蓀　塘棲鎮守備　趙國鄭　玉環屯田守備

封秩表

邑志載封贈陋例也而舊志悉載之茲篇姑徇其例明以前見諸舊志者或職或階參差錯出未由補正國朝則以文武內外時代（惟先正途而後捐職）階級編列爲表凡實官之例應封授者畢錄焉其署官加銜馳贈納叙由捐請而得封者乃聖代特霈之光寵而非會典定例之封贈可藉以增榮門閥而不可據爲典要文職自七品武職自守備以下罄竹難書備錄則猥蕪偏舉則挂漏至於進士舉人本無請封之例凡此之類概從其略一以昭實錄一以省篇幅如一人受二子之封則紀其大者亦猶科舉仕籍之書終官也若祖母與母舊志悉載今亦從删蓋例自七品以上凡得封其祖父未有不及其妻者也

宋

黃　振　宋卿父衛尉少卿

黃永 嘉禮父正議大夫

黃宋卿 育父正奉大夫

黃渥 伯達父正議大夫

黃伯達 朴父朝議大夫

黃朴 自明父通奉大夫

黃汝楫 開闓聞父開府儀同三司

楊欽 賢祖吳越路相

元

王理 艮父朝列大夫太原郡伯

錢永茂 應麟父樂清縣尹從仕郎

楊宏 維楨父會稽縣男

明

劉　與　穆父文林郎中軍都督府都事

王　堂　鈺父翰林院修撰承務郎

蔣懷遠　仕文父工部都水司主事承德郎

俞時中　僩父南京驗封清吏司主事

呂　權　升祖中憲大夫

呂文著　升父中憲大夫

徐　垣　琦父崖州知州

馬　謙　玨父南京刑部廣東司主事

陳　珠　璣父翰林院庶吉士

駱　章　瓏父左軍都督府經歷

陳元魁　賞父兵部武庫司主事承德郎

傅　丹　燦父福建按察司經歷文林郎

翁　珪　溥祖兵部左侍郎通議大夫

翁　銓　溥父兵部左侍郎通議大夫

楊　玘　止父羽林前衛經歷徵仕郎

駱　驂　問禮父行人司行人修職郎

陳鶴鳴　性學父通奉大夫

黃　池　璧父太倉州州判

孫繼祖　紀父徵仕郎

楊士蛟　肇泰父中憲大夫

陳嘉謀　殷父太僕寺正卿

郭三錫　元佐父文林郎

錢元旦　時父奉政大夫

壽　錫　成學父登仕郎

壽　久　成美父　文林郎　以上俱遵樓志

國朝

正一品光祿大夫三代　從一品榮祿大夫三代　正二品資政大夫二代　從二品通奉大夫二代　正三品通議大夫二代　從三品中議大夫二代　正四品中憲大夫一代

余縉　刑部尚書文儀曾祖　余毓湘　文儀祖　余懋杞　文儀父

湯　湖北巡撫聘祖　湯世煜　聘父

蔣　浙江布政使奉

王　兩浙江南鹽運使司鹽運使慶平祖　王庭槐　慶平父

壽　廣東按察副使以仁父　慶國梧　廣西左江道宗岱父

天錫州籍毓英祖

蔣

毓英父

楊學泗　山東兗沂河道三炯父

余彪　四川永甯道延艮本生父

陳烈新　政務處總辦財

政處提調四川重慶關監督川東兵備道適聲父

從四品朝議大夫一代	正五品奉政大夫一代	從五品奉直大夫一代	正六品承德郎一代	從六品儒林郎一代	正七品文林郎一代	從七品徵仕郎一代
傅康	蔣	余元文	錢廷樞	金守勤	陳	孫光圻
廣東學政內閣	戶部司郎	河南道監察御	戶部陝西司主	兩淮鹽運司運	甘肅會甯縣知	翰林院檢討廷

侍讀學 中遠父 史緒父 事世勛 判鶴凌 縣允紳 翰父
士棠父錢廷勳 陳士俊 父 父 父 余綸
章 戶部貴 京畿道王 郭 馮 內閣中
湖南寶 州司郎 監察御 刑部廣 安徽廣 處州府 書一燿
慶府知 中葆瑩 史可畏 西司主 德直隸 學教授 父
府檄父 父 父 事改直 州州同 吉夢父孔
趙 王廷槐 馮日襄 隸大興 洪父 駱 意 內閣中
河南陳 禮部精 山西道 縣知縣余懋樫 福建丞 書豸父
州府知 膳司郎 監察御 應檝父 直隸霸 春縣知蔣
府之璘 中軍機 史勸父周世傑 州州同 縣起明 內閣中
父 章京領周殿祿 工部屯 仁父 父 書蔣宣
楊通樞 班政務 戶部山 田司主俞 蔣 奇父

江蘇常州府知府倓父　駱　廣西潯州府知府貞臣父　屠　江西九江府知府倬父

處總辦農平父　楊　甘肅鞏昌府同知元彬父　壽　福建漳州府同知鳳高父

東司員外郎源淋父　錢守巽　戶部湖廣司員外郎慶煦父　駱郊　刑部廣西司員外郎文

事若霖父　趙宗忭　工部屯田司主事改江蘇震澤縣知縣昌言父　樓　兵部武選司主

山西澤州州同經父　金　直隸布政司經歷寶常父

河南原武縣知縣爾琇父　壽　湖廣安陸縣知縣肇基父　樓　湖廣黃梅縣知

周　內閣中書署山西朔平甯武潞安府知府惺然父　孟　中書科中書昌德父

余陔 王應燧 蔚父 事改廣
四川雅 山西大俞 西平樂
州府知 同府同 河南鄭 縣知縣
府坤父 知紹昌 州知州 守愚父
陳沅 父 成龍父余
貴州遵 駱文蔚 駱貞臣 刑部江
義府知 福建平 陝西華 蘇司主
府光蘭 壇廳同 州知州 事振華
父 知騰衢 宣遠父 父
王澤溥 父 壽 侄 趙錫恩
南甯府陳 河南禹 戶部江
知府國 貴州郎 州知州 西司主

縣璇父蔣
錢芳肅 內閣中
山東清 書三唐
平縣知 父
縣洪袞錢
父 直隸滄
章鼎新 州州判
河南永 衡父
甯縣知
縣平事
父
駱

元父
周杲
翰林院
編修湖
北黃州
府知府
炳鑑父

代廳同
知贈道
銜毓書
父
顧熊
福建邵
武府同
知清濂
父
陳其垣
內閣中
書南河

致溥父
周學琛
直隸霸
州知州
乃大父
張映海
廣東崖
州知州
之芬父
陳
湖南武
岡州知

事寶坤
父
揚
山西平
陽府推
官學溥
父
章
刑部
司主
事鈺父
樓

江西崇
仁縣知
縣復旦
父
錢
福建福
清縣知
縣廷燦
父
陳泰階
廣東河
源縣知

廳同知
瀚父
余
山西代
州直隸
州知州
振芳父
酈希皋
山東沂
州府同
知遷廣
西永州

州光熹
父
陳
貴州麻
哈州知陳
州錫光
父
王紹典
河南信
陽州知
州海觀趙
父

戸部
司主
事思誥
父
直隸永
平府山
海關通
判日登
父
廣西榔

縣其素
父
楊
河南永
甯縣知
縣戒父
樓
江西贛
縣知縣
桂父
樓
直隸良

通判允樓望春
昌父　四川漢
傅岱　州知州余懋楠
江蘇太　藜然父
平洲撫
民同知
振海父

州府通
判寅父
江蘇鎮
江府通
判蛟父
王觀潡
直隸永
定通判
維清父
周青萼
順天府

鄉縣知
縣績父
鄺湖廣應
山縣知
縣祖仁
父
毛四川蒲
江縣知
縣鈺父
壽國勳

大興縣知縣紹達父

陳

度支部主事蔚文父

王

直隸永定通判維清父

余

本姓陳湖廣光化縣知縣奕磐父

傅

愷

湖廣衡陽縣知縣學灝父

趙

桃源縣

奉天錦州府通判一燧父

朱

直隸永平府通判以壽父

知縣南觀父

余

直隸成安縣知縣世廉父

陳

福建漳平縣知縣策義父

周源淋 四川南溪縣知縣春溶父

張 湖南宜章縣知縣之槎父

許 陝西雒

南縣知縣存之父

周源

直隸天津縣知縣改嘉興府學教授栻父

李

直隸甯

河縣知縣涵醅父

馮

河南孟津縣知縣煜父

周杏範

福建建甯縣知縣保勳父

駱

福建長樂縣知縣寶楨父

署廣西柳州府知府廣東乳源縣知縣樹本父

金之烈

趙湘　署道州知州湖南通道縣知縣樾父

馮達儒　廣西富川縣知縣烈父

俞江　江西興

國縣知縣之鈺父

周承藻　廣西遷江縣知縣蕃父

斯琳　湖北東湖縣知縣康父

湯聖鑄

陝西安
康縣知
縣銘新
父
金榜元
湖南龍
陽縣知
縣兆基
父
陳邦甸
山西介
休縣知

縣禛父

蔡安民　湖南華容縣知縣啟盛父

趙　福建海澄縣知縣宗鈺父

魏

廣西義
甯縣知
縣敷道
父

陳
江西弋
陽縣知
縣國義
父

郭
河南孟
津縣知

縣銈父

沈

直隸南皮縣知縣天安父

駱

山西五臺縣知縣兆熊父

陳

河南固始縣知縣大猷父

斯

江西萬載縣知縣時學父

楊國璋

陝西會甯縣知

縣森父
壽子濟
福建武
平縣知
縣運焴
父
翁
甘肅永
昌縣知
縣維甯
父
湯

湖北黃岡縣知縣景父

陳

江西弋陽縣知縣元麟父

駱

江西鄱陽縣知縣景高

父

陳

山東博平縣知縣祖範

父

何

廣東樂會縣知縣廷球

父

趙

三

山東濟陽縣知縣凝錫父

葛

河南儀封縣知縣其英父

湯

四川岳池縣知

縣軒父

宣

廣東澄海縣知縣繼雲父

袁

河南臨漳縣知縣福臨父

鍾

湖南臨湘縣知縣國章父

袁

直隸青縣知縣機父

湯

湖南辰谿縣知縣鑄銘

父

周貴州畢節縣知縣茀父

包山西太谷縣知縣秉奎

父

周福建沙

縣知縣棣父

樓 廣東澄邁縣知縣鳳清父

余 江蘇吳縣知縣世芬父

余 晉

河南新野縣知縣枋父

余雲

河南新野縣知縣枌父

嚴

直隸定興縣知縣祖望父

余

河南太康縣知縣嘉穀父

周

湖南通道縣知縣候補道發北洋差遣覓父

何　直隸建昌縣知縣安邦父

壽同春　江蘇鹽城縣知縣聰父

陳雲章　安徽鳳臺縣知

縣諤父

黃貴賢

安徽巢

縣知縣

紹堃父

陳

直隸稾

城縣知

縣沭父

周

四川營

山縣知

縣震父

正一品無　正二品武　從二品武　正三品武　從三品武　正四品昭　正五品武

漢員從一　顯將軍二　功將軍二　義都尉二　翼都尉二　武都尉一　德騎尉一

品振威將　代　代　代　代從四品　代從五品

軍三代　無[illegible]員　無漢員

趙素行　陳　崑　樓　袁　宣有敬　傅

山西雁　貴州都　江蘇川　江西袁　湖廣掌　浙東永

門鎮總　督同知　沙營參　州營遊　印都司　生營守

兵鴻謨　管定廣　將全祖　擊星祖　德仁父　備啟麟

祖　營副將　樓　袁　阮毅斌　父

趙尙渭　元勳祖　全父　星父　温州城　傅

鴻謨父陳　瑜　顧文卓　陳　守營都　順城門

裘 本姓陳駱 安徽壽 春總兵 安邦祖 裘 安邦父

元勳父 福建陸 路副將 天榮祖 駱 天榮父

福建參 將署延 平副將 護理泉陳 州陸路 提督飛樓 熊祖 顧其韜 飛熊父

雲南提 標遊擊 大定祖袁 大定父 溫州營 遊擊岑陳 祖 樓 高 岑父 趙尚吉

司三仁 父 銳 江西南 康城守 營都司 大鶴父 湖北安 陸府城 守都司楊 之壯父

守備鼎 父 王閣 吳淞鎮 中軍守 備廷綵 廣東潮 州府守 備逢春 父 山西太

松潘鎮袁原府守
遊擊定象山營備錫履
邦祖都司啟父
趙鴻典忠父王
定邦父酈江西九
趙安邦太原府江府守
甯夏鎮城守都備家楨
遊擊周司國慶父
誥祖父楊三畏
趙飛熊鍾平陽鎮
周誥父陝西長守備琮
趙廣學武營都父

厦門營遊擊大剛祖趙永耀大剛父袁黃巖鎮遊擊曰榛祖袁曰榛父許

司大雄陳父鍾殿澯陞用遊擊兩廣督標中呂營都司文彩父丁元豪平陽鎮右營都陳司椿榮

直隸真定府左營守備邦昌父山東高唐營守備大均父福建漳

陞用副將管嘉興協遊擊一卿父
直隸大沽協左營都司總兵銜鵬超父
嘉興協中營都司文才父
傅
州中營守備昌世父
定海鎮守備有均父
湖州營守備施廣父
傅
金

劉維 署甯波
瑞安協 左營遊
中軍左 擊台州
營都司 太平營
夢彪父 中軍守
楊 備萬齡
衢州右 父
營都司陳
懷淸父 江蘇徐
壽 州鎭標
樂淸協 中營守
大荊營 備廷獻

都司廷
彪父
馮
杭州海
甯州城
守都司鄺
錦峰父

父
郭開風
處州鎮
守備繼
汾父
浙江撫
標左營
守備國
元父
壽
衢州鎮

中營守備大文父

壽

平陽鎮守備金元父

顧

福建延平營守備三炯父

蔡祥泰　廣東高要欽羅鎮中軍守備榮光父

楊　杭州府城守營守備高發父

嚴

處州協左營守備文昌

父

斯

杭州塘西鎮守備蘭孫

父

趙

玉環廳屯田守

備國鄭

父

世襲粤寇之亂吾邑殉難者較多故卹典亦較盛茲第載前平此者數人同治以後世襲凡有傳者悉紀傳中無傳者則別編忠義錄單行以見吾邑愛戴之誠之衆多有如此者

明

蔣貴 累功封定西侯爵詳本傳 琬 貴孫襲定西侯爵歷官總兵佩平羌將軍印加太保兼太子太傅卒贈涼國公諡敏毅 驥 琬子貴四世孫襲定西侯爵典京營兵宏治中充總兵官歷鎮薊州遼東湖廣 傳 驥孫貴六世孫襲定西侯爵嘉靖中累典軍府佩征蠻將軍印鎮兩廣以平海賊功加太子太保 承勳 貴七世孫襲定西侯爵萬歷丙辰七月請旨歸祭修立墓表今表尚在何家山墓下 翰 貴八世孫襲定西侯爵 秉忠 貴九世孫襲定西侯爵

蔣愉 累功封□□□□詳本傳 勝 愉子襲□□□□□ 泰 勝子愉孫襲□□□□正統時從討滿四陣亡 琛 泰子愉四世孫襲□□□□□ 存禮 琛子愉五世孫襲□□□□歷官參將 松 存禮子愉六世孫襲□□

□□ □

國朝

宣德仁以湖廣都司殉難廕一子　邺予雲騎尉恩騎尉世襲罔替詳本傳　化成德仁子以廩膳准貢生廕守備兼襲雲騎尉未仕卒　鉞德仁孫補廕守備兼襲雲騎尉　文𤏸德仁五世孫乾隆五十五年以臺灣平由附貢生特恩追廕守備兼襲恩騎尉　大剛德仁六世孫襲恩騎尉　泰詔德仁七世孫襲恩騎尉　拱辰德仁八世孫以生員兼襲恩騎尉　紹基大剛繼子德仁七世孫襲恩騎尉

壽同春以監生陣亡臺灣　邺予雲騎尉恩騎尉世襲罔替詳本傳　聰同春子襲雲騎尉　康同春孫襲恩騎尉　如松同春四世孫襲恩騎尉　如陵同春四世孫紹協右營守備兼襲恩騎尉　宗堃同春五世孫向天嶺把總兼襲恩騎尉

陳大定以遊擊征四川教匪陣亡　邺予雲騎尉恩騎尉世襲罔替詳本傳

趙周誥以玉泉營遊擊征捻匪陣亡　邺予雲騎尉恩騎尉世襲罔替詳本傳　振軍周誥子襲雲騎尉

陳毓書以同知殉難貴州　邺予雲騎尉恩騎尉世襲罔替詳本傳　秉綸毓書子襲雲騎尉

蔭敘

宋

王　琰 榕子以父任官衡州知州有傳

王友粹 巽之子以父任官郴州知州　浚 友粹子以父任官遂昌縣丞

姚　寬 舜明子以父任歷官樞密院編修有傳

姚　憲 舜明子以父任官仁和縣令乾道八年賜同進士出身歷端明殿學士出知江陵府有傳

黃　育 原名渥宋卿子以父任歷官廣西提刑有傳

黃汝礪 錢子九齡從弟九齡殉難無嗣以汝礪襲蔭歷官陝西宣諭有傳

黃　杞 叔温子以父蔭官平樂縣尉遷全州知州有傳

元

宣承德 琪子以父任官評事

明

王仲揚 艮子以父任官如皋縣主簿

翁餘忠　溥子以父任官太僕寺主簿歷南京左軍都督府都事有傳

陳于廷　性學子以父任授戶部主事

國朝

酈逢時　允昌子以父蔭考授知縣官河南桐柏縣知縣有傳　非聞　允昌孫蔭縣丞　文卓　允昌□世孫乾隆五十五年以臺灣平特恩追蔭守備

余廷艮　文儀子以父任考授刑部山西司主事歷四川敘永瀘資兵備道

周順緒　炳鑑子以父蔭授知縣

陳秉綸　毓書子以父蔭授知縣署貴州貴筑縣知縣

壽聰　同春子以父蔭由縣丞擢知縣官江蘇鹽城縣知縣

諸暨科第表卷二十六終

諸暨縣志卷二十七

人物志

列傳一

史家立傳人別爲篇標名稱列由來舊矣樓志所紀分爲十題部居雖別名實未確蓋漢世儒林家學師承俱有淵源卽後漢文苑亦必以文章之流別足見風會之變遷始稱作者章實齋曰列傳之有題目蓋事重於人如儒林諸篇初不爲施孟梁邱諸人而設也斯言當已且人物既標專門復以名臣循吏區爲定品稱名既嫌近僭標題又愴錯出今編爲列傳八卷略次時代不分題目至宋之黃姚王馮明之陳駱

國朝之余氏代有聞人則類族爲編一族之中仍以代次他如合傳附傳或以人類或以事類則遷史賈合屈平鄒附孟荀之

例亦春秋比事屬辭之義也若粤寇之難包陳諸傳人參疑信事涉東南則以事重於人取漢傳儒林之意類別紀之其學士論著足見抱負名人贈答有關事實或全錄或刪存如班史於賈誼列傳既全錄治安策復刪存其諸疏是也軼事詩文之足參證者仿三國志存裴注例散注於篇廣徵前聞詳注出處凡私家之譜諛墓之文詞或緣飾例難著錄乾嘉以前聞見各殊或人著而事不詳或代歧而傳無證咸同而後時代既近或事顯而名轉隱或聲揚而實可疑傳志所稱既參疑似採訪所及兼涉公私遂沿誤而兩歧莫折衷於一是往往文則班揚詩則李杜孝則割股廬墓義則振荒輸資千篇一律葭葦茫然存之則蒙魏收之譏削之則騰長孫之謗傳聞所證互有異同取裁之間遽難論斷則陳壽附楊戲之贊常璩著序志之篇別裁所

錄前躅可遵實齋永清縣志闕訪之例可援題也凡若此者別爲一篇附於列傳之後不別標卷目略書事實藉存姓名以俟後來之別擇庶存信存疑兩無所憾爾

宋

賈恩

唐

張萬和 子孝祥 孫憬

宋

黃振

黃宋卿 子庾 孫九齡 育

黃舜卿 子彥 叔温子杞 彥曾孫叔温

黃晉卿 子鉞 汝霖 永 永子嘉禮 鉞子汝礪

黃汝楫 子開 閭 閨 闌 閌 聞 問 閎

張堅 張龜年

朱戩 子常

姚舜明 子宏 寬 憲 宏孫鏞

王珹弟玟 子厚之　　周燾曾孫謹 謹子恪

馬純　　孟戩

趙令詪姪子濤 子濤子伯㯓 伯㯓子師耀 師原 師耀子希厔 希[illegible] 師原子希至 趙希鴒

陳壽　　陳協

楊欽　　鄒元亨

陳懿　　馮時敏弟時可 時行 子景中

屠道子榮　　俞涇

楊文修　　胡渭

王理　　吳作禮

張定　　朱光張軫 朱皎 何雲 雲子嵩

宋

賈恩少有至行元嘉三年母亡未葬爲鄰火所逼恩及妻柏氏號

哭奔救鄰人赴助棺櫬得免恩及柏俱燒死有司奏旌其所居爲孝義里蠲租布三世追贈恩天水郡顯親左尉南史孝義傳

唐

張萬和事親居喪著至行以孝悌名通朝廷書於史官旌表門閭賜粟帛州縣存問復賦稅新唐書孝友傳序力學明經父母歿廬墓二十餘年芝草生甘泉出嘉泰會稽志萬和字堯叟由剡徙居諸暨大部鄉孝感里志子孝祥萬和歿亦廬墓詔旌其門名其里曰孝感兩浙名賢錄孝祥幼子憬字鴻儀父歿復廬墓孝感里志

宋

黃振字仲驤好聚書接名士三衢劉仲章錢唐葉之奇同郡齊塘未遇時皆留之書樓資給無間陸傳黃仲驤傳嘗登樓以望村墅之未舉火者往遺之米鄉人德之名其樓曰望煙於越新編楊龜山過諸暨主

其家爲之作望煙樓記歐陽修則稱其能以貲振贍聚書招延四方士云卒贈衛尉少卿允都名教錄子宋卿舜卿晉卿

黃宋卿字公輔初官翁源主簿歲饑民聚爲盜縣有禁鑛縱使採之盜遂止乾隆府志奉詔撫獠蠻唐和納款晉潭州觀察判官移岳州蒲圻縣令縣有茶課朝廷遣使議更稅有司莫敢爭宋卿力持得減歲省數千緡百姓德之所在立祠允都名教錄改洪州奉新縣令時値元昊侵邊宋卿上書論進兵之策仁宗納之召試舍人院擢第一除著作郎終比部員外郎樓志子庾字龔之性沖澹讓父蔭於弟育鄉人稱曰讓公允都名教錄育原名渥字潤甫黃氏自南唐時有名惠字承遠者自分甯遷剡之雙井復自剡徙孝義鄉黃庭堅渥昆弟行也渥更名育庭堅字之曰戀達而爲之說曰會稽黃渥與庭堅皆出於婺州之黃田七世以上失其譜以年相望與渥相近也

故復以昆弟合宗渥之言曰異時與我同昭穆者皆以今隸字形同類爲名唯渥求之得今願改曰育敢以字請庭堅曰古者生以字尊名歿以諱易名易名之實有宗也有勸也其治在後人尊名之義有宗也有勸也其治當其身今曰懋達以配育名則宜夫草木之茂豐豐以勸四時及其日至而立於成功之會非深根固蔕得其養故耶彼達於道者不可以窮故獨立於萬物之表而無終始以今不出閭巷之智望之相去遠矣然而孟子以爲聖人與我同類者何耶今與一粒之種則曰是與太倉同類人之聞之也見而爭慮清氣平則聞命矣蓋長育以達其才故也穀之有苗也達於衆盛水之有源也達於海君子之聞道也達於天地之大蓋明道者必明於權銖兩低昂與道翱翔稱天下以此不以萬物易己由是觀之病於夏畦曾子難之未同而言仲由不知君子以直養

氣而已氣者萬物受命而效刑名者也懋遠乎勉之在邦必達在家必達熙甯間以蔭謁選文潞公薦爲著作佐郎官至廣西提刑多平反嶺外至今尸祝之據黃山谷集樓志、允都名教錄纂子九齡建炎中官考城縣令金人陷汝鄧九齡堅守不屈死無子以從弟汝礪襲蔭允都名教錄

黃舜卿字酺翁性澹泊不樂仕進家傳詩禮閉戶弦誦與之遊者忘其爲貴介也宗黨以急難告則無不應其歿也山陰陸佃誌其墓子彥字子實熙甯丙辰進士除宣城縣尉徙宜興縣丞調興化府錄事參軍丁父艱服闋除監尉氏縣稅改麗水縣令以循良入爲都水監丞大官令出判陝西路德安軍命經制五路邊事初漕司督內地輸粟入邊每斛率八十緡民不堪命彥白邊帥奏罷之旋調主管秦鳳經略安撫都總管司機宜文字召爲開封府司刑

漕事累官至侍郎致仕建炎二年卒著有文集十卷彥會孫叔温字子厚累官知東陽光化軍嘉定丁丑金酋慶壽圍棗陽叔温殉難子杞單騎潰圍馳白京湖制置使趙方遣鈐轄孟宗政等救棗陽杞先登入其壘金師敗走朝廷卹死事蔭杞平樂縣尉遷知全州辭官扶父柩歸葬獅子山築庵廬墓額曰時思志不忘也久之不忍去因於墓下塹砌小山山環如璜遂家焉杞字章卿是爲璜山黄氏之祖據允都名教錄諸暨賢達傳於越新編纂

黄晉卿字仕清康定元年討西夏晉卿以草澤應詔上書論用兵利害仁宗召問不赴隱居旂山子鉞字武仲性孝弱冠遊太學以母老歸尋官至吏部司封郎中汴都失守扈蹕東歸以中原陸沈二帝北轅憤懣而終弟永字護修宣和中以八行取士郡國以永應詔方臘黨蔡五兕二擾東陽永詣尚書劉翰陳安撫方略劉使

招撫降者萬九千人以功授文林郎鉞長子汝礪字國器少遊太學宣和二年睦寇亂鉞命還衛鄉里二年隨永勤兵諭降蔡五吳二復赴汴侍父靖康中在圍城隨陳東伏闕上書請誅朝奸二聖播越隨父南下父病晝夜調護及卒廬墓三年薦從兄九齡蔭除永康縣尉歷官陝西宣諭淮備差遣以議和故抗吭者屢齎志而歿次子汝楫自有傳幼子汝霖字公澤博學能文紹興戊午定都臨安汝霖與錫山尤袤三山林棟同膺詞選稱爲三俊年二十四卒袤棟悼之各著哀辭永子嘉禮字仲文紹興壬子進士目疾不能視以朝散大夫致仕性至孝患母老禱神曰母老承歡匪目奚恐祈賜之明盡吾事親之日禱畢其目即明及母歿明復失允都名教錄

黃汝楫字巨濟方臘犯境避兵山中忽有賊黨持白旗至揖且拜

細識之則舊僕也言賊將掠士女索贖否則盡殺汝楫惻然問所掠幾何曰近千人汝楫曰吾窖直二萬盡輸以贖可乎歸報如所言乃悉發窖藏賊營千人者皆得歸詣汝楫謝爲之誦佛祈福紹興中爲浦江令寶慶會稽志子開字必先紹興甲戌進士端謹持行學邃於經著有周易圖說春秋妙旨麟經總說語孟發揮孟子辨志六經指南諸史決疑暨陽雜俎浣溪文集都一百六十餘卷官崇安令萬歷府志闈特奏名進士官荔浦丞閎閣與兄開同登甲戌張孝祥榜進士閣官文思院監有文行其卒也李耆俊誌其墓閣官審計軍器監金人南侵軍旅倥傯手不釋卷感秦檜之誤國撰百相傳城山集以寓規諷閭乾道己丑進士官海鹽令有文譽著拙庵文集二十卷闈特奏名進士高尚不出以將仕郎養親終其身閭紹興庚辰進士歷令黟縣吳江陞國子監丞累遷至祕書丞爲政持

大體善屬文進明良政要鼎慶頌於朝奉旨襃獎著有芝堂文集二十卷閎特奏名進士官旌德尉亦有稱於世允部名教錄

張堅字適道孝感里人父鎮熙甯癸丑進士堅家貧篤學以聖賢自命胡安定教授湖州負笈往從之旦夕研味至忘寢食不期年盡得六經之奧辭歸鄉里從遊甚眾兩浙名賢錄謂門人曰人皆可以爲堯舜自信得過則精一之傳在我宋元學案後以八行得官尋改京秩貧不自給吟嘯自若時稱爲醕儒隆慶駱志著有易解樓志

張寵年失其里居范香溪門人也香溪稱其胸中易直無歧徑服習不懈爲同舍生所推重宋元學案

朱戩失其字元豐壬戌進士元符中官青田令子常政和壬辰進士復令青田興建學校崇獎儒素父子繼美邑人稱之舊浙江通志名宦傳

姚舜明字廷輝紹聖丁丑進士府學進士題名第一碑宣和二年方臘據睦

州陷杭衢婺處歙五州時舜明通判睦州率兵穿賊營入郛晨登義烏門治城壁飛矢雨集舜明親率從兵以石擊賊既而引兵出戰賊遂大潰賊帥洪載以衆四十萬據處州舜明訪得其母妻令載所善范淵往諭解甲降除直祕閣嘉泰會稽志擢御史中丞靖康二年汴京陷金人括金銀不足殺提舉官梅執禮陳知質程振安扶胡舜陟胡唐老王坦及舜明令再括薛應旂宋元通鑑建炎三年由提點兩浙刑獄改除江州兼本路撫置使李成擁衆三十萬至城下舜明布列將士開關奮擊擒其將王林賊攻愈急舜明輒以計破其營嘉泰會稽志遷直龍圖閣江淮發運副使李心傳繫年要錄曹成等據湖湘命舜明往撫嘉泰會稽志紹興二年轉左司郎中充祕閣修撰三年權尚書戶部侍郎五月命往建康總領大軍錢糧從同都督江淮荊浙諸軍事孟庾請也時韓世忠劉光世駐軍江上歲用錢糧五十

餘萬皆戶部財政計故命舜明領之總領名官自此始四年舜明乞閒除集英殿修撰提舉江州太平觀進徽猷閣待制行中書門下省繫年要錄累階大中大夫文安縣開國男卒贈太師著有奏章三卷補楚辭一卷詩文集十卷萬曆府志子宏字令聲少有才名呂頤浩爲相薦爲删定官以憂去秦檜當國屢求官不報屬張澄抑之檜曰廷輝與某靖康末俱位栢臺上書粘罕乞存趙氏拉其連銜持牘去經夕復見歸竟不僉名此老純直非狡獪者聞皆宏之謀也繇是薄其爲人澄以語宏宏曰先人當日固書名矣今所傳書更易其語以要美名以僕嘗見之所以見忌已而言達於檜檜大怒會宏更秩調知衢州江山縣歲亢旱有巡檢自言能以法致雷雨試之驗而邑民訟其妖術惑衆檜遂逮宏下大理獄瘐死王明清揮麈餘話著有戰國策補注三十卷宋史藝文志揮麈餘話宣和中宏在上庠有僧妙應者知人休咎語宏曰

君不得以令終候端午日伍子胥廟中見石榴花開則奇禍至矣

宏初任監稅杭州三年不敢登吳山將赴江山自其諸暨所居趨越訪帥憲既歸出城數里值大風雨避路旁小廟見榴花盛開詢祝師日此伍子胥廟其日乃五月五日也未幾罹禍

寬字令威以父任補官呂頤浩李光帥江東皆招置幕府傳崧卿繼任辟爲主管機宜文字不就崧卿移書舊交引爲媿恨秦檜執政以舊怨抑後以賀允中徐林張孝祥上書交薦監進奏院權尚書戶部員外郎兼權金倉二部屯田郎樞密院編修乾隆府志博學強記精天文推算完顏亮入寇中外皆以爲憂直云金兵百萬何可當惟有退保耳寬獨抗論阻止且上書執政言今八月歲入翼明年七月入軫又其行在巳巳者東南屏蔽也昔者越得歲而吳伐越吳卒以亡晉得歲而符堅伐晉堅隨以滅今敵背盟伐歲滅亡可指日待又推太乙熒惑所次是寇必滅之兆未幾亮果自斃從幸金陵孝宗以言驗將除郎召對首問歲星之詳寬敷奏移晷復論當

世要務奏未畢而疾作仆御榻前疾愈復入對後一日卒孝宗甚念之特官其一子用其弟憲官至執政寬博學工篆隸旁及製造嘗謂守險莫如弩因裒集古今用弩事實及造弩制度撰弩守書以獻且請用韓世忠舊法以意增損爲三弓合彈弩詔議行既成矢激二里所中皆飲羽又嘗論大駕鹵簿指南車得古祕法著有玉璽書一卷五行祕記一卷每謂人曰古稱圖書豈可偏廢故其注太史公書也辭所不盡系之以圖著有史記注一百三十卷鼎彝文字典籍譌誤考訂精核著有西溪叢語二卷寬工詩文尤擅樂府葉水心適謂其古樂府流麗哀思頗雜近體長短句皆絶去尖巧全造古律加於作者一等著有西溪居士集五卷樂府一卷又注韓文公集未畢而卒年五十八寶慶會稽續志萬歷府志乾隆府志葉水心文集四庫全書提要朱彝尊詞綜

憲字令則以父任補承務郎轉仁和令車駕駐臨安仁

柳遂爲赤縣憲資性敏强日未晡吏已散去獄無繫囚秩滿監進奏院知秀州土豪錢國安居大澤中匿亡命爲奸盜州縣莫敢詰憲至擒國安及其支黨窮治置於法州里遂安浙西大水蘇常尤甚憲請輸粟萬斛以振之嘉泰會稽志賜書獎諭除提舉浙西常平遷提刑上嘉其能命以直祕閣知平江府羣盜毛鼎等出沒海道爲商民害捕弗獲朝命專以屬憲不數月悉擒之除兩浙轉運判官蘇州府志進直敷文閣知臨安府會稽志時寶謨閣待制李祥第進士主錢塘簿攝錄參會皇城使妄告密無實憲驚曰上命無實乎祥曰即坐譴自甘憲曰上何知是君祥曰尹言過矣上至明豈重遷輕尹哉小人姦妄宜有懲艾憲具論如祥言上駭曰朕幾誤卿吾諍臣遂賜憲同進士出身葉水心文集擢工部侍郎進御史中丞參知政事後以端明殿學士出知江陵府前帥頗厲威嚴治盜不少貸憲

繼其後嘗謂客曰故帥得賊輒殺不復窮竟僕獲盜必付有司法當誅者初未輒貸一人而羣盜已稍出矣僕平居雖雛卵不敢妄殺甯以疲輭不勝任去安忍濫及無辜哉人以此益推爲長者未幾卒於官會稽志 著有乾道奉使錄一卷陳振孫直齋書錄解題 宏孫鏞字希聲號敬菴別號雪篷嘉定丁丑進士除吉州判官以平寇功擢守贛州紹定閒忤帥臣陳去華謫衡陽鶴林玉露 舊客皆散音問並絶天台戴石屏復古獨寄詩慰之曰一官不幸有奇禍萬事但求無愧心且親自閩度嶺閒關還訪鏞感其意有萬里尋遷客三年獨此人之句握手相見至於泣下三台詩話 端平丁酉始得放歸賦詩曰天恩下釋湘纍客心事悠悠月一船種藥已收思病日著書不就負殘年雜花怪石分人去老竹荒亭入畫傳歸夢鑑湖三百里白鷗相候亦欣然浩然齋筆談 可以見其志趣矣著有雪篷詩宋季陳思編入

羣賢小集末附雜文一帙四庫全書提要駱問禮曰姚氏之先來遷自剡張元忭曰姚氏父子舊志皆云嵊人諸暨志則云暨人且言墳墓子姓具在暨以兩邑鄉賢祠考之嵊暨並祀舜明而寬與憲則但祀於嵊豈舜明居諸暨而二子遷於嵊耶樓卜瀍云舊志載台輔坊爲宋參政姚憲所居府志又載姚舜明墓在長甯鄉子憲墓在其旁居墓皆在暨姚憲亦未嘗由暨遷嵊案紹興進士題名碑舜明中紹聖丁丑何昌言榜剡籍若至寬憲而始遷嵊則舜明應舉不當籍剡矣憲墓既在長甯鄉則其未嘗遷剡可知又宋陳振孫直齋書錄解題乾道奉使錄下注云諸暨姚憲令則著王明清揮麈餘話姚宏將赴江山自其諸暨所居趨越訪帥憲宏爲舜明長子其時去舜明之卒未久則姚氏之由嵊遷暨當在舜明時可知憲所著書既標題爲諸暨則憲之不遷嵊更無疑義振孫明清皆以宋人記宋事必不錯誤姚氏之先來遷自剡始自何時雖無明文可考據揮麈餘話諸府志言舜明墓在長甯鄉則舜明晚年固已居諸暨矣寬憲亦未嘗歸嵊故憲墓在長甯鄉姚寬之子孫至今尚聚居開化鄉之姚家巷寬所著書仍標剡籍宏孫鏞以剡籍中嘉定丁丑吳潛榜進士蓋南宋士人遷徙無定著錄應試多題祖籍如趙希鵠世居諸暨其敘所撰洞天清祿集仍題開封時行世居諸暨而其所著詩文集則名縉雲此類甚多無足疑也駱氏樓氏見書無多不得不作爲游移之辭張說更屬無據凡鄉賢祠皆由邑人申請或嵊人因寬憲爲其邑之所自出而請祀或暨人失請或既請而失載皆未可知固不可援以證實也

王瓛字寶臣王安禮孫其先臨川人父榕爲諸暨令遂家焉以安石嘗相神宗故名其里曰相門坊舊志瓛知通州與其弟玠齊名萬歷府志玠字剛夫由分甯尉累遷知衡州所至有政績胡銓嘗薦之曰治經有行亞西漢之名儒悃愊無華實東都之循吏識者以爲確論於越新編瓛子厚之字順伯號復齋乾道丙戌進士府學題名碑生平澹泊無所好獨嗜金石刻三代鼎彝秦漢以降碑篆碣銘懸崖斷壁摩剔補缺整輯湮滅出入嘗以右軍蘭紙建安帖自隨嘉泰會稽志家藏趙明誠金石録三十卷考異訂誤洪邁容齋四筆俱有根柢慶元中與趙汝愚朱熹同籍僞學遭貶黜慶元黨禁中興編年後起爲淮西通判改江東提刑以直顯謨閣致仕宋元學案補作直寶文閣瓛女適金谿陸子壽先生九齡故厚之得與陸氏兄弟以道學相切磋嘗至西百官宅與象山先生窮冬踰月圍火鑪劇論人物究及經書奥義皆始疑而

終釋始辨而終息始之所甚不可而終乃有切當之稱象山稱其質剛而內明有從善服義之長一再寄書與論義利之辨儒釋之分書俱載文徵厚之罹籍外除象山將赴荆門復致書曰承教以罷屯田收羨鑄之詳可謂恩威並立調度有方然在尊兄分上直餘事耳且暮賜環入儀禁掖雍容密勿以究忠嘉使至理昭明陰氛澄廓羣疑消釋衆善敷榮在位在職莫不協力同心以終大義此豈非長者之任而君子之所欲乎來教謂若要稍展所學爲國爲民日難一日此固已然之成勢然所以致此者亦人爲之耳能救此者將不在人乎孟子曰責難於君謂之恭吾人平日所以自勵與朋友所以相勉者素由斯道而後能責難於君大禹所謂后克艱厥后臣克艱厥臣夫子所謂爲君難爲臣不易者皆欲思其艱以圖其易耳非懼其難而不爲與知其難而謂其必不可爲也天下

固有不可爲之時而君子之心君子之論則未嘗必之以不可爲春秋戰國何如時而夫子則曰如有用我者吾其爲東周乎又曰苟有用我者期月而已可也三年有成孟子則曰以齊王由反手也又曰飢者易爲食渴者易爲飲故事半古之人功必倍之又曰王如用予則豈徒齊民安天下之民舉安又曰千里而見王是予所欲也不遇故去豈予所欲哉人之遇不遇道之行不行固有天命而難易之論非可施於此也曩者尸位之人固爲朝廷之大祟羣小之根柢而往年天去之今年天殺之則天之所以愛吾君而相斯民者爲力宏矣有官君子豈可不永肩厥心相與勵翼以助佐吾君仰承天意乎人之才智各有分限當官守職惟力是視商之三仁亦人自獻於先王不容一概至於此心此德則不容有不同耳沮溺接輿豈是庸人凡士然所以異乎聖人者未免自私耳

來教謂既非以此要官職只是利國利民隨力爲之不敢必朝廷之從與事功之成此眞長者之本心也誠能擴而充之推而廣之誰得而禦由前之說將自昭白有不待區區之言者矣象山又謂厚之言本朝百事不及唐然人物議論遠過之其論甚闊大可取陸象山全集所著有復齋碑錄全謝山鮚埼亭集若干卷金石錄考異四卷考古印章四卷石鼓文題跋一卷考定詛楚文一卷萬歷府志漢晉印章圖譜一卷明焦竑國史經籍志鐘鼎款識一卷儀徵阮氏雕刻

周靖字天錫其先南康人幼通敏好古善屬文舉宣和進士主中江簿轉柳州録事過於守帥守法不阿常預內銓靖康之變以宗社大計闕白大臣欲上書闕下當事阻之知事不可爲棄官歸紹興間起爲國子監正録進博士罷官後以諸暨有中州風樓志遂從居紫巖之盛厚里曾孫謹字克順官節度行軍司馬有時譽歸田

後嘗輯宗譜而朱子爲之序謹子恪字誠夫號梅軒紹定壬辰進士累官翰林院承旨宋制承旨不嘗置久次乃得遷恪在翰林未久進承旨異數也已而乞歸築清燕樓圖書彝鼎充庋其中昕夕吟詠屏棄世事時論高之周氏至恪復由盛厚里遷南郭三踏步周源後村周氏淵源錄

馬純字子約晚號樸樕翁宋室南渡由山東單父徙邑之陶朱鄉陶朱新錄自序負才自任好面折人建炎中呂頤浩作相純求郡頤浩拒之徐曰有英州見闕公可往否純曰待某先去爲相公葢一宅子奉候頤浩笑而不答揮麈餘話紹興時起爲江西轉漕梁企道揚祖爲帥每盜赦下貸命必配潮州喻部吏至郊外即投之江如此者屢矣純曰使其合死則自正典刑以其罪止於流故赦其生猶或自新既斷之後則平人耳倘如此與殺無罪之人何以異乎二人由

此不諧，後以他事交懟於朝，俱罷去。揮麈後錄 純罷官後窮居著述，蕭然自得，而傲兀之性未嘗平也。陶朱新錄序 有故相寓居會稽能仁寺，識僧宗昂，已而復相，宗昂被敕住持。純題詩寺壁曰：「十年哀病臥林泉，鵷鷺羣飛競刺天。黃紙除書猶到汝，始知清世不遺賢。」隆興初，以大中大夫致仕，著有陶朱新錄。乾隆府志

孟載一名德載，孟子四十八世孫，信安郡王忠厚子也。以動戚扈蹕南渡，著功績，授環衞上將軍。忠厚判紹興府，載遂徙居夫槩里，卒贈太尉。兩浙名賢錄 蘇州府志 陶允宜孟母廟碑

趙令詪原名令話，藝祖子德昭元孫，父世曆襲昌國公爵，卒諡孝恪，葬城南石渚廟。紹興元年繼絕，封安定郡王，改名令詪，兩知紹興府，有惠政，卒葬花山，子孫家焉，遂爲諸暨人。令詪兄子子濤，乾道元年襲封安定郡王，四年偕尚書汪應辰、王希呂禱雨五洩，卒

贈少師子伯橚紹熙庚戌進士通判建寧當襲封以老辭寧宗下詔褒之曰節邁夷齊可風末俗遂爾雅尚示朕明恩繼有旨特晉朝奉大夫子師耀知荆門軍師㬇嘉定庚午預漕薦官至通州通判有惠政師耀子希坙由寧化尉累遷判太平州監登聞鼓院希坙字克家與坙同舉紹定壬辰進士官終端明殿學士師㬇子希至（名教錄作希屋今從宋史）寶祐丙辰進士善書能文見稱於時趙希鵠亦燕王德昭後希至昆弟行也嘉定癸未進士父曰師偃宋南渡後由開封遷居諸暨希鵠博學工書所書松山文應廟碑至今猶存性尤沖澹好蓄古琴硯鼎彝明窗淨几羅列布置靜坐展觀翛然具出塵之致著有洞天清祿集一卷（據宋史宗室世系表嘉泰會稽志趙希鵠洞天清祿集自序宋濂岡節婦傳隆慶駱志浙江通志允都名教錄諸暨賢達傳奉議趙公壙誌纂）

陳壽字元岡父鐩官翊善堂資善母邵氏康節先生子利州轉運

使伯温女也有賢行河南省志壽弱冠母命受業楊龜山之門補太學生隨陳東上書極言李綱不可罷相建炎三年隨鑾衛皇子至杭州紹興乙卯舉特奏名進士除慶元路學正遷翰林經諭二十年上書論胡寅不當貶忤秦檜改應奉翰林文字遂以疾辭官壽自河南閿鄉遷杭南遷事實記至是無所歸同年生馮羽儀爲贅於其妻兄桂陽令王章家因徙居楓橋之宅步允都名教錄著有周易附傳一卷諸史辨疑四卷居易集四卷南遷事實記

陳協字世勇汴之祥符人紹興中舉進士累遷至提調浙東茶鹽公事署荆南路湖北襄陽制置使與岳武穆力主匡復左遷金華令舊志武穆贈以詩曰欽君騎鶴上金華北望雲山是故家兵革歷身心不改一腔熱血濺黃沙補纂協卒棄官隱白鶴山遂爲諸暨店口人武穆嘗訪之留從騎數里外今其地稱岳駐與論當世之務及武穆

遇害協冤之終身不出樓志性理目錄謂協深於理學

楊欽字子欽梟浦人官司法參軍從岳武穆駐軍朱仙鎮死於兵淳祐十年遣使督造塋墓賜祭贈吳越相孫賢淳熙甲辰進士由武義令歷官靖康軍節度使娶吳氏憲烈皇后甥女也屢建軍功復以戚畹追贈中山郡王隆慶駱志質實篇

酈元亨本揚州人父翰林學士文紹扈蹕至杭元亨以孝廉授諸暨學正著書講學人多化之秩滿致仕卜居後街遂爲諸暨人樓志

陳懿字公實宋國子助教旦子也旦自宣城遷杭州懿又自杭州遷諸暨陶朱里有文譽一時名人如范元卿陸務觀辛稼軒咸與之遊論者謂其氣節度量有郭元振之風官至承事郎餘姚縣令孫載又自陶朱里徙開化鄉後復徙孝義鄉陳洙陳大倫其後也宋潛溪集

馮時敏字遜學紹興庚辰進士馮氏自時敏祖谷父羽儀以進士起家時敏尤以詩文譔述見稱於時弟時可字與學舉賢良試祕閣校理監修史館承事參金匱日歷秦檜決策議和時可與朱松上書力言其不可弗納李綱請車駕幸舊都時宰惡之將中以危禍時可抗疏救之不聽綱以奉祀去職時可亦移疾不待報去朱松有贈祕書監校理馮君與學序曰嘗論士之所尙者固在於氣節尤在於出處之以其正也氣貴乎壯節貴乎直氣壯矣節直矣而出處或不以正焉是亦苟焉耳矣予嘗執此以觀人之邪正賢否多奇中焉祕閣校理馮君時可飽飫經術涉獵典故嘗以賢良應詔對策數千言慷慨剛直切於時政既而試祕書正字有聲遷直史館與予爲同僚凡金匱日歷事多君所參定人稱有良史才金虜犯順乘輿播遷諸將握重兵在外聲威頗振而朝廷講論戰

攻守禦之策久無定畫憸邪之徒又倡為異議以搖動國是由是諸將皆解體無鬬志殊失事機之會忠義之士深為痛惜而臺諫無一人言者獨時可之心與予合毅然上疏決意進戰而予說亦略得以施於其間其後衆說卒不得行遂各請解職上不許而時可復以救李丞相不得乞疾不待報去視其去國若傳舍棄職如敝屣非氣之壯節之直審出處之正而以古之聖賢自期者不足以語此君去矣予輩之尸素不即引去視君能無厚顏乎予與君同壻祝氏且有斯文僚友之誼故於其行也特贈之以言李綱亦贈之以文曰嗚呼士之處世非其遇之難而知己之難也所謂知己者非必居相近交相久情相洽也傾蓋之間立談之頃意氣頓合由是與共大事臨大節守其道而不變堅其志而不撓無同盟之言而不覺相契之深此所謂知己也以某之不肖備位政府然

一念匡時自負久矣國家多難二聖蒙塵正臣子枕戈嘗膽之秋無一人爲國家畫一策建一議者方且倡爲浮論以熒惑主聽某甚惑焉因是不揣請車駕移駐都會以繫中原人心決意圖恢復疏入不省又竊念甯吾之言不行不忍坐視以負吾君也復陳數事以申前說而復有中傷某者禍且不測監修史館馮君時可抗疏救予始得乞骸骨奉祀以歸時可之力也然平居雖聞時可名而未嘗識其人而時可亦未嘗至吾門胡乃惓惓若此哉亦以其志同道合而意氣之相許者同一忠愛之所發耳今時可亦乞去矣朝臣無一請留時可者則時事可知矣某之去就不足爲時重輕若時可者正古人所謂邦之司直也何可一日無哉聞其去感歎終夕不能釋因書此以贈之且以見知己之難也時可去官後以疾卒於家時行字幼學太學上舍生除德興主簿遷太常寺奉

禮郎金遣烏陵思謀等來議和與王倫偕至秦檜陰主之羣臣多言和議不便時行時以奉禮郎爲丹稜令以楊晨薦得召對言金人議和何足深信必緣初廢僞齊人心未固恐陛下乘其機會殄滅有期奉迎梓宮在陛下之心至切至痛故以爲辭延引歲月待其撫循既定狡計復生卒其醜類送死未遠陛下可否逆炤其情預爲之備臣竊見以前備禦向爲疏闊自建康以屬海道臣非親見不敢妄陳自西蜀以至江東臣請論之吳玠一軍在梁洋之間凡五千餘里至鄂州始有岳飛又千餘里至建康始有張俊陛下雖以淮爲屏障然東南形勝實在長江今岳飛屯鄂渚實欲兼備江漢襄陽有警比岳飛得聞往返千餘里束裝辦嚴非一月不至荆襄而敵軍近在京西輕軍疾馳不數日而遂涉江漢萬一舉偏師向江漢連綴岳飛而以大軍向襄陽中斷吳蜀是時吳玠不能

舍梁洋而下岳飛不能舍江漢而上敵騎盤泊荆南可以控據上流震驚吳會或徑趨潭鼎横涉饒舍直乘空虛擾我心腹備禦如此似亦疏矣臣願陛下先事制勝選知兵大臣分重兵以鎮荆襄倉卒有警荆襄事力足當一面而岳飛得專力於江漢之閒若兵有統不可遽分亦宜嚴戒岳飛及兹無事預思方略高宗諭以爲親屈巳之意時行引漢祖故事高宗慘然曰杯羹之語朕不忍聞因顰蹙而起命特轉一官紹興八年八月出知萬州旋爲漕臣李坰所劾送開州治捕繫且二百人録事參軍譚俣當治其事坰趣具獄俣曰吾巴州嘗憐無賢守今萬一得人反擠之乎卒不肯傳致十二年六月御史中丞万俟卨言時行既非主兵之官恐無跋扈之狀雖窮歲月何由招伏干繫者衆其傷實多欲望詳酌免勘庶罰伸於不法之衆恩加於無辜之民迺得詔免勘勒坰猶論不

已十一月提點刑獄公事何麒劾垌罷官獄始散孫覿撰万俟卨碑曰公言萬州一障現在荒茅篁竹中僅大聚落耳時行以職事忤轉運使誣以跋扈邊興大獄連逮無辜之民李心傳謂日歷所載卨全疏無此語覿所刪潤者也時行因留蜀授徒縉雲山中從涪陵譙天授講易深通其奧程沙隨嘗述其言曰易之象在畫易之道在用其學蓋傳於李舜臣云四川通志因此誤時行爲蜀璧山人辨見經籍志後起知黎州高宗嘗記其名三十二年特詔赴行在八月至建康以疾不進上疏言敵決敗盟望移蹕進幸建康下罪已之詔感通中外願與社稷俱存亡自古未有人主退而能使天下進人主怯而能使天下勇今之形勢不比全盛之時車駕已在江南無復可往之地福建二廣陛下可到彼亦可到蜀在險阻形勢迫促如鼠入牛角必不能久將士觀望忠義之氣阻消至散而爲盜賊大事去矣又沿邊備禦朝廷雖已措置然尚多闊疏荆南兵弱循襲將士不服李道節制緩急豈能

爲用鄂州田師中老且病上流重地恐不可恃願以李顯忠代之劉錡有威名借其譽望不當便置之前行張浚憂患頓挫已無年少輕鋭之氣願陛下舍一己之好惡用浚以副人望洪能使軍民同心踴躍鼓舞其效必非小補財用在今日最爲難事宜省官吏減州縣冗卒陛下痛自撙節蠲捐切身之奉以養戰士清心寡欲疏遠閹寺與賢士大夫骨鯁謀議之臣共濟艱難然後命大臣留守宮闕陛下如建炎之初馬上從事以數十騎往來循撫諸軍江淮荆襄無有定處使敵莫能測今敵騎已還臣料朝廷必有大措置一新天下耳目旬日之間寂然無聞臣恐廟堂之議猶欲遣使祈請冀和議可以遷延以臣計之萬無此理臣紹興初蒙陛下召對時敵請和臣以爲疑至煩聖諭以爲親屈己之意然和議既成無以善後臣之愚言猶有驗於今日今敵既敗盟臣又貢其狂愚

冒瀆聖聽望陛下特垂聖覽採而用之無使狂瞽之言又驗於異日也疏奏詔以時行知彭州興元元年卒時行精於史學史炤著通鑑釋文時行爲之撰序在蜀多惠譽蜀人立廟祀之寔駒爲撰碑文著有縉雲文集五十卷時敏子景中字克温慶元乙卯進士官至集賢學士性樸約如田家子論事則丰采激揚不讓諸父坐追論韓侂胄落職奉祀嘉泰元年通判紹興府事施宿修會稽志景中與同郡陸子虡王度朱鼐任纂述博核有根據陸游爲之撰序據宋史列傳秦檜傳李綱傳李心傳繫年要錄史炤通鑑釋文梁溪集韋齋集縉雲文集嘉泰會稽志浙江通志四川通志隆慶騶志允都名教錄四庫全書提要歸安陸氏藏書志紹興府學進士題名碑纂

居道字天敘乾道乙酉進士官至侍御史以忤權貴削籍隱居諸暨自號樂琴居士因名所居村曰琴鳴紫陽朱子爲之記阮元神道碑子榮金華縣令有惠政性至孝致黄彪猛虎之異一時騰誦允都名教

錄

俞涇字本淸乾道壬辰進士府學題名碑除永淸縣主簿改蕭山以憂去起監登聞鼓院累遷至翰林學士轉侍御史諫不行乞罷復召爲御史光宗卽位改右正言韓侂胄秉政涇疏請召對侂胄忌之遽除直寶文閣出知太平軍侂胄敗起爲工部侍郎復以論事不合致仕生平沖澹無所容爲蒲江魏了翁所重朱子顏其堂曰中和允都名教錄

楊文修字中理六世祖都知兵馬使洋由浙院徙楓橋楊蔬圃後人徙全堂遂爲諸暨人文修生性純固篤孝鍾於至情鄉人不名其名而名之曰佛子年六歲視母食多寡爲飢飽母病艱食輒不食得果必遺母俟母啖之心始已年十五以母多病棄舉業習岐黃氏書父讓之從容對曰母病忍能一日去母從師耶借舉業有利不

足自資即便母侍雖服農終養吾志周滿母病革藥罔效齋禱竊室刃股肉和饘粥進母食即起佛子頦下生癭大如覆盞一日由市歸值操瓢者穢癩不可近時暴雨瓢者就佛子共蓋即與俱無難也行里許瓢者用左手掐其癭右手拊背曰患可醫汝何報佛子笑曰勿欺我瓢者曰子我一醉三日後當過君治癭先口授折骨方佛子未心信別去數步顧瞻其人邈不知所之矣湧幢小品載此段作行里許急以指掐其瘤瘤没而其人不知所之矣與傳小異佛子歸語家人悔不得治癭方明旦視頦下癭忽不見家人駭怪捫其背則癭在焉人始悟佛子遇異人母歿佛子捧土成墳種木築廬墳左介廬上恆有羣烏數十隨佛子起止縣以狀白府將表樹其宅里佛子走府曰某之事親不知有身豈知有名哉事寢人益異之晦菴朱子嘗以常平使者道楓橋聞佛子名延與談名理及醫學天文地理之書後人名其談理之室

曰紫陽精舍數日去。晚年著醫衍二十卷，編地理撥沙圖，藏於家。年九十有九以病歿。楊維楨楊佛子傳

韓性書楊佛子傳後

好善之性，人皆有之。能實於爲善，天之報施不期而集，若桴鼓若影隨，理所必然，無待於論說者。予讀馮君所作諸暨楊佛子傳，未嘗不憮然而歎息也。傳言佛子有至性，母病，刲股肉以進，食之即愈；母歿，捧土成墳，慈烏數十隨之往返，鄉閭欲上其事，固止之。佛子故病癭，道遇異人，以手上下摩拊，已而癭移背，人以爲異。有德於鄉，鄉人不名其名，而名之曰佛子。朱晦翁爲常平使者，至其廬，與談論數日乃去。年九十九而壽終。傳之所言大略如此。今去佛子三十餘年，其曾孫廉夫以進士起家，兄弟以儒進者數人，子孫森然，爲諸暨大族。嗚呼！是所謂實於爲善，天之報施不期而集。好善之心，人皆有之，故孟子以可欲之爲善，若佛子可當善人之稱矣。或曰：古無佛，佛子之稱可耶？予謂不然。古之善善者，目其一長，則曰信人也，惠人也，總而言之，則曰君子人也。佛法入中國而有爲善之說，中國之人以佛之實於爲善也，則尊之信之；其見人之實於爲善者，則亦稱之以佛子之名，以見其尊之信之無異於佛耳。此即古者信人、惠人、君子之謂，且他人之稱，非佛子之所自處也。佛子實於爲善，尚不欲得善名，而何疑於佛子之稱乎？或曰：割股以爲孝，古豈有是哉？是又不然。割股已疾，古無是說，案補本草有人肉療疾之論。孝子之愛其親者，忘刀鋸之慘，以冀救死於萬一，當時尚不知有生，而何暇計名？先儒以毀傷爲罪，滅絕爲憂，其議未始無當，然索其本心，要是實以爲善，未可以常情論也。或又曰：人之疾痼，藥石以療之，癭生於頰，可以手移也耶？以手移

瘦世以爲神仙變化之所爲神仙變化明者所不道傳之所著殆欲神其事未必有是實也是又不然世無神仙則已有則亦人耳甯無身隱山林業精岐術感公之德出而療之者如穀城黃石太史公以爲鬼物而先儒以爲秦世隱君子是已傳言異人併以折傷之方授佛子佛子用以濟人無不驗是有異乎恍惚汗漫託神道以自名也佛子之善得於天性事親待人莫不有爲善之實故其得稱於鄉里者如此得益於方士者如彼至於身享上壽子孫昌熾非報應之理如桴鼓隨影之必然歟或者不察乃引他說以致疑此非予所知也因讀其傳附之其末而書之

案據此文知鐵厓爲其曾祖作傳曾借馮君之名

胡渭字景呂十都人父杲湻祐庚戌進士官江東轉運司主管文字渭好學謹操履試太學第一元兵南下杲棄官歸渭隱居事親志不仕元杜門肄究經史不關世務尤急於根本之學嘗謂人曰文章潤飾之具耳必以崇尚實行爲務所著有雞肋集諸暨賢達傳謹案舊志列渭於元渭不仕元則不得謂之元人且附其子一中傳末於例亦不合今改從郭氏賢達傳著錄其卒也黃溍銘其墓

王理字倫卿大宣人學行俱優人稱水南先生與東陽許古道善

元兵渡江時客臨安古道傾裝得三百金屬理將徙家於暨比至東陽以疾卒其妻子固未之知也理往哭還其金其信義如此後以子艮仕元累贈至太原郡伯隆慶駱志嘗舊遺聞理一作鯉少孤讀書僧舍貧不自給有盜給其食鯉不知其爲盜也遂與善久之盜被收累入獄將論死會提刑御史夢有饋鯉者旁一人屬曰此鯉勿可殺翼日案囚見鯉名遂雪其冤

吳作禮字起之開禧間有寇掠鄉勢甚張作禮與兄弟議防禦積薪備酒饌寇至迎勞犒食之鍵户焚其廬無得脫者事聞拜保義郎萬歷府志

張定紫草陽人張氏譜初爲武學優等從軍建康吳淵文集賴時清流縣有磴寇屢征不服定建言寇本良民撫字失宜因而作亂願往降之遂使定攝清流令入洞降寇五十餘人轉潛江縣令浙江通志端平間史嵩之制置荆湖孟珙率師夾攻蔡州奉命謁八陵定以受給

錢糧從守鄧州時河南始通豪傑義士歲食官廩者僅萬人及兩淮進兵改湖北制置司計議官出江陵措置邊防團結水寨權守峽州將羸卒萬餘對壘生擒囘紇頭目夷梓公奪馬五十四騎俘數千人遂以功換閤門宣贊舍人知泰州累疏論清野利害不報去職復江東總管建康駐劄兼沿江制置司計議官召守融州廣西經略司言左右江有警融據其衝欲調外軍定曰本境自有洞丁疑丁耳目便捷器械銳利若能團糾調用皆精兵也可以應敵外軍懸入不諳水土惡弱不熟谿峒險阻無適於用乃大置酒教場亭上鳴鼓一呼萬甲蟻集經略使聞而大驚遂劾罷定史潛當國起知通州改守德安開慶閒賈似道開都督府定往謁曰德安地小不足以資囘旋勢須假吾一命圖得要領歸報幕下會北兵十萬越閩嶺而東別屯黃陂陽臺定亟言德安城壁單陋合盡徙

居民保漢陽都統制劉炎遽引所部禦之陽臺矢下如雨兵猝不得進似道命移德安治吳王磯頭定曰兵法先發者制人後發者制於人今幕府無先發之兵而德安移治彼進我退異日將無地投足遂單騎詣轉運使趙葵議曰南人貴舟北人貴騎今聞北兵更用舟師鄂漢兵單弱不敵宜亟圖捕魚湖船虛張旗幟部令不測使出沒炫燿江北州渚間則大江徑渡之謀可少戢也不然一旦渡江復以鐵騎蹂我鄂漢必危葵怒曰長江天塹北兵豈易渡哉君郡守知不離德安一步言及鄂漢何脅也定曰德安小郡鄂漢荆閫要害今北兵破沙洋泊陽羅洑掠取漁船斷攺鍬鬻旦暮斧斤不絕整兵練眾意在渡江萬一投鞭徑渡東南閧動吾豈獨受誤國罪哉葵怒愈厲曰漁舟如葉江濤渺然吾轉運使也毋欺我定力爭不已歎曰事勢如此謀議不信噫吾死矣已而北兵渡

滸潢洲葵遂殺定金華吳萊曰予嘗至諸暨過定所居處得墓隧間故碑刪爲傳方史嵩之孟珙之夾攻蔡州蔡下故所失地歸宋子女玉帛悉輦而趨北朝廷持其議曰今幸得一空城是徒有受地之名而又無兵糧以實其地終亦不守史孟報罷北兵遂起於是趙葵許戡等出軍河南北兵迎敵宋軍隨潰遂割唐鄧海泗以請和當是時定守鄧州竟無與成功者已而襄樊破鄂漢有警磨些善闔之兵又擣貴象奪辰沅長沙取滸潢北渡與鄂漢兵合丞相賈似道懼開督進戰遣使乞解而定復爲之用且欲彷彿乎荆軻秦舞陽之遺風非其道矣自是北兵南下由郢之沙洋攻陽羅洑直渡江造鄂南門似道統兵扼蕪湖孫虎臣前鋒對陣夏貴挾戰船二千五百横亘江中似道以後軍殿亂射北船執縛邏騎且挑戰北兵集樹礮擊其中堅雷鼓大振呼曰宋人敗矣似道卽倉

皇失措舳艫皷蕩乍分乍合北兵麾小旗率輕銳橫擊深擣殺溺蔽江圖籍兵符俱遭刦失軍資器仗狼籍不可勝計似道東走揚州孫夏竝降當是時定言悉驗然定死已久矣或曰葵與似道不協故置定死地或曰定使間至北欲翻漢陽城誘覆其衆失期一日故棄城出奔或曰似道至鄂許納歲幣而北兵退復有陰謀懼洩故欲殺定託之葵也嗚呼當滄海橫流之際人材國勢一至於此豈不重可哀哉吳淵穎集參宋史元史畢氏宋元通鑑

朱光字吉甫明經敦行元伯顏下江南遣上官某率兵招撫浙東光與同邑張彰謀防禦邑城元師至光被執口占曰生爲大宋臣死爲大宋鬼一片忠義心明月照秋水碁怒以火熱之三日始絕彰亦不屈死光著有西銘注浙江通志又有朱皎者與光謀禦元光執皎戰歿乾隆府志

何雲字仕龍宣何人亦傾貲倡義築柵北兵至率鄉

人抵禦不支與其子嵩竝死於難浙江通志

案志例凡宋元明　國初人之見於邑人著述者必正史雜史舊志諸子金石碑刻古今名人詩文集或有所質證方爲著錄如蔣貴蔣榆蔣毓英湯聘唐倬姚夔諸人或證諸志傳或證諸碑記或證諸文集或證諸本人詩文始爲立傳若宋之漕運官張六五則舊志祀典皆以爲蕭山人邑人張廉所著孝感里志獨謂張夏行六五父序遷居長山在諸暨城南而非蕭山之長山姑無論張六五之是否卽夏而孝感里志外一無別書可證決未可援以立傳又邑人郭世勳所著諸暨賢達傳儒學類有宋郭性存傳性存爲元至順庚子進士載在題名碑舊志何得繫於宋且性存至至順年間始成進士其子同又安得元初卽膺辟爲本學訓導乎其餘年代錯誤不勝枚舉惟繫胡渭於宋差爲有見蓋孝感里志第據張氏家譜賢達傳則據近村各家譜以立傳於他書竝無所質證故其說未可盡信遠不若馮至所著允都名教錄之有根據也邑士多奉此二書爲圭臬故附辨於此以釋其惑

諸暨縣志卷二十八

人物志

列傳二

元

王艮子仲淮　俞漢

吳雄　方鎰方鈞 方禧方棨

丁祥一　翁思學

吳護子宗元 孫康 曾孫鐩 銓 鉅　楊寶弟宏

楊維楨從兄維檜 維易 從弟 維清 維翰 鄭賀

申屠性子溶 澂 申屠震　胡一中弟一貞 胡善

樓謙弟昇　黃珂黃慎

黃新　虞元善

陳志甯弟嵩之子嘉績　陳大倫從兄洙

王冕子周陳士奎　宋汝章

陳潛　陳策

陳堂　孔明允孔天澤

王艮字止善理子弱冠遊錢塘與蒲城楊仲宏鄜州劉師魯友善挾其所爲文登大老之門最爲牟隆山胡汲仲趙子昂鄧善之所賞顧嗣立元詩選爲人尚氣節讀書務明理以致用不苟事言説累辟爲江浙行省掾史會朝廷復立諸市舶司艮從省官至泉州建言買舊有之船以付舶商則費省而工易集且可絶官吏掊克弊中書省報如艮言凡爲船六艘省官錢五十餘萬緡歷建德縣尹除兩浙都轉運鹽司經歷紹興路總管王克敬以計口授鹽不便嘗言於行省未報而克敬爲轉運使集議欲稍損其額以紓民力阻之

者謂有成籍不可改民毅然曰民實寡而强賦多民之錢今死徙已衆矣顧重改民籍而輕棄民命乎且浙右之郡商賈輻輳未嘗以口計也以其賦散於商旅之所聚實爲良法於是議歲減紹興食鹽五千六百引尋有復排前議者民欲辭職去丞相聞之亟留民而議遂定遷海道漕運都萬戶府經歷紹興之官糧入海運者十萬石城距海十八里歲命有司拘民船以備短送吏胥得緣以虐民及至海次主運者又不即受多致耗缺民曰運戶既有官賦之直何復爲是紛紛也乃責運戶自載糧入運船運船爲風所敗者例覈實除其數移文往返連數歲不絶民取吏牘披閱即除其糧五萬二千八百石鈔二百五十萬緡遷浙江行省檢校有詣中書訴松江富民匿田糧一百七十餘萬石沙蕩鈔五百餘萬緡宜設官追取中書移行省議遣官驗視而松江獨當十九民至松江

條陳曲折以破其誣且言是不過欲竦朝廷之聽而報宿怨冀創立衙門爲徼名爵計耳萬一民心動搖患生不測豈國家培養根本之策哉艮議上事遂寢除江西行省左右司員外郎安福有小吏誣民欺隱詭寄田租九千餘石前後株連至千家數遣官按問無實有司復勒民報合徵糧六百餘石憲司援詔條革去終莫能止艮到官首言是州之糧比元額已增一千百餘石豈復有欺隱詭寄者乎憲司議可行也行省用艮言悉蠲之在任歲餘以淮東道宣慰副使致仕元史本傳卒年七十一家食者五年題所居曰止止齋自號鵾游子元詩選著有王員外集二卷子仲揚以蔭官如皋縣主簿允都教錄名仲淮字季楚眉目整秀每言輒引史傳艮以檢校浙江行中書政成謁選京師時仲淮年二十餘請從行既至有多仲淮才者薦其名遼東行中書省授大甯路儒學正未幾卒浦江宋

濂爲作哀辭曰冥冥元化孰尸其權胡子其才而不予其年（宋濳溪集）

俞漢字仲雲精史學著史評八十卷春秋傳三十卷象川集十卷進呈詔付禮部頒行辟儒學教授不就（浙江通志）家頗饒歲饑貸粟五千石歿鄉士私謚曰文惠（萬歷府志）

吳雄字一飛開化鄉人性易直從金華胡長孺遊以古人自期（萬歷府志）爲朱子五傳弟子（宋元學案）辟本州儒學正不就時人稱爲碧崖先生臨歿惟以不欺天爲屬無一語及家事著有地理書卜筮考行世（諸暨賢達傳）

方鎰字子兼方氏自唐元英處士干由新安隱鑑湖後遂徙諸暨華山父曰堯卿宋季遊太學以文名鎰與兄鐵甚相友非對案弗食閒以論辯貽兄怒輒屏氣長跪伺霽方起大德閒歲大祲且疫飢民操梃起爲盜鎰盡斥故藏易粟椎牛釃酒享壯者使巡耄弱

之廬口賦以食病者親注藥環數十里無譁賊捕掾倚爲聲援嘗腴田十二頃貯其歲入爲義莊以贍族復設義塾中祀先聖及漢宋諸大儒旁挾六齋後廳正誼堂（宋潛溪集）聘吳萊項炯黃叔英主講席宋濂鄭深方孝孺諸名流前後來學（於越新編）侍御史馮翼欲上其事鎰曰此無甚高事不欲假是以邀名卒以布衣終其歿也項炯爲之行狀而宋濂誌其墓及葬執紼者數千人（宋潛溪集）方鈞字子清鎰昆弟行也質敏而好學從陳伯夫遊貫澈經史隱居不仕（樓志注）與吳萊論學最契萊有同方子清觀管子內業詩曰之人東鄰居爲發架上篋吁嗟管夷吾遺我以內業古書本少見古道終不跲遺文久不見瑣語特枝葉爲儒每更端務學多泄獵遠馳盍求心近眩將失隨紛綸諸子閒變亂聖王法百家各爲主一理甯足攝彼哉所施教何得不我協士鄉自宜然霸政吾甚捷當其解而囚

豈爲射中脇利源魚鹽開兵武劒戟接私疑明莊言或混孔孟牒鬼神通幽奧詩禮借光瞧操存情性常食飲精氣浹於焉聚天人不獨騰齒頰楊朱說力命列子亦已雜管氏設權謀聖門詎容躐茫茫大江流可望不可楫朝來有微雲卻倚青岌嶪鈞與萊言餘杭史生之爲人史卒萊爲之撰哀辭吳淵穎集雖他人猶因鈞言以取信則鈞之爲人更可知矣樓志注

方宗字德載號東湖亦華山人慕榮啟期林類之爲人曠達自高不以世慮攖其心年過九十構生壙請客作輓歌宋潛溪濂爲之賦招魂辭曰至正元年春東湖先生年過九十貌加癯而神益腴一旦合賢士大夫於庭先生被古衣冠出肅賓升堂已復揖賓咸東嚮坐顧外孫楊恆執豆籩乃從容舉觶而言曰老夫耄矣其去人間世不遠矣私自念陰陽之運相摩相盪而人實藉是以成形有生者必有死暫聚者必終散上

自頭顱齒髮下自肩背腰膂不知何者爲可藉何者爲可恆乃欲長生坐閲世而不死乎每讀書見所謂豪傑之士或提三尺劒擁百萬之兵喑嗚叱咤而江海爲之駭湧或掉三寸舌高軒結駟遊騁於諸侯之間亦足以懾强而下敵若而人其才略雄矣其精魄勁矣吾將求而與之遊則已盪爲飄風而無致詰矣嗚呼世之人欲以有涯之身與無涯敵者皆可悲也是以榮啟期林類之徒有見於此或被索彈琴或行畦拾穗雖至老死不以戚戚少攖其心予竊慕之聞古有虞殯之章羣歌以輓櫬於塗與其施於死後之鬼孰若使予親見之若不予棄請賦詩以輓予予當乘安車而出使善音者道予而歌予且擊輪爲節以應之是未必遽滅於秦淮海也若從予言願舉此觴爲諸君壽衆曰諾先生既行觶已復舉觶言曰諸君輓我矣予又聞古之人有遭讒放逐者或閔其魂魄

離散而不復還作辭以招之其人初未嘗死也予雖無放逐之憂而其精神皆已斁竭筋骨皆已罷憊顧未死耳幸未死有能辭以招我庶幾翩然自適與夫既死而有靈亦御雲而一下聽之則又未必不驩然而笑也此非屬我景濂而誰爲願舉此觶爲吾景濂壽濂又曰諾於是諸君執觶以酬先生且各撰歌詩以進濂因製爲招魂辭曰魂兮既來無遠征些上下八極皆朦冥些華山如雲倚空青些下有芝房炳明靈些白閒倚疏紫檀扃些銅龍承樞吐亦英些繡帷高褰燿輜軿些緑虵衞轂若流星些醲蒸熊膰溢鼎硎些狼臅凝膏如玉晶些九霞元冠五綵綖些鱗衫霓裘光熒熒些珩璜合節鏘瓏玲些離灑纍和一齊鳴些沂蹈飄颻發繁聲些趙舞激風旨霓旌些秦歌嫚迴近縣瓔些室中百具無一不精些中天化居能及此清甯些魂兮歸來不越故庭些宋濳溪集

方禧字大

年鎰從曾孫也從浦江吳萊遊讀書不屑爲章句慷慨有大志善謀議負膽略時東南稱兵連數歲不解禧每偃臥一室計其勝負成敗百不失一二然所守以正不欲爲苟出聘幣繼於門不顧也遇親黨以恩接賓客以禮士大夫之賢者雖失勢待之不少疏一時人士多歸之元末兵起禧憂鬱不得志出遊金華以病歿於旅邸浦江戴良銘其墓九靈山房集

丁祥一楓橋人母雙目失明祥一每朝盥漱訖即舐母之目積有年矣俄而母左目明未久右目復明至治中憲司上其事於朝詔表其閭曰孝子之門輟耕錄據元史劉通傳補名同里楊維楨爲之賦丁孝子行曰孝子蘭刻木肖母顏木有神痛相關況我孝子有母上堂問安否母胡爲乎雙目瞽母瞽捫壁行行聽孝子聲孝子泣母舐母目何時仰天見日星朝舐瞽暮舐瞽一日二日百里程母瞽豁然

而月明鄰里來賀母如長夜再生孝子名達上京楊鐵厓詩集

翁思學字景顏居蕙渚故自號蕙渚居士嘗路拾遺金坐待其人之至詢知鬻女得金持歸償逋悉還之家居遇盜告曰比年歲歉少蓄老母病幸無驚除應用外悉任取盜慚跪拜去嘗語人曰凡家不論貧富但四聲不可少四聲者謂讀書聲築圍聲機杼聲嬰兒聲也章志

吳護字邦輔流子里人耿介尚氣節不爲非義屈宋季權貴用事妄受民閒土田吳姓有并其族籍以獻者護曰無田是無族也即上書丞相府直其事議下所隸卒復其舊一族歡曰無邦輔吾族餒矣大德四年庚子歲祲道殣相望護發粟以振已罄矣既而州下郵荒之令黠吏黃敢趣護入粟無以應將以文致陷護罪有張氏子者倡言於衆曰吳生罄廩食我輩無吳生塡溝壑久矣今且

得罪何惜一死不白吳生哉遽自刭知州聞之事得解嘗遣奴持五千緡輸官奴逸去或勸追之曰既去追奚爲奴聞護言盡返其緡叩頭謝遇之如初事母孝母殁迎養其舅子宗元字長卿號芍西性至孝母斯氏疾夢白衣人謂曰汝壽止於此以子孝延一紀浙東宣慰辟爲奏差拂衣歸聞浦江鄭義門十世同居往謁得其家範數千言力遵行之宋潛溪集輯爲吳氏宗教一篇錢大昕補元史藝文志州判黃溍重其誼聘爲鄉老屢至其家諏咨利弊賦詩酬贈而宗元未嘗干以私據黃文獻集纂子庸見方技傳康字用中幼嗜學敦尚孝弟與庸異母甚友愛謹守家教著義聞時稱爲孝義居士金華墓誌宗元晚年及見元孫之生衣冠畢集康時年老髮盡白偕婦孝義夫人劉氏率子姪孫曾諸婦少長次第上壽宗元抱元孫堂上坐銜杯盡歡望之者謂爲神仙中人宋潛溪集因繪高元聚慶圖張昱爲之賦

詩曰高門喬木三千尺乃是而翁手自栽白玉滿田雲作蓋青藜倚座背如鮐麒麟已兆元孫夢鸜鵒頻斟獻壽杯五世衣冠傳百世會看孝義出賢才可閒老人集錢宰復爲作跋宗元性好義元季兵亂名流如宋濂輩避地流子者多依之濂既爲其撰吳氏宗教序又銘其墓庸子鐩字仲陽即世所稱盤谷子也父官雲南大理路儒學教授教子最篤意因結納四方賢士資見聞以故盤谷子氣識高年未二十便習儒家者言嘗從容言於仲父康曰世之人骨肉相夷良由趨利之日深而昧於道義今幸有所承願盡出私財示後子孫永永無分異仲父素愛之至是大喜曰吾得之猶子矣盤谷子乃奉其祖筠西君往金華主浦陽鄭貞和家獲義門家範歸仿行之迄五世聚指數百無析爨元末天下大亂邑當兩敵衝戰無虛日監軍者特遴盤谷子任以本州廣儲倉使冒鋒鏑竭力

事出納尤苦於自守無毫髮遺累一時健將驕卒重刑之官皆喜見盤谷子鄉里賴其全活友愛諸弟諸從弟亦甚敬盤谷子年幾六十仲母孝義夫人猶存每晨興拜堂下兄弟聯席坐子若姪與孫悉拱立侍聽丁甯告誡皆鄭氏家範中語或遇賓客開竹徑則有林壑清暉之館入其園則有石洞海棠之宴歡歌飲酒浹日留連不厭也張辰盤谷子傳

康長子銓字仲衡元末徵辟交至俱不就與妻陳環娘偕隱白鳳山中補纂銓頰有長髯類虎人稱爲虎髯生浦江宋濂爲作虎髯生詩其序曰生自幼有大志讀書不爲章句大義通而已作詩出奇語驚人至壯氣愈高岸忽無所憚不事事與世多不合嘗慕古豪傑爲人遇邑中大傜役隂以兵法部勒見高山大澤便指畫爲捍禦之規鄉里小兒衆相揶揄之先達士則曰此固狂生可進有爲者也然以禮自守爲順子爲悌弟悉無慚志尤喜

近師友道在是不復計其年之崇卑便折節相尊事以故士類稍歸之時中原兵起東郡李侯辟爲行軍司馬使者凡再返生送使者曰爲予謝李將軍方天下多故幕府得十倍才功猶半之我素疏加以暗劣即偕去無益萬分毫幸勿復來明當入深山矣無幾有言生於行丞相府丞相屬以行樞密院架閣之職且召與語生度丞相不能用其言乃不受更製竹衣冠服大布衣窣窣行松風中遇酒輒飲飲少亦醉醉便擊節自歌人莫識其所存何如也詩曰虎鬚生鐵鑄形金鑄聲雙目閃爍如怒鷹東飛欲盡三韓地西飛欲絶康居城刺刺論世事滿口吐甲兵于焉栫長圖于焉建交營地錯犬牙霜月苦天控虎口黯雲冥若笑我言狂我醉勿復醒十萬生靈定齏粉夜半鬼燐燒空青南方大諸侯聞之心膽驚便遣使者持弓旌招之至庵下洩此氣崢嶸生出謝使者人言慎勿

　

聽逃入積翠巢崚嶒身衣鹿皮明首冠竹籜窣窣撐起向松風行虎髯冉生狂如李麤似彭何不執此紅麾丈二槍搴旗斬將聲硡硡宋文憲續文粹　樓卜瀍曰虎髯冉生續文粹作吳銓潛溪集又作吳鉞據同邑胡混題高元聚慶圖詩云阿銓鐵髯冉氣最充則爲吳銓無疑

次子鉞自有傳幼子鉅字仲夫幼嘗及侍大父宗元時天下新去亂徵役煩劇吏卒臨門戒家人弗使大父知閭或他出入遺以一味之甘必遺饋以進宗元遘奇疾陽道歰醫者云病在陰氣絕藥不及法當得人口舌噏而取之鉅遽如醫言得汙血一勺衆因併口稱孝孫孝孫云張辰曰余嘗讀南史至庾黔婁嘗父糞驗其甘苦而欲知父病之差劇竊歎其孝之至極求之傳記絕無其比今孝孫事與之略同然黔婁子也孝孫孫也子孫於祖父親親之殺有等差若孝孫者今古一人也張辰吳孝孫傳

楊賓字國華全塘人明經通武略補州弟子員舉進士不第遂棄

去聚室桐岡博綜羣籍攻苦食淡不醲面者十餘年盡通天文地理風角鳥占奇門遁甲之術延祐間以人材徵知吉州軍事適寇犯境勢張甚賞募驍勇數百人躬爲先鋒奮擊平之以功擢淮南東路檢法尋陞都進奏院檢試南宫號稱得人遷大理寺丞（據兩浙名賢錄萬歷府志纂）

弟宏字國器自號澹圃老民子維楨從師授春秋說講析踰百十家宏期以重器至弱冠不爲授室俾遊學甬東鬻廐馬以益裝錢維楨節縮不妄費購黃氏日鈔諸書以歸宏喜曰此顧不多於良馬耶泰定丁丑維楨用春秋擢進士第署天台尹天台多黠吏憑氣勢執官中短長號爲八鵰維楨廉其奸中以法（宋濂楊維楨墓誌銘）宏寄以官箴曰百鳥望鳳而愛望鷙而服吾願汝爲鳳不爲鷙也維楨改官錢清場鹽司令時鹽賦病民宏又書范仲淹語誨之曰作官公罪不可無私罪不可有由是維楨齗齗以鹽逋課愬

省府不從至欲投印去訖獲減引額三千事親以篤孝聞弟賀繼外氏母愛念不已宏分業以返賀兒實任會稽三界巡檢俸弗周時營生以資之與人言如不出口而笑聲聞一里援筆敏捷累簡頃刻盡而未嘗一字作草狀姁姁仁謹人稱長者論治獄出人則極口非之君子以爲春秋之法而意未嘗不仁楊維楨山陰公實錄以維楨貴封承務郎山陰縣尹補纂

楊維楨字廉夫母李夢月中金錢墜懷而生少時日記書數千言父宏築萬卷樓鐵厓山中繞樓植梅百株聚書數萬卷明史本傳去梯轆轤傳食積五年貫串經史百氏雖老師弗及因號鐵厓登泰定丁卯進士第授天台縣尹貝瓊傳天台多黠吏持官短長號爲八鵰維楨悉中以法其黨蟠結不可解卒用是免官改錢清鹽場司令宋濂墓誌以爭減引額忤上十年不調明史本傳遂偕道士張雨縱遊西湖

至正初修遼金宋三史成正統迄無定論維楨著正統辨略曰正統之義立於聖人之經以扶萬世之綱常春秋是也春秋萬代史之宗也首書王正於魯史之元年者大一統也五霸之權非不強於王也而春秋必黜之不使奸此統也吳楚之號非不竊於王也而春秋必外之不使僭此統也先正論統於漢之後者不以劉蜀之祚促與其地之偏而奪其統之正者春秋義也彼志三國降昭烈儕吳魏使漢嗣之正下與漢賊並稱此春秋之罪人也至朱氏綱目始大正之又以秦始皇之二十六年而始繼周統漢始於高帝之五年而不始於降秦晉始於平吳而不始於泰和唐始於羣盜既夷之後而不始於武德之元皆所以法春秋之大一統也然則今日之脩遼金宋三史宜莫嚴於正統與大一統之辨矣契丹之號立於梁貞明之初大遼之號改於晉天福之日自阿保機訖於

天祚凡九主歷二百十有五年夫遼唐之邊夷也承唐之衰草竊而起石晉氏通之且割幽燕以賂之遂得窺覦中夏石晉氏不得不亡矣而議者以遼承晉統吾不知其何統也金之有國始於完顏氏實又臣屬於契丹者也至阿骨打苟逃性命於道宗之世遂敢萌人臣之將而篡有其國僭稱國號於宋重和之元相傳九主凡歷一百一十七年而議者又以金之平遼克宋帝有中原而謂接遼宋之統吾又不知其何統也天之歷數自有歸代之正閏不可紊千載歷數之統不必以承先朝續亡主爲正則宋興不必膺周之禪接漢接唐之閏爲統也宋不必膺周禪接漢唐以爲統則遂謂歐陽子不定五代爲南史爲宋膺周禪之張本皆非矣朱氏綱目於五代之年皆細注於歲之下其遺意固有待於宋矣有待於宋則直以宋接唐統之正矣而又何計其受周禪與否乎中遭

陽九之厄而天猶不泯其社稷瓜瓞之系在江之南子孫享國又凡百有五十又五年金泰和之議以靖康爲游魂餘魄比之昭烈在蜀則泰和之議固知宋有餘統在江之左矣而金欲承其未絶爲得統可乎議者欲斥紹興爲僞宋吁吾不忍道也夫後宋之與前宋卽東漢西漢之比耳又非劉蜀牛晉族屬疏遠牛馬疑迷者之可同日而語此宜不得以南渡爲南史也然則論我元之大一統者當在平宋而不在平遼與金之日又可推矣夫何今之君子昧於春秋大一統之旨而繇於我元開國之年遂欲接遼以爲統不以天數之正華統之大屬之我元承乎有宋如宋之承唐如唐之承隋承晉承漢也而妄欲以荒夷非統之統屬之我元可乎昔周之文王在諸侯位凡五十年至三分天下有其二遂誕受天命以撫方夏然猶九年而大統未集必至武王十有三年伐紂有天

下商命始革而大統始集焉蓋革命之事間不容髮一日之命未絶則一日之統未集當日之命絶則當日之統集也宋命一日而未革則我元之大統亦一日而未集也周不急於文王五十年至武王十三年而集天下之大一統則我又豈急於太祖開國之五十年又及世祖十有七年而集天下之大一統哉總裁官歐陽原功見之曰百年公論定於此矣鐵厓文集欲薦不果遊吳興至姑蘇華亭大姓呂翁延於家誨子弟八年除杭州四務提舉貝瓊傳四務爲江南劇曹素號難治維楨日夜爬梳不暇騎驢謁大府塵土滿衣襟間人多憐之自若也宋濂墓志同年楊子宣爲江浙行省參知政事惜其才欲薦之未果卒貝瓊傳轉建德總管府推官陞江西儒學提舉宋濂墓志道梗不行朱彝尊傳避地富春山復依元帥劉九九於建德劉敗挈家徙錢唐艱難困踣嘯歌自若貝瓊傳張士誠據姑蘇聞其名

招之時元主以上尊賜士誠維楨與焉卽席賦詩曰江南處處烽煙起海上年年御酒來如此烽煙如此酒老夫懷抱幾時開士誠得詩甚慚戴冠濯纓亭筆記遣其弟士信造訪維楨具書復士誠其略曰閣下乘亂起兵首倡大順以獎王室淮吳之人萬口一詞以閣下之所爲有今日不可及者四兵不嗜殺一也聞善言則拜二也儉以自奉三也厚給吏祿而奸貪必誅四也此東南豪傑望閣下之可與有爲也閣下孜孜求治上下決不使相徇也直言決不使遺棄也毁譽決不使亂眞也惟賢人失職四民失業者尚不少也吾惟閣下有可畏者又不止是動民力以搖邦本用吏術以括田租銓放私人不承制出納國廩不上輸受降人不疑任忠臣而復貳也六者之中有其一二可以喪邦閣下不可以不省也況爲閣下之將帥者有生之心無死之志矣爲閣下之守令者有奉上之道

無恤下之政矣爲閣下之親族姻黨者無祿養之法有奸位之權矣某人有假佞以爲忠者某人有託詐以爲直者某人有飾貪虐以爲賢良者閣下信佞爲忠則臣有靳尙者用矣信詐爲直則臣有趙高者用矣信貪虐爲賢良則蹠蹻者進廉夷者退矣又有某繡使而拜虜乞生某郡太守望敵而先遁閣下禮之爲好人養之爲大老則死節之人少賣國之人衆矣是非一謬黑白俱紊天下何自治乎僕旣老且病爵祿不干於閣下惟此東南豪傑切望於閣下幸舉而行之毋蹈羣小誤人之域則小霸可以爲錢鏐大霸可以爲晉重耳齊小白也否則使麋鹿復上蘇臺始憶東維子之言嗚呼晚矣士誠得書不能用明史本傳時元境日蹙朝廷方倚丞相達識帖木兒爲保障而納賄不已上書諷之由是不合久之徙松江其居有草元閣藉景軒拄頰樓又有小蓬萊名以紹興之閣示

不忘鄉里也後止臺上不復下榜其門曰客至不下樓恕老嬾見客不答禮恕老病客問事不對恕老默發言無所避恕老迂飲酒不輟樂恕老狂貝瓊傳海內薦紳大夫與東南才俊之士造門納屨無虛日酒酣以往筆墨橫飛或戴華陽巾披羽衣坐船屋上吹鐵笛作梅花弄或呼侍兒歌白雪之辭自倚鳳琶和之賓客皆蹁躚起舞以爲神仙中人明史本傳嘗冠鐵葉冠攜鐵笛遂號鐵笛老人或呼老鐵亦曰抱遺老人又曰東維子朱彝尊傳洪武二年太祖召諸儒纂禮樂書以維楨前朝文學遣翰林詹同奉詔詣門維楨謝曰豈有老婦就木而再嫁者耶明年復遣有司敦促抵京賦老客婦謠一章進御曰皇帝竭吾之能不强吾所不能則可否則有蹈海死耳明史本傳或勸上殺之上曰老蠻子正欲吾成其名耳隆慶駱志賜安車詣闕留百有一十日所纂敘例略定卽乞骸骨仍給安車還山史

館胄監之士祖帳西門外宋濂贈以詩曰不受君王五色詔白衣宣至白衣還蓋高之也（明史本傳）維楨不高峻極之行接引人物稱之恆逾其實士以此附之而於負者未嘗較曲直他日遇之如初有貴遊子流落淞上數踵其門竟持倪雲林畫去左右欲辱之曰我哀其困使往見一達官持爲介耳非盜也一日遊盤龍塘夜至晉門寺宿盜伺其亡盡竊所畜物黎明家人往白之賦詩不輟曰老鐵在是區區長物又奚恤（貝瓊傳）維楨詩名擅一時（明史本傳）多具几自喜性不嗜飲頗溺於音樂行輒以歌妓自隨（朱彝尊傳）嘗主謝伯理家蓄四妾草枝柳枝桃枝杏花皆善音樂乘畫舫恣其所之豪門巨室競相延致（七修類稿）過玉立亭酌羅浮春令小朵雲捧硯賦詩崑山郭文康輩和之（允都名教錄）裙屐風流照映江左與永嘉李孝光錢唐張雨錫山倪瓚崑山顧瑛爲詩文友每當風日晴暉雪月清霽輒

命舟載酒挈妓呼侶訪瑛於玉山草堂（草堂雅集注）瑛爲築亭曰鐵厓亭設榻曰鐵厓榻以尊異之爲瑛定草堂雅集凡五十餘家詩七百餘首分十三卷（鐵厓草堂雅集序）又爲瑛品題所藏法書名畫（草堂雅集注）又與碧桃叟釋臻知歸叟釋現清容叟釋信爲方外交（明史本傳）居蘇城之錦繡坊南北弟子受業者以百數至正文體爲之一變（草堂雅集）當時號爲鐵厓體（明史本傳）嘗曰吾門能詩者逾百人求若山陰張憲吳下袁華輩不能十人又曰吾求詩於東南永嘉李孝光錢唐張雨天台丁復項炯毘陵吳恭倪瓚可謂有本矣近復得永嘉張天英鄭東姑蘇陳濂郭翼而吳興又得郯韶也（朱彝尊傳）張雨稱維楨古樂府出入少陵二李間有曠世金石聲宋濂稱其論譔如商敦周彝雲雷成文而寒芒橫逸詩震蕩陵厲鬼設神施尤號名家（明史本傳）疾革移拄頰樓中謂左右曰吾欲觀化一巡如何乃起捉筆譔歸

全堂記頃刻而就擲筆曰九華伯潘君招我我當往遂卒年七十六宋濂墓誌維楨徙松江時與華亭陸居仁錢唐錢維善相倡和兩人既歿與維楨同葬松江修竹鄉干山人稱爲三高士墓明史本傳著有春秋定是錄十二卷春秋透天關十二卷春秋胡傳補正左氏君子議若干卷春秋合題著說一卷五經鈐鍵四書一貫錄禮經約統若干卷史鉞二百卷補正三史綱目若干卷史義拾遺二卷富春人物志一卷警世錄一卷除紅譜一卷東維子三十卷鐵厓文集五卷漫稿五卷麗則遺音四卷鐵厓賦二卷東維子附錄一卷鐵厓詩集十卷補遺一卷古樂府十卷詠史樂府十卷復古詩六卷古樂府補六卷西湖竹枝詞一卷玉山草堂雅集詩一卷宋濂又稱其有上皇帝書勸忠辭及平鳴瓊臺洞庭雲開祈上諸集則今佚無可考矣據宋濂墓志顧瑛玉山草堂集陶宗儀説郛四庫全書提要錢大昕補元史藝文志朱彝尊經義考

范氏天一閣黃氏千頃堂百宋一廛室瞿氏鐵琴銅劍樓丁氏善本書室書目纂從兄維檜字達甫官紹興府學教授維易字道菴官浮梁學正幼偕維楨讀書萬卷樓著述甚富從弟維翰見方技傳維清字子深官松陽路教授維幹字子固皆好學工詩維清詩尤饒雅趣與維楨競爽一時維幹官滁州山長初維楨譔西湖竹枝詞一時和者百餘人而同邑僅二人也曰張世昌鄭賀世昌自有傳賀字慶父博覽史籍十七史名臣皆默識其家世爵里及其後人之賢否覆視無一差者著有横溪史鈔及詠史詩自鼎湖訖清風嶺凡二百餘首維楨甚稱之楊維楨西湖竹枝詞序　明張岱三不朽圖贊楊鐵厓維楨字廉夫晚居泖湖嘗曰吾年未五十休官在九峯三泖閒二十餘年風日晴好駕春水蕩漾於湖光島翠人望之呼鐵龍仙伯未知香山老人有此無也太祖召見戴方巾問爲何巾答曰四方平定巾上喜其名命以其式頒天下贊曰三泖湖九峯山七客寮春水船江上風月古佛神仙孅雛婧戲嵺寮　案宋元槧舊鈔本凡鐵厓所著書皆作維楨今刻皆作維禎考鐵厓兄維植弟維柢字皆從木則似以作楨爲是

申屠性字彥德花亭鄉人少爲州吏敏茂積學黄溍判州事見而奇之授以爲學之要性益奮勵至正辛巳與同里高保傳舉副榜榜其坊曰丹桂甲申復與王賀舉副榜改榜曰聯桂歷歙縣貫溪教諭月泉山長著有春秋大義樓志與浦江戴良交最契良贈以詩七章曰蓼蟲知習苦塞雁知避寒人不處睽乖詎知爲別難戎馬滿東北風塵闇河關咫尺尚莫期況乃兩州間送君危途上如何弗長歎長歎且復止請言交好始君住浣水湄我家浦川涘固已接春光終然睽彼此末路邁多辛來爲遊宦子惻惻舊念息款款新歡起一從新歡起幾度造門基解巾日尚早褰袵陽已微寒光曝頹曜炎德躍來颸豈辭夏晷永但恨冬馭馳皎皎論迹心匪君當告誰論迹未云遂且共陶性靈新詩促座賦美酒當壚傾曉我達生語敦我擊壤情顧已反維縶心迹猶未并家貧仰薄禄庶以

代躬耕自君羈薄祿宛轉日月除僂指弭節初三涉歲華暮世道有遷轍天運無淹度爲歡未及終已復遵往路戒塗越嚴風驅車犯寒露寒露溼我裳嚴風吹我衣美人去不返後會甯可知我居方蹇剡君行已逶遲徒堅皓首約豈遂空谷期倉卒心已苦別久應更悲欲忘别後悲獨有惠來篇委曲風波事殷勤嚴壑言蹈海計已乖入蜀願亦愆惟思遵曩訓偃息在故山君其慎所適養晦終百年九靈山房集子溶澂俱世其業以古學自振諸暨賢達傳而澂性尤端謹工古文辭精篆籀隸楷咄咄秦晉元末辟本路教授不就晚節益堅有遺世獨立之概著有孝全撫言續宏簡錄同時龍泉鄉有申屠震者工詩詞婉義正爲人所重隆慶暨志辟稽山書院山長乾隆府志

胡一中字允文泰定丁卯進士博學通經官紹興府錄事著有定正洪範集說二卷四書集箋童子問序三益稿若千卷弟一貞亦

工詩能文著有雪林小稿壎篪小稿（乾隆府志）胡善字師善（縣志作存道今從輟耕錄改）十都人一中高第弟子也（樓志）至正乙未以憲僉趙君舉爲松江儒學經師明年二月苗寇至欲燬孔子廟善坐經席罵寇怒殺之廟得免於災先是善以死自許題詩於壁曰領檄來司教臨危要致身但圖存聖像不愧作儒臣校官貌其像祀於先賢堂（輟耕錄）謹案舊志忠節傳以善爲泰定進士而選舉志無其人且善以薦爲學師亦似非進士附以存疑

樓謙字恭叔楓橋人幼力學九歲通周易四書大義長游學錢唐錢唐故宋都四方文獻鴻生碩儒鱗集其地謙稅居西湖與馮海粟杜伯源王止善相往還閉戶談名理歸里日以宋儒主敬之說誘後進性孝友弟昇負氣不可一世獨敬謙如父（楊維楨墓志銘）昇字仲高爲儒有氣局（諸暨賢達傳）性孝母病醫禱無效夜夢神語以刲股乃可從之果愈（隆慶駱志）

黃珂字仲章順帝至元中從父源以善書試奎章閣典籤歿於灤陽珂觸寒暑走五千里衰服收葬黃愼字仲言與源同族從兄仲忠以門戶事逮愼亦走千里代爲辨誣事得白仲忠病歿愼封餘貲扶其櫬歸悉以還其子隆慶駱志

黃新字崇九汝楫六世孫仁壽莊久廢新購復以賙族人居當婺越衝爲飲食以待行人之困乏者年七十餘盡出所質劵約三萬餘緡焚之曰吾非敢以市義也吾生無德於鄉人無庸留此以益身後過樓志先是有善相者曰君相應侯惜時不可爲然富可以擬不二十年置田三十六萬高閎接軫行人入里門即由宇下無沾濡者因稱其里曰廊下樓志注

虞元善字長卿虞村人醇厚簡重人稱長者鄰里侵其地構佛舍元善遣家僮助役其人慚徙他所鄉有因負逋爲人妄訐者就元

善求援元善爲償所逋而勸止之部使者重其行諭辟之不起隆慶駱志

陳志甯店口人與弟嵩之性至孝遇母壽辰焚債劵六萬緡舊志又割田一千畝山五千餘畝造屋三百餘楹爲義莊義塾聚族黨之貧者養之未知學者教之事聞旌爲義門兩浙名賢錄子嘉謨自有傳嘉績字緯思官蘭溪州學正詩學陶靖節受知虞文靖文有師法妻父王艮以宦顯嘉績不干仕進隆慶駱志明初有司舉賢良兄嘉謨從姪韶皆應辟入史局嘉績獨不就賦貧家女以見志曰我有一縑素出自寒女織當窗理絲繭滅去粗纇迹不棄毫忽微漸至尋丈尺瑩潔如秋霜清光凜相射一心抱貞潔不染紅與碧欲以贈遠人笑我無顏色卷藏篋笥中撫琴三歎息遇合固有常素性不可易自元亡後觸景賦懷時有故國禾黍之思隱居尚元山築槐

柳堂讀書養志蕭然終身所著有倘元集補纂

陳大倫字彥理幼岐嶷學易於從兄洙既而更春秋試藝不中繩尺棄去攻古文辭從浦陽吳萊講學下及秦漢以來諸文章大家學益進居鄉多義御史臺中丞吳鐸監察御史王偲欲薦爲州學文學掾力辭且策西師旦夕必大至不暇安居避居東陽明興高郵欒鳳來爲知州與參軍李希白迎還大倫以師禮事之州變鳳與希白被害大倫乃避入流子里當兩山夾澗作晚香亭與賓客暢飲爲樂酒酣提筆詠詩脫帽高歌擊几案爲節或氣候和諸戴華陽巾服寬博布衣支筇行古石細路間遇泉石佳處游目思視意若與之相忘嘗語人曰吾生平無他嗜惟攻文成癖矻矻垂四十年昔之人如此者何限今安在哉識者服其曠達生平博覽羣籍尤善寫竹樹著有春秋手鏡南雅集初大倫父德興以從子洙

嗜學貧之使受經名師食或告絕躬事杵臼市米以遺之卒成鉅儒以薦舉爲州學教授大倫之詩文雖瓣香淵穎先生實導源於洙云宋潛溪集

王冕字元章一字元肅續高士傳號竹齋生於長甯鄉郝山下補纂幼貧父命牧牛放壠上潛入學聽村童誦書亡其牛父怒撻之朱彝尊傳已而復然母曰兒癡如此曷不聽其所爲冕因去依僧寺夜坐佛膝映長明鐙讀書會稽韓性見而異之錄爲弟子遂稱通儒性卒門人事冕如事性明史文苑傳冕通春秋嘗一試進士舉不第焚所爲文讀古兵法恆著高檐帽衣綠蓑衣躡長齒屐擊木劍騎牛行市中人疾其狂朱彝尊傳同里王艮特重之登堂拜其母王後爲浙江行省檢校冕往謁衣履不完足指踐地艮遺之草履一兩諷使就吏冕笑而不言置履去張辰傳時冕父已卒歸迎母至越城就養著作郎

李孝光欲薦爲府吏冕罵曰吾有田可耕有書可讀肯抱牘庭下備奴使哉居小樓客至僮入報命之登乃登部使者行郡坐馬上求見拒之去百武即倚樓長嘯壁度釜執爨養母教授弟子朱彝尊傳婺人戚祖象字世傳師事冕安於義命亦杜門不出紹興府志名宦傳高郵申屠駉任紹興推官過錢塘問交於王艮艮曰里有王元章者其志行不俗君欲與語非就見不可駉至即遣吏自通冕曰吾不識申屠君謝不見駉乃造其廬執禮甚恭冕始見之朱彝尊傳退白府尹具幣請冕爲之强起入贊舍教授歲餘會他僚佐失禮貽駉書辭去張辰傳母思還故鄉冕買白牛駕母車自被古冠服隨車後鄉里小兒遮道訕笑冕亦笑居歲餘買舟下東吳渡大江入淮楚歷覽名山大川或遇奇人俠客談古豪傑事即呼酒共飲慷慨悲吟遂北至燕館祕書卿泰不華家薦以館職冕曰公愚人哉不十年

此中狐兔遊矣何仕爲宋濂傳翰林學士危素冕不識也居鐘樓街一日素騎過冕冕揖之坐不問名姓忽曰公非住鐘樓街者耶曰然冕便不與語素出或問客爲誰笑曰此必危太僕也吾嘗誦其文有詭氣今觀其人固然冕善詩通篆籀朱彝尊傳始用花乳石刻私印青田稷下里羊求休所產盡入磨礱朱彝尊衍齋印譜冕尤長畫梅以臙脂作沒骨體燕京貴人爭求畫朱彝尊傳且欲薦之乃畫梅一幅張壁間題曰冰花箇箇圓如玉羌笛吹他不下來張辰傳又擬應制詩曰獵獵北風吹倒人乾坤無處不生塵胡兒凍死長城下始信江南別有春郎瑛七修類稿見者皆齚舌不敢與語至正八年戊子南歸張辰傳會其友武林盧生死灤陽惟兩幼女一童留燕倀無所依冕知之走灤陽匱生骸挈二女歸其家既歸謂友張辰曰黃河北流天下且大亂乃攜妻孥隱九里山種豆三畝粟倍之梅千樹桃杏居

其半芋一區䪥韭各百本引水爲池種魚千餘頭結草廬三椽自題爲梅花屋嘗倣周禮著書一卷坐臥自隨祕不令人見更深人寂輒挑鐙朗誦既而撫卷曰吾未卽死持此以遇明主伊呂事業不難致也當風日佳時操觚賦詩千百言不休人至不爲賓主禮清談竟日不倦畫梅不減楊補之求者肩背相望以繒幅長短爲得米之差（宋濂傳）自號煮石山農名其居曰竹齋題舟曰浮萍軒（元詩選注）方病晝臥適明師至大呼曰我王元章也重其名輿至天章寺大帥胡大海延冕上坐拜請策冕曰今四海鼎沸爾不能安生民而恣行虜掠亡無日矣果能爲義誰敢不服如爲不義誰則非敵我越秉義之國不可以犯吾甯教汝與我父兄子弟相賊殺乎不聽速殺我我不更與若言也大海再拜願受教冕終不言明日疾遂不起（樵書言明兵攻城舁至軍前直言而死）數日卒大海具禮殮葬於山陰蘭亭

之側題曰王先生之墓張辰傳徐勉之保越錄至正十九年二月已巳明兵攻越州王冕居九里山民避入城冕獨安居被執欲殺之自言明韜略明將謝僉同等資之行借至婺州見明主獻所自定官制陳說收元方略明主說命赴軍前晝策取紹興遂治攻城之具定決取之策自繞門山潛踰河至堰結寨石佛寺以絕我昌安門糧道畫圖以示諸將辛未明師用冕計云云山陰傳以禮跋其書曰勉之所紀軍前督眾治具決水均非實錄宋濂張辰朱彝尊三傳皆無之意者冕爲明師與去越八遂疑其甘心從敵因致其辭未可知也朱彝尊傳後論曰元季多逸民冕其一也宋文獻傳出世皆以參軍目之冕亦何嘗一日參軍事哉因爲傳上之史館冀編纂者擇焉其意蓋欲正宋傳之誤乃明史文苑傳仍以宋傳爲藍本何耶士生滄海闇不幸有重名愛憎之口傳聞異辭如王元章何限要在秉筆者愛護矜惜之而已案傳之跋是也而意有所未盡張辰與冕同邑同時且友人也較宋朱見聞爲確自當以張傳爲憑冕爲明師與去自九里至山陰天章寺數日郎歿不但未嘗一日參軍事并未嘗一見明祖更何暇爲其畫策取紹興冕所居爲諸暨之九里非山陰之九里明師郎駐山下至今所駐師處猶名營盤辨見山水志其地踰山郎山陰去蘭亭甚近當時爲明師與去自九里至天章寺數日郎卒並未至越城外更何暇遠至婺州竹垞知宋傳之誤作傳以上史館當時必有執宋傳以尼之者竹垞爭之不得故存其所著傳於集中以見異惟冕死之日距洪武改元時已兩載冕不仕明明史何必爲冕立傳此則竹垞所未計及者若萬歷府志則因宋傳而誤也冕家世系出關西王景略至冕

十世祖德元仕宋歷官清遠軍節度使卒謚威定威定子琪官閩州觀察使琳官統制始遷諸暨葬長甯鄉小溪山冕子周字師文號山樵幼穎悟讀書過目成誦詩沖澹有遠致畫梅得家法至正丙午東南騷動侍父移家九里山相與種蒔梅竹灌園自給隱居終身王冕示師文詩爾父既清苦爾身何可言且宜修道德不必問田園花落江城晚煙横野渡昏此時光景異只合住山村

陳士奎字起章文名與冕埒嘗偕冕造上虞魏壽延筠深軒與永嘉李孝光天台朱右諸名士相酬唱編其詩爲敦交集毛西河集張岱三不朽圖贊王元章冕隱居九里山種梅千樹名其廬曰梅花書屋明太祖聘至軍前一夕亡去不知所之贊曰元章隱居九里山麓種梅千株寒香入骨梅子熟時挂錢盈屋日食數叉木奴果腹每遇雪天世界白玉我去欲仙乘鸞駕鹿及見高皇如對樵牧一旦云亡蜕遺松菊謹案贊謂太祖聘至軍前亦因宋潛溪傳而誤也

宋汝章失其字自號句無山樵爲學不事章句通知戰國時事善機變有膽略喜論兵當兩浙兵起每退偃一室以計勝負十不失

一卒故棄山林以隱逸終浦江戴良曰曩者承平日久天下無事士之居其位者率以守故襲常爲職業而智謀雄偉非常之人無所用其材往往退處山林老死而不出十數年來海內大亂豪傑竝起自武夫賤藝咸被收采以用其所長則向之退處不出者宜可翻然而起矣若汝章者可謂智謀雄偉非常之奇士也顧猶隱居句無山中方以樵自給而不輕於一出何哉余嘗考近代賢才而怪士之爲學多不適於世用談經術者徒知章句之當守而不知事情之或迂工文辭者又方務以言語聲偶摘裂相誇尙每棄本而逐末求其可用於當時不數數覯也世之人不賢者恆多而賢者恆少幸而賢矣又或不足以用世何才難之若是歟苟一有其人焉幸而及出於有爲之時可不爲之貴重之歟汝章以不輕出之才卒至於棄山林爲句無一老樵此其所以噓吁流涕而爲

當世悲也雖然古有朱買臣者亦嘗退隱會稽山中賣薪以自給後竟歷居顯宦時人謂之衣錦晝行汝章其鄉人也年方壯有志慨慷他日必不得已而出又安知其終不爲世用哉汝章出遊甫旬日即歸句無將從句無求夫槩諸山而登之以窺吳越之故壤凡目之所寓皆我師用武處覽其形勝當必有感於中矣九靈山房集

陳潛性嗜學不慕榮利從遊者衆兢兢以立志貴堅窮理貴實相戒乾隆府志著有詩經論辨朱子傳疑萬歷府志

陳策字漢臣楓橋人壽五世孫始事安陽韓性陳祖範傳後學於許白雲允都名教錄爲入室弟子陳璣阡表友同邑胡一中刻意講學紹興路總管泰不華薦爲稽山書院山長不久辭歸元末僞漢據州其將吳華屯干溪陳祖範傳脅策受僞官不屈遇害陳璣阡表

陳堂字宅之父燦娶吳徵士長卿姊堂依舅氏居流子里師安陽

韓性浦江黃溍治經有心得嘗舉稽山書院山長不就隱居山中宋濂避兵流子里主其家後官禁林欲薦修元史不果其卒也濂爲誌其墓宋濂墓誌

孔明允字孟達讀書尙志節元季兵起奉親居孝義山中負米爲養同邑張辰謂明允當阨窮而守益堅孝益純庶幾行古之道者萬歷府志同時有孔天澤者字東洲棄官奉母隱居五指南山隝同邑駱象賢爲之作望雲思親詞詞載坊宅志以孝聞於時允都名教錄

諸暨縣志卷二十九

人物志

列傳三

明

陳洙黃燦 蔣遂 俞耿　鄭宏孫欽 曾孫天駿 天駿曾孫之士

鄭天鵬姪澧陽　駱象賢曾孫璿 璡 璡姪孫驗 驗子問孝

問孝姪先覺　駱瓏

駱驥　駱問禮

駱方璽　陳璣 陳齋

陳翰英子元魁 元功 孫鶴鳴 曾孫善學　陳賞

陳性學子于朝　陳洪綬

張辰字彥暉，唐孝子萬和後也。與王冕同里友善。至正戊午，冕南歸，謂辰曰：「黃河北流，天下且大亂，君抱濟世才，盍出而澄清之？」辰頷而不答。洪武初，以薦召，與陳嘉謨、陳韶同參史局，一時紀載多出其手。紹興知府唐鐸辟爲郡學訓導，著有草廬集。嘉謨字文徵，志甯長子，詩文清麗。北遊燕都，翰苑交譽，奏補國子生。明初以薦

辟官縣學教諭韶字伯善官山陰縣學訓導諳歷代掌故張辰稱爲老成文獻著有菭軒集據隆慶駱志萬歷府志孝感里志允都名教録纂

姜漸字羽儀神姿朗徹性沖約嗜學從楊維楨遊維楨嘗歎曰異日當爲吾門立赤幟也徐志元至正末僑寓蘇州一時名士如饒介高啟楊基陳汝秩宋克陳汝言皆與之交詩文唱酬輒推領袖錢謙益列朝詩集傳張氏時起爲淮南行中書左右司都事未幾罷歸蘇州府志流寓洪武初與上虞謝肅被徵纂修禮書拜太常博士徐志黃鄰字元輔居南郭因自號南郭居士與漸同時被徵爲翰林院典籍遷監察御史以老出知杞縣未幾告歸著有諸暨縣志十二卷萬歷府志

張世昌字叔京諸山鄉人詩善比事排律至百餘韻不衰晚年詩益工搜舊作輒焚之楊維楨西湖竹枝詞小序工書一時碑版多出其手元至正十一年湖州路歸安縣修學記即世昌書元時爲諸暨州學正

擢嘉興路崇德州州判兩浙金石錄明初上十策於太祖一時稱爲經濟才劉光復傳洪武九年辟爲諸暨縣學教諭以著述見推於浦江宋濂與同邑胡學趙仁結詩社以諸暨八詠詩相唱和隆慶志仁字仁原學宗濂洛以宋裔義不仕元有司薦辟俱不就洪武四年始舉進士年已七十矣未廷試歸隱朱湖東園著有東里文集十卷詩集十卷

郭日孜字敏夫自號瓢樂子與楊維楨同事陳泉溪著湖璉木鐸論陳大異之富於撰述見天下將亂慨然發憤挾策遊燕道遇王冕傾談亘久遂並車歸賦行路難以寄意未幾兵起冕貽以墨梅題詩曰烈烈北風吹倒人江南無地不沙塵清高獨有老梅樹照水開花朵朵新日孜次韻曰花飛萬點撲遊人莫道江梅不染塵除是隔籬松竹色受風多處亦清新至正丙午越城臥龍山崩日

孜記事詩有地老悵維缺天荒悲柱傾煙迷神禹穴海撼越王城之句洪武己未以薦起爲州學訓導王子丁母艱禮部下符以孝廉徵日孜辭詔許終制服闋有司敦促題墨竹詩貽從弟如楙曰三徑清幽興未闌檄書催我上長安好將墨竹留君處他日歸來共歲寒未上道卒徐履祥傳僞吳堰三江激水灌長瀾西王寅守將謝再興叛知州欒鳳死難胡參軍師退保豐江州貳佐懷二心日孜致書州吏諭以利害并寓書參政胡大海乃發兵下暨奪其壩反決以灌吳軍駱績亭樓西濱皆疑之而所撰志仍存徐文茲據徐履祥瓢樂子傳別纂附日孜貽胡大海書駱樓二辨於後以存疑徐志所載郭日孜上胡參政書纂爾下邑湖山參半苟天不弔淫雨及之則七十二湖泛然同白以故長民者恆以此患未弭爲懼今兩國構雄皆欲啟封於下邑邑人錢舜文將徼大利乃自絕於首邱建茲壑鄰之說鑿山取石壩截三汀塞我尾閭濤我郊野魚我黔黎使苦水之鄉復加水厄助天爲虐亦已甚矣若終壩之不特民命不堪即執事亦未舒於難也爲執事計莫若大決水道以洩壅塞則物阜土宜居民得所先成吾仁而後聽予奪於天孜雖老敢不備畚鍤以從事苟不獲命民心從此去矣隆慶駱志問理按信若此則日孜亦可謂有功於當世矣奈其始終本末有不可通也僞吳來灌以我州之未降也謝再興既殺知州以全城降復灌之何爲胡德濟李文忠以州城既失不

得已始築豐江新城若州城尚在而州貳佐得以有爲彼二帥者何不憚煩哉且使日孜之書在謝再興未降之先耶則守城有主者不當遺之貳佐既降之後知州且死恐貳佐非我之貳佐矣凡此皆如夢中語有不可以理勢通者州城失復始末詳沿革記若日孜素行之優則鄉評自在固不係於一書之有無也乾隆樓志

卜濂案如徐志所載抑不推纘亭先生所駁而已考明史太祖本紀胡大海克諸暨其時爲至正十九年正月二十一年二月降人蔣英殺金華守將胡大海二十二年四月諸全守將謝再興叛附於士誠當謝再興叛附士誠胡大海死已一年又三月矣然據明史胡大海傳士誠將呂珍圍諸全大海救之珍堰水灌城大海奪堰反灌珍營則胡大海乃誠有奪壩反决事斯時謝再興未叛欒鳳未死據欒鳳傳鳳且以死殉州而再興亦叛非本意當呂珍圍州固宜同心協力乞救於大軍雖微日孜具書亦必日夜告知矣第州貳佐或不無攜貳心者日孜爲排難解紛於其間理容有之特以前後四五年間顛倒錯出而始終本末遂不可通傳當云僞吳將呂珍圍諸全堰水灌城知州欒鳳守將謝再興不能支州貳佐有攜貳心日孜因具書州吏諭以利害乃始日夜告急於甯越胡大海發兵下暨奪堰反灌珍勢蹙解兵州賴以全但事屬臆斷不敢據以爲實也又謝再興叛在癸卯非壬寅參政爲胡德濟非大海其事詳載武備第玩郭說胡參政書詞痛陳七十二湖受害不及縣城則已亥灌城庚子壩江似屬兩事不妨存以相參通鑑於臥龍山裂下書大明兵取湖杭紹嘉等路書意蓋致望於明祖也

郭斯垕字伯載父銳著有闢地理說非星術論斯垕恪守世業

篤行好學雅志經史以名行辟爲政和縣典史緯有政聲嘗著性論三篇其略曰大哉性乎非眞知實得者孰能盡之漁父沒於九淵獲覩驪龍之珠及其出而欲語諸人終非寸舌百譬所能似也須眞得其珠入於掌中斯爲實見矣其論貴實得類如此所著有星溪集政和縣志隆慶駱志　駱用賓字觀光以學識徵使隴右稱職將授官以老辭歸築來月軒觴詠其中世稱月軒徵士樓志　周文煥字彥章洪武庚午舉賢良方正召試太祖親策馭吏治民之要亹亹數千言拜廣東布政使參議饑饉相仍疫癘並作文煥殫心撫卹百姓賴焉乾隆府志　吳鉞洪武庚申以聰明正直科辟爲嵐縣知縣遭讒戍靖州方煇字自新鎰曾孫洪武壬子以孝行舉授齊安縣驛丞擢石首縣知縣民有怨告者進而見女語之耄穉相爾汝會民負運上官督責旁午掠無完膚煇憫之先出俸爲富民倡竟得米

萬餘石爲代輸餘九百石儲爲義廩自是荒歲有振流徙復歸者三百戶洪武三十年遣使覈海內徵需實數郡縣冊稍謬輒得罪煇逮父老相率走京師請貸不報明年廷臣言石首有異政宥之超拜鄱陽府知府郡遭旱逋租十餘萬石民至死無償上章乞入楮幣代租上從之上津竹山二縣瘠科繇與壯縣齒煇爲奏減租稅之半未幾中原搆兵中使四出督轉輸括兵器閭閻騷動煇以郡當瘡痍之餘不忍重困請自槩中使初愠終義之所賦得減於他郡考績北上至龍江卒萬曆府志煇之未仕也姪圻實資助之圻字與京幼從楊恆遊篤志著述以處士終其身所著有道程道統六說七卷臨歿誡其子曰吾之二書時未有知者汝可於匡石間作室藏之以俟後人申屠徵墓誌

論曰明祖剏平宙合留意人才歲下徵辟之令士生其間可謂際遇矣吾邑膺薦者八十餘輩是數人者

其尤著也惟周文煥方煇位至監守略貲同旋其餘設施俱有可觀卒皆沈淪末秩或不幸而遭貶謫嗚呼此方輿京所以有藏書名山之志也文煥洞村人煇白門人日孜斯屋俱馬鳴人用賓楓橋人鉞字仲威流子里人虎髯生吳銓弟也

楊恆字本初風神峻爽翹然欲超羣其外族曰方氏建塾聘賢傅館四方遊學士恆往受經領其元旨稍事文墨輒峻潔如淵珠衆譁曰生賦資絶倫非積功所及盍遜其一席地聲光流發越閒煜煜能動人競要作州閭師數辭應浦陽江上有鄭氏一宗累三十室同爨而饍戒子姓執贄致辭恆躍然曰是或可爲也卽日上道臯比中居以倡道爲己任與諸生言必稱曰昔之人曰昔之人曰摩月切操行有可觀歷十春秋自以精明不逮前時退居白鹿山因自號白鹿生戴櫻冠披羊皮裘帶經耕煙雨閒傲睨風月若不

知古今之殊軌有識者莫能窮其際高郵欒鳳知諸暨州獨造門請曰鳳聞先生賢言行無悖古先哲人願爲州學子師恒牢讓不起鳳不得已令閭右子弟即其家問道州政有闕失必遣書咨訪恒白以利病禆助恒多後若干載殿中侍御史唐鐸出守越欲辟起之恒力辭如前鐸不敢強恒性醞籍無絲毫矯僞與人語出肺肝相示恥爲覆藏事乖名義峻言斥之弗少恕家無儋石儲臨財甚介山民誤坐法當死恒憫其蠢愚謀諸鄉鄙活之民輟鳥犢報恒恒拒之頓顙於地潸然隕涕恒曰東作方興非犢何耕三冬可爾及期民復來請恒反覆譬曉之乃已州人士求連恒族視恒持其成暨委禽致餼繼以金帛恒笑曰孰謂君子而可以貨取乎悉遣去衆復譁曰是可以義取者生尚不之欲況其他乎於是鄉人教子者羣指恒爲法效學焉著有書學正韻宋濂曰余與恒遊者

三十年不可謂不相知者待罪國史時欲遂白執政薦之入成均聞恆不受郡縣辟事乃寢然其行義可法者不可使泯泯因爲著傳如右隱之與顯非所以論恆也（明史隱逸傳 宋潛溪集）又著有白鹿子文集方正學孝孺爲之撰序（方正學集）恆之族有楊立者字大本世傳春秋學立尤以行義重於世官江陰丞不久棄去（舊志）師事錢宰言行無矯僞晚年益勵風骨閉戶不通賓客詠歌自得有古逸民風（諸暨賢達傳）所著有蜩鳴集（兩浙名賢錄）

呂升字升章山陰籍洪武庚午舉人銓溧陽教諭以薦擢江西僉事永樂戊子改山西境多虎患升爲文檄虎即就捕以憂去服闋補福建僉事按部至建甯螟害稼升仰天祝忽雷雨螟死宣德初遷大理寺少卿與修永樂大典兩爲會試同考所舉皆知名士年七十致仕著有六經箋注（乾隆府志 樓志藁）駱志稱升父文著自山陰徙西鳲其村建有世科坊爲呂

升呂公愿呂訥立駱去升時不遠故知之悉非借材以爲邑榮也

蔣文旭字公旦浙江通志洪武十九年鄉貢生授河南道監察御史性耿介從方孝孺遊毛奇齡孟貞女傳以論易儲忤旨賜死上尋悟敕赦之已無及浙江通志孫公允字祿汝萬歷府志作士祿好讀書終日靜坐洞究聖學宗旨臨歿語門人曰息心達本原吾生平得力在此淡於進取以稟生終其身徐志

楊宗暉楊家溇人父叔器爲掾獻魚鱗冊浙江通志以大紅花綾裝面上惡之曰吾方以儉率天下安得違式命誅之章志宗暉赴法曹訴曰此宗暉實爲之不忍陷父以死罪請代死法曹上其辭許之竟受戮死時年十九族人建祠天元塔左九月三日歲祀焉樓志鄭允孚山後人年十五父以解糧被逮允孚請代卒從父戍盤陽父歿於戍所允孚扶櫬走數千里備極艱阻始得歸葬府志丁美字文彥

兄進洪武初以徵糧被誣逮者至美度兄懦且訥必不免請代行進不許美紿逮者曰此吾兄也欲代吾行耳逮者以爲實驅美行竟死戍所萬曆府志論曰明祖以峻刑厲天下一時孝子悌弟不幸而罹其累亦幸而成其名嗚呼士生寬大之朝至欲背聖變法滅裂人倫以冀顯炫於當世其不爲鄉愚所笑者希矣

俞滔字世則次峰人遷居溪埭生平無瑰意琦行於本源之地牽能自行其性事親孝嘗羈會垣歲且除念親老渡江而東既渡日暮昏黑不辨見道旁有鐙稍前行亟從之距十步許不可及導行百數十里入村口前行者忽不見鐙墮地滅拾視之則村口詹竹廟神鐙也允都名教錄

俞孝童名壜甫總角父景暹病私入閤闔戶視天取利刃刲兩股密置罐中和藥進病愈母滌罐見血詰之不答持視其臂得狀其從祖尹吉聞之召之來問痛乎曰不覺也舉室

驚異吉曰兒傷遺體得毋違先聖訓乎郭斯屋曰君子所不與刲股者防飾詐而驚愚也童子無詐僞惟其心之痛父而計無所出故不憚爲之使其迫於外慕則强一引刃將不忍其痛而中輟矣忍再割乎誠君子之所矜也於童子乎何尤郭斯屋傳

王暘字孟暉初知泗州奉公約己教民耕作飭免諸生覩其雅茂者傾身禮接最聞擢知建昌府坐誘謫瓊州同知縉紳投荒裔者多跂足待滿而已暘獨盡心修職有勿便於民者聽民呈訴故所行無一不中人情廉察有風岸瓊人至今稱之萬歷府志

趙紳字以行父秩字尚禮嘗官高郵州學正考滿赴京師至武城縣壇水紳奮身下救河流湍悍俱不能出明日屍浮水上紳兩手抱父不釋宣德五年始旌其門明史孝義傳

孫恩字子德家貧躬耕自食父時行客死海南訃至恩以衣典錢五百以行抵海南得父柩

或勸以火化恩不肯傭值積資數年卒扶柩歸乾隆府志

宣元字子初與剡商舜華善舜華遊西川以銀一緘寄家歲餘客死元弔於其家以金還之舜華子不之知也萬曆府志

洪範字九疇大部鄉人僦居京師有胡某者鄉人也挈與同居病革館人迫使出範固持不可及歿爲之斂殯庶吉士陳璣同里閈疾滯京師躬爲調護及卒歸其喪隆慶駱志

王堂字維政艮孫七歲能詩讀書日記千言終身不忘從唐處敬遊父仲揚以元故官謫濠梁堂奉父自謫所歸俄有詔發民兵城緣海要害舉堂督之民不困而事集諸卒役者視爲法有司以賢艮薦奉使巴蜀還稱旨病歸太康王師釁爲浙江布政使知堂舉爲掾檄督賦嘉興推官無治狀堂輕之已而賄敗逮至京以舊銜誣堂事白尋卒徐志子鉦字孟堅號葵軒幼聰慧日記數千言及長

博綜經史永樂壬辰進士以第三人及第歷官編修修撰奉旨清兵部武勳司案牘累數萬紙鈺閱覽參駁數日盡畢宣德中同修兩朝實錄書成以疾歸正統初起爲江西提學僉事少師楊士奇薦也鈺正身率物品藻嚴明長河洞抵聞其賢遣子入學考績至京權貴倨傲弗爲禮即日引退安居田里以詩文自娛環堵蕭然無異寒士萬歷府志

俞軾字敬中次隝人永樂初以孝廉徵母老固辭有勸之者則愀然曰上以孝徵軾軾去母就徵兩失之也竟不就十年成祖謂貪而仕者恒負復以浙東巨室徵固辭乞終養不許試刑部囚曰活我者俞公也奉命逮囚江右聞而喜曰活我者至矣中途酷暑悉去械令自便曰脫從期吾爲若曹死囚竟如期至弟轅字時中性春泊不樂應試築藏春室以讀書自號春谷賦詩曰翠簾風捲人

孤枕寶鴨煙浮月五更題御駕峰厓石曰躡足天衢近低頭地步寬人莫窺其津涯也鄰失火近屋直詣火所叩頭曰某無罪火頓息一時驚以爲神子倜字鴻毅號訥齋宣德癸丑進士授南京吏部驗封司主事轉太僕寺丞忤王振出守汀州御史行部至迓不如儀厲聲叱曰俞知府膝下有金乎遂移疾歸薦起湖廣副使不赴著有訥齋集俞文祥字性中軾從弟也永樂中纂修大典以楷書徵書成賜金綺奉部檄赴泉州催逋賦或勸之峻刑庶幾集事文祥抵泉州曉以義盡輸卒事不扑一人授衛王府典寶正允都名教錄

張一龍字嵊山水霞莊人博學精易理教授弟子悉闡横渠蘊奥一時名士多宗之著有嵊山易門道學心傳張肅字克恭號簡齋平闊人一龍同族也景泰庚午舉人性醕篤善屬文精隸書官福

建莆田縣知縣莆田爲閩中甲縣每科鄉舉嘗十餘人蕭試諸生赴者數百取十六人案發大哄曉之曰高才固多然今科獲雋惟此數人耳已而榜發中十五人遺一人爲副榜首乃大服春秋釋奠牲物必潔出俸償值不責民供一日丁祭方奠忽雷雨異香滿室空中香煙結成樊遲下降四字與祭者多異之卒以性不耐簿書致仕歸著有長河社稿張思得字陽山亦一龍族人世居花廳餘姚錢緒山德洪高才弟子也以鄉貢分教南康傳陽明子之學大吏聘主白鹿洞講席與諸生發明宋儒語錄令體諸身心以自驗得失改教閩之福安士服其教如在南康孝感里志

陳洙字文淵博學負才每論事下筆千言悉中機要布政使白圭按察使陳璇交章論薦銓曹忌之不果用定襄伯郭登南征辟置幕府官後軍都督府都事童時即能闘牛術分立門部使諸牛出

入其中勝負較然蓋善奇門王遁諸術者也所著有湖海摘奇集駱志　案陳洙有二一元人附陳大倫傳一明人爲後軍都督府都事駱志以張定楊賓王孟暉郭斯垕陳洙五人合傳其書體例不分時代而自爲先後其以陳洙殿四人意可知矣至傳中所云白圭郭登皆明史有傳者則係明人無疑且又未嘗明言元時舉州庠教授不就則非一人亦無疑樓志以陳大倫傳中有始學於從兄洙一語遂列之於元且列之於大倫之前羣合爲一人誤已考郭登隨王驥征麓川在正統間白圭爲浙江右布政在天順元年其時距明興已八九十年果係元時大倫從兄則必百歲以上是一是二不辨自明茲考定而分傳之

黃焌璜山人正統十四年括蒼盜陶德二構亂諸暨戒嚴大山葉氏乘時嘯聚乾隆府志兵備篇踞白巖山山介東陽義烏間三邑互諉莫敢先發焌偕兄炎詣縣請勦時黔苗思機發屢挫王師鄧茂七據八閩德二黨葉宗留由處州窺婺越知縣張鋮聞言變色曰今寇氛半天下事須三思倘不測奈何焌曰乘其未合出不意擊之可散也少緩與宗留合勢遙應閩寇事無濟矣力請於張統兵擣其穴焌先登手格數人大呼曰毋從盜官來撫

汝賊黨驚駭羅拜歸命。徐志

俞耿字孔昭，嘉靖戊子歲貢生，官慶遠府推官。思恩盧酋叛，總督蔡經駐慶遠，檄有司從獵宜山，選材官也。耿馳馬上下，彎弓作霹靂聲。蔡顧從事曰：「吾稔其爲老名士，若固素長從軍者。」飲以酒。既而提學僉事至，則復釋袴褶，操鉛槧，雍容談藝文。蔡檄攝唐邑參軍務，遂平思恩。蔡及總兵柳彬各賞銀五十兩、紵絲八表裏，副總兵張涇及耿各賞銀三十兩、紵絲四表裏。未幾，賓州守以故去官，總督檄耿攝篆，循聲卓著。及去官，慶遠、賓州皆生祀之，題其額曰普惠。先是，耿試於鄉，方擔笈入闈，同邑翁溥躡耿履，回顧厲聲曰：「後生進止，遽爾急耶！」翁謝而銜之。及居顯要，力阻之，故惠普粤西而官卒不顯。允都名教錄

蔣遂字宏濟，少機警，有俠氣。其友陳某以過誤罹重罪，宏濟破產出之。山陰縣知縣徐貞明，才吏也，以遂能治畿輔水田薦，上可之。遂募農民籍名授

田俾種稑三年後輸賦事有效萬歷間戚繼光征關白餘姚孫鑛薦遂參軍事抵高麗日已暮土官宴迎遂白繼光曰我亡六方到氣銳出不意襲之卽銜枚疾馳自城下囊土以上賊大駭奔潰軍中筵尙未散也捷聞賞賚有差後受命撫邊邊人呼爲蔣父繼光特疏薦之會齎奏者死雪中補疏入而繼光罹譴遂罷歸行李蕭然避雪止路舍聞哭甚哀乃逋債而鬻妻者遂以裘馬代償之素不事生計卒之日子一玖方髫室壁立至無以爲斂參錄乾隆府志允都名教錄

鄭宏字仲徽永樂初以明經判安慶府改饒州南安府同知所歷有善政饒民業燒瓷多官府造作之所宏嘗監其事値窯變瓷器成異色守者將上聞宏曰任土作貢若進異物後何以應遂毀之民立祠窯所生祀之宏治府志

孫欽字敬之號思軒成化庚子舉人官湖廣澧州知州州當衝要置藩府壤錯苗峒號難治欽剸繁理劇

刃迎縷解藩府旗校倚勢侵奪悉置於理剗撫苗民俱有方略民夷交安九載不遷王華墓誌辭官歸繼母王氏患瘋晨昏省視無倦容及居喪哀感鄉里萬歷府志築鳳山草堂遊詠其中足迹不履公府所著有平居稿觀光稿宦遊稿歸田稿後人選其粹者類爲思軒文集藏於家子天鵬王華墓誌自有傳從姪天駿字德良師事山陰陶天祐同邑陳洙由國子學生選授潁州州判治行卓異以鯁直忤長官落職駱問禮墓誌曾孫之士字完心選貢生除廣東海康縣知縣邑西南有雷神廟歲必供雷車雷鼓首事者藉以需索之士禁勿供謂曰不供必爲殃之士叱曰雷神正直豈以供費禍民耶卒禁之巡按御史某過境索藤皮諸物之士拒勿與因解組歸著有釀田集海康縣志名宦傳初天駿祖琮自泰南鄉遷楓橋後欽罷官亦居楓橋市東遂稱天駿家爲舊鄭云駱問禮墓志

鄭天鵬字子沖號南溟欽幼子也正德癸酉舉人官弋陽縣知縣强直不能下人見同邑翁榮靖溥駱楠山驤先後舉進士歎曰吾不能爲鄉里後生作長解也不滿考即歸家貧不自給不以介意日肇究詩文摹碑版令弋陽時諭示有手書者輒竊去復書之又失至再三書不以爲忤年八十餘尚能於鐙下作蠅頭細字嘗自言曰我邑詩派楊鐵厓得其華王山農得其實華實並茂尚無其人蓋以自負也客至清談竟日妻金氏每典貸治具一日欲出索衣冠金曰昨典以供客矣笑不言其清趣如此著有南溟集蓬萊亭集駱問禮墓誌閩遊唱和集北行野操秉燭正論等集共若干卷萬歷府志

姪澧陽選貢生官新化縣知縣同邑翁尚書溥遺書諭嚴分宜旨欲羅致幕府澧陽峻拒之因縱酒遊山臨三峰峭絕處慷慨賦詩曰城孤不可攻社鼠寢其上何如修眞子千載始一望遂挂冠

歸（參錄新化志鄭之罕小傳）

駱象賢字則民篤行好學於書無所不窺爲文直述情事不求華縟嘗斟酌六禮之要表率鄉俗鄉人化之築圃楓溪之上圖書滿屋諷讀不輟人稱溪圃先生歲饑出粟千石以振賜敕旌異仍復其役著有羊棗集歸全集溪圃遺稿梅花百詠篤終易覽諸暨縣志（萬歷府志）曾孫瓏自有傳璐年十三父居安患便結璐以口吮之得瘀血一二合許乃解（駱象賢亡孫居安壙志）璡字石卿邑諸生博學能文淡於進取取宋儒聖賢自有樂處意名其讀書之室曰自有軒世稱自有先生璡曾孫問禮自有傳姪孫驗字汝明號前岡選貢生官懷遠縣知縣莅任期月橐無積牘未幾解官歸與山陰徐渭詩簡往還無虛日渭遊五洩過楓橋驗觴之於溪圃留數日乃行渭於五洩道中寄以詩曰勝賞猶懸百里隄蹶僵路滑不勝泥溪山待客

寒雲外雨雪逢君楓樹西東帶豈難官自嬾尺箠不重老能提何由共轡蒼苔上指與諸峰一一題驗嘗次彖賢梅花百詠又次馮海粟韻七絕百首又次馮韻七律百首合爲三詠梅花詩集子問孝字舜傳號深山初爲儒學生貧不得志因教授於四方然恥干謁對人未嘗言貧始客溧陽史少卿家叔驤年友也遇之甚厚每餽遺輒辭多而受少小不如意即辭歸歸不數日迎者在門復去遇之如初史氏多賓客晨夕與之雜處師友其善者而愛禮其不能故學業日進工文詩與從弟問禮齊名嘗爲大將羅致幕下多贊畫而口不言利勸之曰武官不愛死而況財乎大將斂容謝乃止年七十四卒學者稱爲深山先生所著有寱語集問禮爲之序曰寱語者吾兄舜傳晚年雜詩也兄之自題如此然而語實非寱也君子曰似孟東野嗟乎千金之子求一言之幾於道而不可得

郎庭言寡也而幺麽者傳其說貞孤之子兢兢於義郎寡言貟也而今眦者以爲闇此兄之所以自列於寡也而不佞序之亦寡也問孝姪先覺字莘夫號遲春天啟壬戌進士官曲周縣知縣下車郎除陋規任曲周數載循聲卓著未幾解組歸纂教典法言數十卷據樓志萬一樓集外集徐文長集駱方璽傳纂

駱瓏字蘊良成化辛丑進士初官安陸府同知下車即議錮白盧洑河泊等滓稅州屬襄陽孔道藩封租逋武當香供中使絡繹磨牙横噬瓏剛柔兼濟循聲卓著除後軍都督府經歷遷左軍尋擢潮州府知府臨行餘姚王守仁送以序曰昔韓退之爲潮州刺史其詩文閒亦有述潮之風土物產者大抵謂潮爲瘴毒崎險之鄉而南海帥孔戣又以潮州小祿薄特給退之錢千十百周其闕乏則潮蓋亦邊海一窮州耳今之嶺南諸郡以饒足稱則必以潮爲

首舉甚至以爲雖江淮財賦之地亦且有所不及豈潮之土地固於古而今有所豐抑退之貶謫之後其言不無激於不平而有所過也退之爲刑部侍郎諫迎佛骨天子大怒裴度崔羣輩爲解始得貶潮州則潮在當時不得爲美地亦略可見今之所稱則又可以身至而目擊固非出於妄傳特其地之不同於古則要爲有自也余嘗考牧守之治郡譬之農夫之治田農夫上田一歲不治則半收再歲不治則無食三歲不治則化爲蕪莽而比於瓦礫苟勤樹藝之方而盡耕耘之節則下田之收與上等江淮古稱富庶當其兵荒之際凋殘廢瘠固宜有之乃今重熙累洽之日而其民往往有不堪之歎豈非以其俗素習於奢逸而上之人又從而重斂繁役之刓剝環四面而集則雖有良守牧亦一暴十寒其爲生也無幾矣潮地岸大海積無饒富之名其民貢賦之外皆得以各安

地利業儉樸而又得守牧如退之李德裕陳堯佐之徒相望而撫挧梳摩之積有今日之盛實始於此邇十餘年來富盛之稱既揚則其勢不能久而無動有司者又將顧而之焉則吾恐今日之潮復爲他時之江淮其甚可念也今年知府員缺諸暨駱君藴良以左府經歷擢是任以往君嘗佐安陸至今以富足號於時遂用是建重屏其地繼後循其迹而治之者多有聲聞及入經歷左府都督事兵府政清自府帥下逮幕僚軍吏敬禮畏戴不謀而同其於潮州也以其治安陸者治之而又獲夫上下之心如今日之在兵府將有爲而無不從有革而無不聽政績之美又果足爲後來者之所遵守則潮之富庶將終保於無窮而一郡人民爲有福矣夫爲天子延一郡之福功豈小乎哉推是以進他日所成其又可論君僚友李載揚請言導君行余素知君之心且稔其才自度無足

爲賭者爲潮民慶之以酒而頌之以此言瓏莅任見俗尚奢華政教陵夷作諭俗詩忍言徧告屬邑始至訟牒紛投瓏悉爲曲直之聽斷每至夜分僚佐勸其節勞瓏曰耽逸其身而使民情不得上伸君子不爲也久之民漸嚮化訟獄日簡始建書院以課士最聞陞江西副使乞假歸省遽歿於家王守仁趙寬聞之俱以瓏年始五十未竟設施爲之惋惜據王文成全集萬一樓外集趙寬墓誌潮廣通志潮州府志纂

駱驥字汝良號樆山驗弟嘉靖壬辰進士官刑部主事幼讀書止四五行從祖瓏自潮州歸一見器之謂其父鳳岐曰諸子英立然邁種亢宗者驥也駱問禮傳及長受業王文成之門毛奇齡西河全集以仔統待後自期及廷對侃侃萬言人以董江都比之辦事刑部應詔言事大略謂致中和則天地位萬物育中和未致災異所以類仍也疏中語涉大學士張孚敬孚敬向不識驥入朝私問孰爲駱某人

指示之爲之悚然且曰吾目中素空無人及覩駱名心動今果爲所中一時風采節槩震動朝右卒未究其用而歿萬一樓集外集

駱問禮字子本號纘亭嘉靖乙丑進士除行人司行人紹興府志歷南京刑科給事中隆慶三年陳皇后移別宮問禮偕同官張應治上言皇后正位中闈卽有疾豈宜移宮望亟返坤甯毋使後世謂變禮自陛下始不報給事中張齊劾徐階爲廷臣所排下獄削籍問禮獨言齊贓可疑不當以糾彈大臣實其罪張居正請大閱問禮言非要務而請帝日親萬幾詳覽章奏劾誠意伯劉世延閩撫涂澤民不職帝並留之帝初納言官請令諸政務悉面奏於便殿問禮遂條上面奏事宜一言陛下躬攬萬幾宜酌用羣言不執己見使可否予奪皆合天道則有獨斷之美無自用之失二言陛下宜日居便殿使侍從官常在左右非嚮晦不入宮闈則涵養薰陶自

多裨益三言内閣政事之本宜參用諸司無拘翰林則講明義理通達政事皆得其人四言詔旨必出六科諸司始得奉行脫有未當許封還執奏如六科不封駁諸司失檢察者許御史糾彈五言頃詔書兩下皆許諸人直言然所採納者除言官與一二大臣外盡付所司而已宜益廣言路凡臣民章奏不惟其人惟其言令匹夫皆得自効六言陛下臨朝決事凡給事左右如傳旨接奏章之類宜用文武侍從毋使中官參與則窺竊之漸無自而生七言士習傾危稍或異同輒加排陷自今凡議國事惟論是非不徇好惡衆人言未必得一人言未必非則公論日明士氣可振八言政令之出宜在必行今所司題覆已報可者未見修舉因循翫愒習爲故常陛下當明作於上敕諸臣奮勵於下以挽怠惰之風九言面奏之儀宜略去繁文務求實用俾諸臣入而敷奏退而治事無或

兩坊斯上下之交可久十言修譔編檢諸臣宜令更番入直密邇乘輿一切言動執簡侍書其耳目所不及者諸司或以月報或以季報令得纂緝以垂勸戒明史本傳嘗進喉論三篇一謂每朝宜令諸司面奏決可否以絕壅蔽二謂太祖革丞相政歸六部今內閣票本無相之名而有相之實非祖制三論中官之設始既刑及無辜卒使刑餘害國宜以漸除之萬不得已亦宜大減其數參用士人之幼者且令節制於外廷初以論張齊無罪忤徐階萬一樓集帝滋不悅及十事疏奏宦侍復從中搆之指疏中引用趙高李斯語以激帝遂謫楚雄知事是年十二月高拱復入閣與趙貞吉交贊之擬請復諫垣紹興府志問禮及御史楊松皆在舉中帝曰此兩人安得遽遷俟三年後再議之明史本傳壬申六月神宗嗣位詔起言官始遷揚州府推官陞南京工部主事明年轉兵部職方郎中張居正忌之

擬轉吏部不允擬江西學政又不允佐離三載始轉雲南參議庚辰丁內艱服闋補福建參政轉湖廣副使推官曾維倫附權貴謗問禮閣臣申時行吏部楊巍力爲申辨奉特旨留用幡然曰吾豈以三公易一日耶乞養歸甲午父疹歿慟絕數四家人勸之曰吾生無涓埃報親死得奉几杖於地下又何憾服闋竟不出戊申卒於家年八十二生平論學尊朱左陸以躬行實踐爲主爲海忠介高弟功績不及海而學行過之家故有萬一樓祀問禮復新之庚書數萬卷手訂家禮悉守朱子成規居喪不作佛事誡子孫世守家法著有續羊棗集九卷萬一樓集萬一樓集六十一卷外集十卷明史藝文志又著諸暨縣志二十卷餘姚孫鑛服其精核萬曆府志張岱三不朽圖贊問禮字纘亭官拜禮科給事中遇事敢言不避權貴生平佩服朱文公里廟不祀文昌而以紫陽配武曲治家嚴肅自製家禮深合古制宗黨遵依歷世不改贊曰嶽降暨陽名馳楓陛佩服考亭受知海瑞莅職端嚴立身剛毅自制婚儀不用鼓吹吏肅家規不畏聲

伎人稱爲朱紫陽之功臣不愧爲海忠介之高弟

駱方璽字武懿問禮孫天啟壬戌進士初官句容縣知縣遷南海調臨晉俱著循聲行取內擢工部營繕司主事朝有買銅買硝之役奸人冒領國帑諸璫尤甚會京師大旱詔求直言方璽因上書言之其略曰臣謹備述欽贓以補聖聞之所不逮以懇民冤之所未伸方今肥蠹肆虐民不聊生皇上減樂徹膳側身修行下罪已之詔開聞過之門有不上格天心捷注桑林之澍哉顧臣竊計之吏治之壞世風之澆仰干之弊俱在皇上之洞鑒近日嘉言讜論如科臣章正宸詞臣黃道周皆能言人之所不言原任工部侍郎劉宗周數次抗疏侃侃正論皆朝陽鳴鳳也臣更何言雖然設鐸懸鞀聖明業不擇人而有聞不告臣心卽爲欺主謹以人言之所未及而臣知之甚者爲皇上陳之買銅買硝給商人銀使之採辦

急務亦重務也乃神奸赤棍乘機冒領帑資而不肖司官婪其抽扣分例遂朦朧混給以致銀入私囊即任其花費比公務難竣輒肆其株連始猶及同姓也繼則及異姓矣始猶侵贓之人所攀也繼則被攀之人又復轉攀矣欠贓原止萬計民間波累有費踰二三倍而仍未得甯字者以還官之數有限而差役棍徒之貪詐無窮也臣目擊臣鄉有差役至家值舉箸而一噎輒斃者有差役十餘乘轎馬登門積至數十人而一飯破家者有寡婦苦守十餘年差役到門計無所出不得已而失節改嫁將所得財禮僅完差錢而贓銀仍未能完者至若鬻妻賣子號泣之哀顛沛之狀筆難罄述人難枚舉此皆民困之至隱至極而能上干天和者也夫皇上明旨原止著同㸑押追不許蔓延無辜乃部不奉旨聽本犯一報即行文追索日報日添誅求無已縣亦不必奉部文聽一二巨猾

指使潤扯平民箠楚桁楊無所不至民畏奸棍甚於畏官司而所納之貲或半入公家半入私橐者有全入私橐而官司并不與聞者此等詭弊藉皇上之帑銀爲僉人之利藪利歸胥小怨歸朝廷死不擇音鋌而走險大可慮也伏乞皇上立斬葛藤照依原奉明旨只著同爨取償而一應無干續攀赦部行文司縣盡行赦免則民困蘇而甘霖降矣臣再有請者皇上留意人才宏收清望如程國祥黃道周章正宸等或隆不次之擢或優使過之典獨劉宗周陳子壯以一時厚望未蒙顯擢以致野有遺賢皇上倘幡然解釋沛湛露之恩於二臣有不順人應天而肅雨時若者臣不信也疏入奉嚴旨禁飭方璽復上疏略曰臣鄉自棍徒冒領帑貲買辦銅鉛侵欺入已比追索還官輒妄攀無辜同姓異姓並遭其害識面隔面俱坐以贓神魂俱銷門戶立破巨惡之肆虐已甚矣而乘機

插入從中漁利之家屬周親濟惡尤不可言奉公之比責已究矣而因事吸髓之猾役奸胥逞凶更難枚舉是故所欠官銀原止萬計而民間之累實倍過之所報有名或止二三而私行之嚇詐每至無算如臣鄉適省共計欽贓五十餘件然未有如臣縣王廷賓樓鋭之爲禍最烈也二人原皆赤棍家業俱蕩廢流落江湖已有日矣突於崇禎四年夤領戶部銀三萬兩買辦銅鉛以供鼓鑄而王廷賓遂將前銀大肆花費致缺一萬餘金樓鋭亦缺五千餘兩前銀無償因妄報無干家屬親戚等數十家私自嚇詐數百家而犯屬某某串地棍某某等承行書手某差役某等如豺狼梟獍嚼骨剝膚以致煢煢小民鬻妻賣子沽產喪家甚且殞身棄命見者慘目聞者傷心臣非係宗盟即關姻婭不忍坐視於本年閏四月初九日因旱謹上一疏備述欽贓株累之苦隨奉旨禁飭隨蒙戶

部錢法侍郎吳某詳聞臣縣之慘亦於奏報疏內略述情形奉有嚴綸咨行三院此正臣縣撥霧見天子遺重生之日也今查樓鋭家欠贓將及額而王廷賓除完過外恐不能全完公帑之物勢必取盈而後已第本犯產業既無可求親戚被害亦盡蕭索倘再株連不息而不設法措補地方必至釀亂有不可言者矣且如前所稱犯屬差役婪詐獲利不下數千金合屬小民俱割肉代償流離無告而若輩反得擁其肥厚享妻妾房產之樂是豈人情之所平國法之所可貸者哉臣謹臚列各衙蠹所得贓款伏乞敕下戶部轉行撫按嚴究追補以充餉銀若不足臣鄉願將王廷賓未完贓銀派入合縣錢糧免致貧富概遭狼狽之苦此合縣所踴躍樂從者也伏乞皇上俯念民艱准如臣請則聖德如天萬年長治不替矣疏奏奉旨嚴諭撫按將本內有名各犯盡法究擬以抵侵贓不

許歆縱事下邑人咸作詩頌德歡聲若雷此崇禎十年事也方璽
生平章疏輒焚其草直聲震朝野轉郎中旋擢太僕寺少卿致仕
（歸樓志）
陳璣字叔衡號玉軒宣德庚戌進士時宣宗留意文學命引見進
士百人選二十八人親試用人何以得其才論授庶吉士璣名第四
賜紵衣一襲寶鈔三百貫楊東里亟稱其文比之虞邵菴未授職
病歿京邸同邑洪範歸其喪（東里文集陳祖範傳）陳齋字南齋璣從姪也與
璣同學於泉溪陳彥平時稱二陳同邑王鈺望重當世不輕許可
獨心折齋以爲杜佑鄭樵之傳其卒也長州陳祭酒鑑銘其墓（陳方
菴集）著有南齋集子翰英
陳翰英字廷獻號松齋景泰癸酉舉人官南雄府同知流賊江太
師犯境翰英率民兵據險設奇斬獲數百級馘二百人餘黨悉散

乃修城浚濠械集以守都憲韓雍上其功第一甲午攝知府篆省賦稅興學校闢荒蕪歸徙民陳安等數千家試士則得解首李昕等六人士心民情翕然嚮化郡境興盤阬有紗帽石爲災翰英火之立碎怪遂息李西涯東陽爲之撰政績記著有公餘稿南還稿記遺集湖莊詩草行世（隆慶駱志　黃巘墓誌）子元魁字應文號南岡宏治戊午舉人官五河縣知縣流賊劉六劉七由河南竄五河邑民震恐元魁登陴堅守屢出奇陷陣賊懼引退莅任三載民安事簡著有南岡遺集子賞（五河縣志　陳祖範傳）自有傳弟元功字應武號柏軒學問淹貫四部書皆手自論跋築東皋草堂庋書數萬卷環堵種梅花數百樹坐臥丹鉛朱墨爛然官德府典膳正不就以著述終其世（謝丕墓誌）著有體古錄進修錄柏軒集東皋日草（樓志）元功孫鶴鳴字子聲號聞野官揚州經歷州當東南都會多鉅俠大奸舞文法羣盜復

縱橫江淮鶴鳴至數月吏民稍稍覺息奉令甲盜相戒無入界揚州多鹽賈侵牟作神奸鶴鳴悉繩以法癸未歲大祲奉檄振恤全活數萬人河決徐邳撼祖陵發卒數百萬治陂障遣吏董其役時已檄他吏太守尋悔之走白潘司空季馴潘笑曰曩者吾心疑之胡舍陳某也亟奪他吏檄授鶴鳴省費可萬金歸報司空陳六略築閘於芒稻河利百世攝江都令薦牘二十四上覈奏報可時子性學方官御史數上封事忤政府為士論重鶴鳴曰吾今得以此報先人矣遂乞骸骨歸金學曾墓誌樓志誤作陳于朝性學自有傳善學字淵止號豫菴萬歷壬子舉人官五河縣知縣五河元魁舊治也元魁舊有生祠善學至謁於祠白蓮教某陰結徒眾謀不軌廉知之率民禽其渠餘眾悉散邑地卑素患水為築隄疏流最聞遷廣德州知州尋以母憂歸遂不起樓志著有豫菴文集陳祖範傳

陳賞初名天賞號青峰正德辛巳進士官兵部武庫司主事與永嘉張孚敬同年孚敬當國賞官兵部臥病京寓孚敬就榻與密論崇興獻帝事希引賞爲助賞不答即與何孟春等三十六人上書攻孚敬踰月又偕豐熙等上書力爭不得命跪左順門世宗命司禮監諭旨僉曰必得俞旨乃退世宗怒命錦衣衛執先爲首者八人繫詔獄賞遂與楊愼王元正糾衆撼宮門大哭聲震闕廷世宗益怒悉下獄廷杖編修王相等八人杖死賞受杖後謫官滁州州同奉檄推正陽關鈔剔蠹刻弊商人肖像生祠擢知州丁父憂歸時孚敬以首輔里居賞過永嘉具啟謝弔不通謁服闋陞眞定府同知左都御史朱廷立舊令諸暨知賞清操特疏以知府薦詔攝眞定府知府未三月辭歸初賞族祖凱洪武中以薦官蘭縣丞凱罷官歸娶耿氏子善慶善甯留居臨洮或云嘉靖陳皇后其後也

賞官主事時后遣中使至賞寓示意賞以事關宮闈力卻不承人尤服其識量云據明史何孟春傳滁州志允都名教錄陳祖範傳纂　案賞官主事祖範傳作郎中誤

陳性學字所養號還沖萬歷丁丑進士授行人奉使藩過函谷歎曰虜在目中何日捧一丸泥以封此關旋詔封益王餽之金不受授貴州道監察御史上封事勸上修德省躬去五蠹崇二實累數千言劉御史臺忤首相某論戍死性學疏彈督臣周某按臣陳某希旨周納二人並削職去督修武英殿功成例陞級格於璫奉命巡按宣大歷邊城諭虜酋咸股慄羅拜劾將軍某不法章不由銀臺從會極門徑入當事者奏稱違制中丞趙錦援故事力持得左遷粵東僉事烏艚謀不軌委廉州丞諭之立解上聞賜金帛遷粵西少參誅東蘭土知州韋應龍還河池侵地徙貴州副憲弭安國亨之變著平定東蘭紀事陞三楚參政撫鎮篁會同諸苗著

楚北撫苗議又輯撫事始末編爲舞干遺化錄王有爲爲之序曰楚之茹毒於苗亟矣參知陳公分藩湖北身不下堂兵不出壘俾之傾心攜老若幼叩關內附是數十百年號負固者一旦折衝於樽俎閒也其顛末公記之詳已茲苗也卽虞廷來格之苗也因命之曰舞干遺化錄夫鎭筸十有三哨楚西之噤喉也三苗外牽內訌蜂屯狠望靜則八盩則獸當事者爲芟夷計勢不得不亟煩兵請餉草薙而禽獮之卽煩兵卽請餉苟得志焉功且匪細公乃談笑決策扼其吭而制其命傳咫尺之書犬羊革面環辰瀘麻沅千里疆圉之地安於覆盂由前則爲朝廷免賦車籍馬之擾由後則爲窮黎開含哺鼓腹之天與其劫之以威孰若綏之以德與其障之於滔天孰若遏之於漏卮邇年九絲之役羅旁之役緬甸之役馳露布上首功何如公之不動聲色玩三苗於股掌之上不功之

功即昆明銅柱矣讓焉竊謂如公者宜移之絕塞用武之區以竟厥施不宜置之荆楚間也抑又聞之活千人者後必有興公以德化苗苗款塞而不被兵邊民免烽鏑之禍所活豈止千人陳氏其興矣余邑比鄰苗疆幸遊公宇下得有其家以不罹搶攘伊誰之賜也哉既而奉命按察南閩黜墨吏雪冤獄清郵政擢右布政使主清軍議改附近以甦遠戍禁宂句以杜拘擾補精壯以入行伍軍政釐然中璫高寀誅求無藝性學議稅五萬爲解京額餘悉罷征謂寀曰前所定稅皆軍需稅去則餉無所出設有脫巾之呼孰任其咎寀驚遂疏請留餉若干銀時閩撫金學曾中物議予告歸廷推性學疏凡數十上皆不報學會起官疏薦性學自代高寀亦畏人望具疏薦性學恥爲所知上書自劾擢廣東左布政使粵稅皆軍餉內監李鳳李敬原恣意漁獵多方論禁之丁父憂去職服

闕以陝西左布政使備兵榆東虜酋指相戒沙酋入犯高家堡設疑兵退之受上賞署榆林諸路兵政葺書院修戎政套夷火落赤擺言太沙計皆叩關納款無何以謗歸巡撫崔應麒薦邊才特詔起用引疾不出服官三紀敭歷中外所在有政績又著有防邊籌略西臺疏草光裕堂集紫瑛山房藏稿據明史浙江通志湖廣通志福建通志陝甘通志乾隆府志孫如游傳纂

子于朝字叔達號蒼溟性聰穎年八歲和父早朝宮怨詩京師爲之傳誦弱冠究心宗旨爲文主先秦而奴六朝與山陰徐渭爲忘年交書法得渭指授斐亹奇幻幾與之埒四明屠隆稱爲文中麟鳳道中貔貅雲間陳繼儒贈以句曰一簾紅雨留春燕五色丹鉛校異書其風趣可知矣學道伍袁萃洪啟睿奇賞之屢試不偶以廩生終同輩惋惜于朝顧處之夷然彈琴品竹畢志歌詠又棄去不復作信佛氏說改其字爲玉立號曰長離又改爲了

因又自號爲飲冰子或嘲之曰子何數化之無常耶倏而鵬倏而鳳倏了因而纏塵倏飲冰而受命數易而猶故我實之不賓名焉用之答曰論吾本來名字不立卽呼我名而非我也穴風川月總出一機窗煎沙礫具有佛性不啻爲鵬爲鳳爲苾芻之侶爲受命之使卽呼我爲牛爲馬爲蟲臂爲鼠肝爲塵埃矢溺而未始非我也一日晝臥夢見大河混流如血二羽士持幡幢相迓未幾病卒年未四十也性至孝嘗讀書苧蘿山西竺菴著有苧蘿山稿山陰王思任蕭山來斯行爲之撰序又著有四書簡切講義自得齋稿子洪綬據苧蘿山稿屠長卿集王季重集晚香堂集來宗道墓誌纂

陳洪綬字章侯父于朝讀書苧蘿山遇道人鷩衣鶴髮手一蓮子授之曰食此得見當如此蓮故洪綬幼名蓮子及其老也名老蓮年四歲就塾婦翁家翁方治室以粉堊壁旣出誡童子曰毋汙壁

洪綬入覘良久紿童子曰若不往晨食乎童子去果篆登其上畫漢前將軍關侯像長十尺餘拱而立童子至愕懼號哭聞於翁翁見侯像驚下拜遂以畫知名見李公麟畫孔門弟子勒本能指其誤處十四歲懸其畫市中立致金錢初法傅染時錢唐藍瑛工寫生洪綬請瑛法已而輕瑛瑛亦自以爲不逮閒爲詩文詞落筆清儁不屑屑餖飣工書法謂學者競言鍾王顧古人何師擷諸家法意自成一體當父歿時洪綬方九歲及長兄洪緒忌之徒步往山陰稅一廛居師事劉宗周講性命之學嘗上書宗周曰宋之諸君無有培植太學生者矣而多食其報道君起艮嶽鄧肅上書金人兩寇陳東上書李綱將罷歐陽澈數百人上書黃潛善汪伯彥用事魏祐上書湯思退議和張觀等七十餘人上書韓侂胄欲罷趙汝愚楊宏等六十八人上書胡榘議和何處恬上書史嵩之謀起復

黄愷佁金九萬孫翼鳳等百四十四人上書城陷之辱丁時起私有孤臣泣血錄我祖宗今上培植太學生不遠過曩代乎昔邊防之警若權相之推善類若大司馬之起復若私議撫獨涂從吉一人上書白黄石齋先生冤空谷足音矣然所見有紛紛上書者身謀而不及國洪毅之名亦與焉沮之又不能得深悔當時何不棄去半年懷負國之慚今則棄去矣前失難追矣太學生何負我祖宗及今上哉三百年間乃僅得一涂從吉吾師乎涂從吉故足悔矣而有悔言之集悔言小引言劉夫子爲天子所注意上封事皆導君毋苟且之治術羣小謗之謂迂遠而不宜於時時者權也聖賢不得已而用之治術者經也不得以運之升降道之隆汙而變之者也使遇中主趨時焉尚不爲臣之正路矧逢今上神聖而勞悴之主甯忍以末運之治輔之耶若夫子者負責難於君之純臣

也甚矣羣小之當殺也時宗周以譴去國洪綬感其事賦詩曰聖君求治恩朝夕夫子孤忠在責難大運違我堅所好橫流非我孰安瀾青鞵布襪嗟行矣蘋鳥廉庭良可歎誦道稽山瞻北闕浮雲不許老臣觀蕺山弟子多諄謹惟洪綬與山陰王毓蓍不肯帖帖就繩墨毓蓍讀書曹山洪綬寄詩曰春光狠藉到三分少我登山健骨羣何苦雲蘿高岡子攢眉穿袖搆奇文後過江受業於黃道周有題畫詩呈石齋曰聞道提心性地昏慚將筆墨叩師門譬如野象聞彈指牙拗曇華供世尊一時高其行又多其才莫不爭相結納而望景逐響者則祇重其書畫戶外之求日滿洪綬亦未嘗不應而心滋不悅既而縱酒狎妓自放頭面或經月不沐爲諸生學使者索畫輒勿得客有求畫者雖罄折至恭亦勿與之酒間召妓則自索筆墨小夫稚子無勿應也嘗遊杭州友召之飲期於西

湖洪綬往遇他舟徑登入席坐上坐飲主人徐知爲洪綬也亟稱其畫洪綬大駭曰子與我不相識也拂袖去累試不第天子方開積分之選挾策入國學輒試高等名滿長安遇舊友周亮工金道隱伍鐵山結詩社懸帝召入大內使臨歷代帝王圖像因得縱觀祕府藏畫畫乃益進命爲供奉不拜繪歸去圖贈亮工諳故友上虞倪元璐話別留詩曰曉月稜稜照別離相從欲在別離時不須長夜曉鐙語如此離情各自知元璐次其韻曰不堪春雨話長離淒絶蕉風夜動時此意自難將作賦江淹多是未曾知有我君何易別離酒濃詩釅夜深時可當一片韓陵石歸去逢人儘說知玉案在手眼迷離是寫芭蕉怪石時供作丹徒書院譜世間惟有米顛知春明門外草離離卻好王孫躍馬時歸去浣紗人定喜玉京璚飲莫教知無多日子痛別離轉眼錢唐送客時看到馬忙花鬧

處新郎君是舊相知洪綬以倪詩有嘲其隱者至河西務復寄詩曰兩袖清風歸去時人家應有餔糜詞不知飲盡紅樓酒又得先生送別詩遂南下甲申之變元璐殉國洪綬棲遲越中時而吞聲哭泣時而酣酒狂呼時而偕輕俠少年椎牛埋狗見者咸笑爲狂明年江干兵起魯王監國以翰林徵隆武聞洪綬名遣使以御史召皆不赴遣臣馬士英以纁帛玉璧卑禮求見閉門拒之挽洪綬交友乞一紙終不可得已而王師下浙東大將軍撫軍固山貝勒從圍城中搜得洪綬大喜急命畫不畫刀迫之不畫以酒與婦人誘之畫久之請彙所畫署名取至已大醉抱畫寢且伺之遯矣既間載山石齋王元趾先後死即披剃爲僧更名悔遲自號老遲往來洞霄天竺間歸命侯田雄建牙浙中蹤跡得之擁篲郊迎則一憔悴布衲也田執禮愈恭洪綬辭氣益脫牽纍韝環侍者動色駴

愕餽以金不受去學使者李際期洪綬素交也念洪綬家窶強餽三百金辭不獲乃散遺鄉里交遊家駱駱待舉火不問也自是不甚畫强請之輒畫大士象曰吾藉以懺悔也向之怨尤悲憤頹唐豪放之氣悉歸無有壬辰忽返故里未幾卒年五十四葬山陰謝墅官山隩洪綬畫雖以天然勝然用法嚴謹嘗模周長史畫至再三人指所模畫謂之曰此畫已過周而猶嗛嗛何也曰此所以不及也吾畫易見好則能事未盡也長史本至能而若無能此其難能也其持論類如此所畫人物軀幹偉岸衣紋清圓細勁兼擅公麟子昂之長設色學吳道子力量氣韻遠出仇唐之上蓋明三百年無此筆墨也時與順天崔青蚓子忠齊名稱爲南陳北崔朝鮮兀思哈日本撒馬兒罕烏思藏爭購洪綬畫一幅至數百金而所得皆贗本海內傳模爲生者至數千家著有寶綸堂集十卷題畫

詩一卷避亂詩一卷子字自有傳據孟遠傳周亮工讀畫錄朱彝尊竹垞文集毛奇齡西河全集

全謝山鮚埼亭集倪元璐文貞公集寶綸堂詩文集圖繪寶鑑畫史畫徵錄張岱陶菴夢憶纂張岱三不朽圖贊陳章侯洪綬爲人不羈自幼工書畫筆多奇致超出古人名重一時求其畫者或以山水一角或畫人物半身每多不完做之古人惟郭恕先庶幾似之贊曰跌宕章侯聰明桀傲字畫出入撇翻窠套術動王公四裔名噪鬢少心存自爲寫照咄咄書空摩鄭思肖乃曰浪得虛名神鬼見諸全祖望子劉子祠堂配饗碑諸暨陳先生洪綬字章侯以畫名且以酒色自晦而其中有卓然可傳者子劉子深知之蕺山弟子王元趾與章侯最爲畸士不肯怗怗就繩墨元趾死章侯不死然其大節則未嘗有愧於元趾故予定蕺山諸弟子其有負盛名而不得豫配饗者而獨於章侯有取焉

諸暨縣志卷三十

人物志

列傳四

明

蔣貴子雄　孫琬　四世孫驥　蔣愉　愉孫泰　馮謙子珏

徐琦蔣憲　陳祥趙有仁

樓守道子成櫝　翁溥子餘忠

袁徵郭時貴　駱嗣宗　酈琥子希范

酈洙子光祖　傅初　朱長庚　陳克建　楊肇祿　酈暖

蔣子濬子重艮　錢時子方肅　楊肇泰　蔣一鵬　鍾守禮　陳廷俊

周國琳　華岳陳克全

姚一鸞酈汝楫　酈民法

金江　余元文子綸　史繼鰌

傅儲　傅日炯子愉弟雨　從兄商霖　從從叔均王三善

陳潛夫弟麗明　方炯　張鵬翼弟鵬飛子國維　季熊

吳凱吳堯宰　壽允昌黃岳

周昌祚姚球　俞其茂　駱國挺

周于德子長壽　蔣大忠

蔣貴字大富義安鄉三塘人寄籍江都以燕山衛卒從成祖起兵雄偉多力善騎射積功至昌國衛指揮同知從大軍征交阯及沙漠遷都指揮僉事掌彭城衛事宣德二年四川松潘諸番叛充右參將從總兵官陳懷討之募鄉導絕險而進薄其巢一日十數戰大敗之進都指揮同知鎮守密雲七年復命爲參將佐懷鎮松潘明年進都督僉事充副總兵協方政鎮守又明年諸番復叛政等

分道進討貴督兵四千攻破任昌大寨會都指揮趙得官聚兵以次討平龍溪等三十七寨斬首一千七百級投厓墜水死者無算捷聞進都督同知充總兵官佩平蠻將軍印代政鎮守英宗即位以所統皆極邊地奏增軍士月糧正統元年召還爲右都督阿台寇平涼邊將告急命佩平虜將軍印帥師討之賊犯莊浪都指揮江源戰死亡士卒百四十餘人侍郎徐晞劾貴朝議以貴方選軍甘州勢不相及而莊浪乃晞所統責晞委罪置貴不問明年春諜報敵駐賀蘭山後詔大同總兵官方政都指揮楊洪出大同邀西貴與都督趙安出涼州塞會勦貴至魚兒海子都指揮安敬言前路無水草引還鎮守陜西都御史陳鎰言狀尙書王驥出理邊務斬敬責貴立功貴感奮會朵兒只伯懼罪遣使入貢敵勢稍弱貴帥輕騎敗之狼山追抵石城已聞朵兒只伯依阿台於兀魯乃

地貴將二千五百人爲先鋒往襲副將李安阻之貴拔劍厲聲叱安曰敢阻軍者死遂出鎮夷間道疾馳三日夜抵其巢阿台方牧馬貴猝入馬羣令士卒以鞭擊弓韣驚馬馬盡佚敵失馬挽弓步鬬貴輕騎蹂擊指揮毛哈阿奮入其陣大敗之復分軍爲兩翼別遣百騎乘高爲疑兵轉戰八十里會任禮亦追敵至黑泉阿台與朵兒只伯以數騎遁遁西邊悉平三年四月王驥以捷聞論功封定西伯食祿一千二百石給世券明年代任禮征甘肅又明年冬以征麓川蠻思任發召還京六年命佩平蠻將軍印充總兵官與王驥帥師抵金齒分路進搗麓川上江寨破杉木籠山七寨及馬鞍山象陣功皆第一明年師還進封侯益祿三百石八年夏復佩平蠻將軍印與王驥討思任發子思機發攻破其寨明年師還賞賚甚渥加歲祿五百石是役也貴子雄乘敵敗帥三十八深入敵

扼其後自刎沉於江贈懷遠將軍彭城衞指揮使十四年正月貴卒年七十贈涇國公謚武勇貴起卒伍不識字天性樸實忘己下人能與士卒同甘苦出境討賊衣糧器械常身自囊負不役一人臨陣輒先之故所向有功張岱三不朽圖贊蔣武勇貴代父爲燕山衞卒以靖難功世襲衞指揮平戎王阿台封定西伯征木麓川大捷晉侯給世券貴起家行伍與士卒同甘苦故能所向成功卒致大位贊曰行伍出身袒金浴鐵鏖戰多年齎無不捷執銳披堅衝風冒雪馬上安身刀頭飲血立子義致通侯是眞豪傑不倚冰山自能建節勝彼汪閹仰仗雙鉞病不能嗣以義子琬襲侯天順末佩平羌將軍印總兵甘肅築甘州沙阿諸屯堡成化八年召還協守南京兼督操江十年入督十二團營尋兼總神機營兵上言太祖肇建南京京城外復築土城以衞居民誠萬世之業今北京但有內城己巳之變敵騎長驅直薄城下可以爲鑒今西北隅古址猶存亟勸募之成功不難又言大同宣府諸塞下腴田無慮四十萬悉爲豪右所占畿內八府良

田半屬勢要家細民失業脫使邊關有警內郡何資運道或梗京師安給請遣給事御史按覈寨下田定其科額嚴戢豪右毋得侵奪庶兵民足食而內外有備章下所司雖不盡行時論韙之十三年帥京軍防秋大同宣府陳機宜十餘事皆報可十五年偕汪直按遼東邊事二十年佩將軍印出禦邊寇寇退班師累加太保兼太子太傅卒贈涼國公謚敏毅子驥嗣典京營兵宏治中充總兵官歷鎮薊州遼東湖廣官中外二十年家無餘資再傳至孫傳嘉靖中累典軍府佩平蠻將軍印鎮兩廣以平海寇征清遠猺功加太子太保明亡爵絕明史列傳自涇國封絕子孫世寓京師隸籍漢軍蔣礪堂相國攸銛其後也會稽宗稷辰云乾隆府志蔣氏家譜貴祖子盛爲揚州教授遂居江都善應鄉父雲字從龍其祖墓今在諸暨西安鄉何家山土名千子墓九世孫名承勳者襲爵後於萬歷丙辰七月曾請旨歸祭立碑碑今現存而承勳之祖傳亦曾便道歸祭第其世系稱琬爲謙之子與史不合又云琬傳子寬寬傳子福福傳子璿璿傳子

傳傳傳子裕裕傳子承勳承勳傳子翰翰傳子秉忠爵除中間無驥名與史所稱驥再傳至孫傳者亦不合蓋自貴之祖已遷江都其所留者墳墓宗族耳故萬歷志竟不之載而俞志亦僅於封爵載其名不爲立傳

蔣愉貴族人也洪武初以罪北戍既至選通州衛小旗積功至燕山右衛副千户靖難時戰殁於東昌追贈武略將軍子勝嗣勝卒子泰嗣正統間從討滿四殁於陣子琛嗣琛卒子存禮嗣累功至參將卒子松嗣凡五世禄除乾隆府志

馮謙字履吉正統戊午舉人官沛縣知縣縣當津衝民力疲送迎謙力爲裁節奏罷戚畹莊梨木廠浚昭陽湖建飛雲橋民頌歌之子珏字朋玉成化戊戌進士官刑部員外郎博學能文性尤好義先是有俞繪者貸金於謙謙殁繪遣子歸金并息於珏辭不受繪子置金謙墓下去珏不及追則以與鄉人之貧者珏弟瓘璉俱見藝術傳據浙江通志金汀拾遺纂

徐琦字廷振正統丁卯舉人官厓州知州厓多黎苗戴竹笠子垂髻來見琦諭以服色當從中國爲易方巾直領簡率俊秀使趨於學教以婚喪禮俗爲之變在厓九年改道州知州政復報最致仕歸蔣憲天順甲申歲貢生官應山縣知縣縣人不知耕織憲製犁耜紡車教之遂致饒富應山人奉祀名宦祠浙江通志

陳祥字逢吉由宣德庚戌歲貢任臨安府推官錄經史中恤刑諸說貼座右政尚寬平郡人供磁器遇風失水有司擬重刑祥以非其罪釋之冤死者三十六人趙有仁字德洪號雞山居南城初官經歷陞趙府審理正方治獄有慮以富累者奉金二千求解有仁曰若本無罪賄乃罪也予受賄亦罪也與其兩罪何如兩無罪之爲得也卻之出其獄樓志

樓守道字伯子號南溪楓橋人諸暨儒學舊由金雞山下移於縣

署西地苦湫溢嘉靖壬午守道捐八千金購地重建又捐資修城垣建櫟橋於長甯鄉獅子山麓辛酉歲饑開倉振饑遠近任其所取全活無算有司上其事賜州同職銜卒後紹興知府邵齡奏請入祀鄉賢祠子成櫝字五雲萬歷丙辰復捐三千金修學宫獨任其工殿堂亭廡煥然一新又助餉五千金奉旨授府通判赴部候選未及銓而卒蔭一子入學充附生據隆慶駱志章志范櫝傳纂

翁溥字德宏嘉靖己丑進士初知太湖縣徵入爲吏科給事中大同軍殺主將廷議持疑抗言乞正法以定國是事甯功罪失當抗言請風力官聶賢禮部尚書汪鋐諛佞播弄擅愛憎抗言發其姦狀落職爲龍泉縣丞尋起歷廬陵知縣蘇州府同知廣東僉事參議四川副使參政河南按察使湖廣左布政使在四川時以平白番及都蠻功兩賜金綺後陞都察院右副都御史巡撫湖廣改江

西值歲旱大饑議振貸明年又旱議蠲租驛傳供應殊苦溥改議并諸政務調停節省民獲更生弋陽王攝甯府事日搆洶洶疏請分管以平事權羣爭遂定陞兵部右侍郎尋轉左侍郎考滿以捷音陞俸者三賜金幣者二擢南京刑部尚書卒於官敕賜祭葬謚榮靖溥識敏而氣凝臨事井井尤嗜學工詩文所著有知白堂稿子餘忠字孝成號東白以蔭官南京右軍都督府都事運蹇不得志退居紫巖築霞紫園隱居終身著有支離集隆慶暨志

袁徵母陳病肺不治禱北辰刲股進遂愈時方春庭檜吐華鳩巢於室鄉人謀請旌父貴誠謝勿許貴誠父師尊亦誠樸爲邑聞人萬歷府志名教錄

郭時貴父嗜鹿脯阬西故多鹿顧去縣四十里百計購致每餐必具母患目疾湯藥非先嘗不進及歿廢櫛沐鹽酪不入口者三年萬歷庚午歲饑煮粥以食餓者每歲終夙逋不責償乾隆

府志駱嗣宗號梅軒楓橋人母歿殯堂隅家遭火奮身烈炎中撫棺哀號須臾風反母柩得全及葬廬於墓側二十餘年植梅繞澗清芬滿路子孫世居其地號曰梅花塢駱炎梅花塢先塋記

酈琥字仲玉號元厓錢緒山弟子也恪守陽明之學以貢生官績溪縣主簿同邑駱問禮爲作高士軒記曰元厓子初與予同事錢先生時予方弱冠學爲文辭而元厓子彬彬學已有成與先生獨相得自後學益進不惟師友相推重即自許亦以爲得陽明正傳而予日淪落且迂僻私淑紫陽而於陽明之道謝不欲聞然元厓子不以是棄予也每相遇必談論終日即未盡合亦未嘗固執門戶之見自後予落魄風塵而元厓子亦小就爲績溪簿汪周潭中丞爲題其軒曰高士意以紫陽爲同安簿曾以是名其軒而元厓子亦爲是官援以贈之予聞入山者不探珠蹈海者不采玉陽明

詆疵紫陽不留餘力元厓子既守陽明戸庭甯背以紫陽爲堂奥中丞舉以勖之而元厓顧忻忻不以爲怪何耶夫高士者賢人隱遯之名非君子履道之極也君子之道平常而已卒其平常雖德如孔子業如周公不以高名後世所謂高士即商山富春之流然商山富春能高於周孔耶顧世方役役而彼獨危步遠引其與庸人亦遠矣凡言高者對卑而言也紫陽身體力行莫非聖賢之實而顧以此名自居意蓋有所在也元厓生平自負不在人後而卑卑一簿恬然居之豈役役者比有志者必先去其役役使足比迹於古之高士始可以共學而其所當適從終有所在此中丞推挽之意而元厓默飲其醕居之而不怪者也予官留都元厓子以職事至留都事簡諸公多論學者聞元厓子至皆以爲奇遇顧予固不入其說人多啾啾而元厓子不以病予夫道無兩是入者主則

出者奴予自愧不免而元厓子獨異於是此亦高之一端云琥以宋蘇文定公嘗官績溪著有和蘇集一卷駱問禮與山陰徐渭爲之序渭又作無魚篇贈琥曰績溪縣亦神州赤聞君作簿無魚食誰能嚼肉過屠門瘦殺鸞棲一枳棘近來二哥自縣來覽君詩帙羨君裁高吟欲并崔松館別體尤工漢柏臺文成一線今將斷錢翁老死寒灰散十年半夜急傳鐙西來衣鉢君應管莫言小釜烹鮮魚莫言牛刀割隻雞直儒不揀唬兒抱同安主簿是阿誰去年別君天眞館我猶縛翅君飛遠只今縛解翅不長無由一奮來溪畔司馬功高舊主人君眞父母匪邦鄰墳頭松檟今何似匣裏弓刀暗卻塵由來壯士悲羅雀我亦因之感死貌今來已是上年春金錢銀錢不一緡我復何辭公不嗔會須上冢拊愁雲一笑裂卻石麒麟下來與君談苦辛萬一樓集 徐文長集又著有彤管遺編二十卷一天

閣書目子希范字范叔嘗以詩質駱問禮問禮次其韻曰千里終須到三年尙未飛韶華忙易過心事苦難移緬憶萊蕪釜渾忘杜德機莫嫌相見數詞賦似君稀著有范叔詩文集問禮爲之序萬一樓集酈洙字白巖後街人博古敦行萬歷初講學稽山書院從遊皆知名士著家教輯略以發明紫陽家禮其卒也山陰徐渭志其墓孫光祖字均儀弱冠有文名副浙榜者再授吳江縣丞陞知邵武縣廉聲籍甚著有範世全編定性書四書木舌禹貢注紹興府志傅初字元之湄池人諸生性孝友篤志於學闢木雞軒朝夕擘究洞闡淵旨著有周易七鏡鉢允都名教錄朱長庚字與白萬歷己酉舉人初官遂安縣學教諭士人立祠祀之陞桃源縣知縣調含山以耿介忤當道罷歸隱居巢句山築嘯客堂藏書甚富類多手評著有善生善死善意錄乾隆府志韓求仲黄葵陽等咸推重之章志陳克建字明臺

萬歷丙辰歲貢官華亭縣學訓導徐字遠陳子龍李雯宋徵輿皆從之講學遷羅源縣學教諭評輯經史四百卷著述等身章志楊肇祿字適百諸生雲間陳子龍以紹興府推官攝邑篆敦請講學著有易解參義及卒門人私謚爲誠一先生樓志大觀堂集

酈暖字和叔別名一槐後街人邑有持藥毒人者紿之曰速斃禍將及不若緩之乃易藥與之約數月始應至期怒解煖告之曰向所與者綠礬也姑緩汝怒耳其人慚謝去是年煖家雞抱卵雛五彩頭距異狀人以爲綠礬之祥山陰徐渭爲之賦綠礬彩雞篇曰有人持鎌兩束黃云欲換藥爛人腸山中老翁一槐子聞之不語股栗豎人命豈止千黃金一匕入口言者噎欲買綠礬付其手充爲野葛甘其心此夫持將讐家飯朝餐暮餐腸不爛半年始覺毒無功一掬不知翁所換人來問翁翁說與其人低頭淚交雨魑魅

陰厓白日光能令殺人劍韜匣戢其鋩翁子邈然豈望報由來福善天之道寵雞一隻小於拳鬬場翻作翻波叫翻波叫不足奇雙翰一日五彩衣高冠雉尾聳一丈紫光紅燄青天輝五洩山頭飛瀑布帶長遙拂長練素一百年來眞鳳凰此雞一躍上天路還付郎君隱豹霧至今人流聲光祿營德彩雞祥徐文長集

蔣子濬字心源號晚莊蔵里人性至孝七歲至外家外祖與之食食舍鷄問之曰母所嗜苦不得食兒不敢甘也萬歷元年季弟以事被逮母愛少子子濬慮感母心又憫弟無子挺身代弟繫死獄中令祀京師越中先賢祠子重艮字思源善居積好義白塔湖界連歷山湖歷山隄決則白塔湖田悉湮衆議別築埂以障之重艮捐田六十三畝以爲埂基復出粟五百餘石傭工代振隄成田得無恙今俗呼爲新塘埂後數年邑被水稻種無所出重艮散穀於

田羣鳥飛集若爲之耰耡者至秋大穫人以爲行義之報云同郡商盤以事至蕺里過所謂新塘埂者訪父老得其遺事慨然慕子濬父子之孝義爲之賦孝鵜行曰母愛鵜兒食鵜如母何七歲之兒語如此外祖奇之艮足多鵜鶘鶘兒不食母得食母心咽母憐少子陷於辟兒入狴犴弟得出母憂舒兒命畢嗚呼孝鵜之冢何處尋母兮母兮思蔣欽又爲之賦土埂謡曰土作埂不作埂歷山湖決殃同井直輸六十三畝田保得三萬一千頃埂功竝與南山永七十二湖驚滔天四十八村滅炊煙無秧乃荷穀一肩鷗耘鷺耡成豐年嗚呼涿鹿水田授萬戶高麗城下吏囊土君家有人呼蔣父據樓志商盤詩集纂

錢時字中甫號惺復萬歷丁未進士由常州府推官分校南闈得士爲一榜冠以剛介左遷商河縣知縣歲大饑冒雪行阡陌稽口

授糧全活無算商河故盜藪往往刼掠城市擒其魁治之盜遂息遷工部主事榷關蕪湖著有榷蕪輯略丁憂歸服闋補原官未幾擢按察副使會蕃酋犯順川督疏請用時專任督餉建議兵運時爲置頓舍均勞逸發邛渡瀘飛輓千里兵食以充陞左參政備兵曹濮屬寇臨濮城發兵赴援厲卒直擣其巢盜用以戢旋罷歸著有來園集來清堂稿古文特鈔四書類編子芳肅字穉敬隨父宦遊蕪湖鋤强釐弊多資贊助父歿宿柩側三年母病侍寢晷刻不離者七年伯兄早世事嫂如母歲壬午饑分粟授衣親疏均徧學有本原以廩生三副於鄉所著有江上吟古文爭奇章志楊肇泰字六符萬歷已未進士授靜海縣知縣遷甌甯著政聲陞刑部主事據明倫堂進士題名碑則肇泰亦官工部都水司員外郎房師黃白安領袖東林欲薦爲臺省時魏璫柄國以親老辭出守武昌丁艱服闋補安慶府知府會流

寇陷鄞郡設法捍禦雖元旦守備不輟賊相戒毋入安慶堅持六年以病乞休肇泰有知人鑒史可法金聲皆門下士也崇禎戊辰同年捷禮闈爲明末忠臣之冠家居後積穀備荒戚族賴之捐祀田并給三黨田以千計章志蔣一鵬字漢沖山環人弱冠遊南雍大司馬馮夢禎異之名遂著著有陸離草文萃堂集言河漕兵農禮樂制度最詳鍾守禮字南明萬歷末由太學生考授四川華陽縣知縣適征蠻與石硅土司秦良玉相犄角屢戰斃門俘數百人華陽山賊爲患設計殲之擢揚州通判乾隆府志陳廷俊字九疑楓橋人諸生官晉府右長史降賊通天柱窺太原空虛以請犒爲名謀乘間竊據巡撫戴君恩庸懦無措廷俊請伏兵擒之王召撫藩議君恩曰殺降無以勸來者犒之便廷俊持之堅君恩曰朝命撫而遽殺降誰任其咎廷俊曰殺降固罪擅發朝廷之帑以養賊獨非罪

乎君恩辭窮乃從廷俊議擒通天柱餘賊悉平君恩言功得蔭廷俊遷左長史加四品俸服卽辭歸聞國變憂憤卒山西省志

周國琳兼溪人劉光復知縣事多惠政行取擢御史上疏論事語涉皇儲繫獄萬歷四十六年夏國琳徒步三千里閏四月二十六日至京師卽上書申理其略曰邇聞邊疆之警召諸大臣議起廢官御史潘汝正疏舉繫臣劉光復才充監軍誠以光復素嫻謀略夙著聲望業見能於治邑暨稱難治惟光復冰蘗自持勤謹自勵行取之日攀轅者十室九八祝祀者閭里一祠此其賢良固有卓出羣令之表偶聞事涉皇儲失於檢核皇上罪之宜也然猶曲加眷念仁愛溢於法外光復深自懺責期於報效今者邊壤不靖正光復捐軀自贖之秋也有治邑之長才必有安邦之奇略能靖難治之民必能制難禦之寇今部臣交揭御史疏薦望皇上曲赦光

復以收天下之心臣琳願以身代光復羈囚倘無成績甘正欺罔之罪竿首藁街不避斧鉞疏入不報樓志

華岳字仲西性醇謹寡言笑少與張元忭羅萬化朱賡陳性學同學甚相得後四人皆掇巍科岳以貢生司鐸嚴陵遷廣德萬歷時朱賡當國欲特疏薦岳毅然曰國家銓政詎爲徇情貲耶苟徇友即負君矣拒不從以江府長史終其身馮夢祖蒼源叢記

陳克全字伯修諸生朱賡門人也逮賡當國招之入都謂曰生困有司久吾今薦於朝庶得官乎對曰克全不才不自奮勵師相宰天下而私一門人如名器何克全行矣遂歸鍵戶讀書終身不仕允部名教錄

姚一鸞字孟喈號象先萬歷乙卯舉人授衢州西安縣學教諭學精於易日進諸生討論經義學宮傾圮捐俸倡修陞英山縣知縣英在萬山中地瘠民貧賦役繁重屬溪水漲湮沒民田征輸如故

一鸞下車卽爲請豁悉心撫循或歲不動一刑民亦輸將恐後滿三載乞養歸奉親教子優飫經史垂三十年崇禎庚辰歲饑雲間陳子龍攝縣事一鸞家素貧請罄產倡捐鄉里效之全活甚衆章志初一鸞以博學能文與同邑酈汝楫見賞於山陰董日鑄由是文名著於兩浙汝楫字剡伯號澹園邑諸生陳洪綬傳

酈民法字聲我崇禎戊辰歲貢生父元亮字斗初以薦授六品京秩不就好浪遊名山大川足跡略徧與鄞縣屠隆相交最契道卒民法年十三夜夢父曰我於某月日死號泣別母奔赴果如夢言遂扶柩歸章志服闋除河南陽武縣丞署知縣有政績時流寇四起民法敕戒備寇三至輒引去曰陽武令能愛民留此斗大城以勸良吏河南通志後解組歸事母盡孝葬祭一遵古禮章志

金江字孔殷博通羣籍有志纂述崇禎壬午與其弟珖由義烏遷

居靈泉鄉所著有續敬鄉錄華州文錄太倉高唐二州志義烏人物志乾隆府志

余元文字仰泉幼穎悟博綜經史岐黄占測五行諸書無不通曉子綸縉皆成進士封如其官布衣徒步如常時性愛梅菊曰吾以友其德也年踰八十卒縉自有傳綸字伯綬號岸修崇禎癸未與同邑史繼鰌同年成進士除興化府推官未赴任流賊陷京師大索庶僚汙以僞官或酷加刑訊自大學士魏藻德下咸囁嚅怗怗俯從不敢後綸偕繼鰌韜匿姓氏間關歸里繼鰌家貧教授諸生藉束脩以自養綸杜門侍父病踰三載不安寢讀書根究理要與弟縉自相師友鼎革後屏居山樓足不下梯者十餘載晚年喜詠陶靖節詩蓋借以自況也山陰張陶庵岱作三不朽圖贊以綸與會稽陶石粱奭齡章格菴正宸竝列隱遁著有蘿月菴集子一燿

自有傳繼鰌字如矢官刑部額外主事爲諸生時文名籍甚而繼鰌顧以節操自勵甲申之變同邑方允昌官兵部約繼鰌受僞命繼鰌正色拒之方之古人殆權皋甄濟之流也陶菴氏獨取綸而遺繼鰌何與據康熙乾隆府志大觀堂文集纂

傅儲字石天邑諸生三都人幼事母孝館距家十里餘雖風雨必歸省館穀所入悉以贍弟及故交與同學蔣性安有婚約性安早世撫其孤如子傅中黄其門人也章志著有五經類註

傅日炯字中黄瑁池人邑諸生幼孤好學事母以孝聞長遊京師與上虞倪鴻寶元璐貴筑楊龍友文驄諸名士遊學益博詩益進兼工繪事山水松石出入石田六如之間山陰祁世培彪佳方官御史傾心日炯時以詩酒相唱答間與論古今忠義世培奇賞之每草奏牘必以相質時明帝急於求治閣臣叢脞疆吏不和以致

寇氛日熾蒼生塗炭日炯有書聞雜感詩曰駈奴之歲罷憂虞建牙獎用今不須易置勞臣屬帷蓋拜命以疾委江湖分功自可賦膏雨何事媢妒乘於菀萬卒殘碎血滿野大陵未救先失圖吾聞大帥揚麋肩麾下餒臥餐良駼析骨爲薪薪亦盡精弓大劒徒嗚呼又聞斂銳踰河滸賊之糢精今將無黑旗屢報鼓音死廟堂結舌都人忏又恐復中蹂郊害天子召對卿大夫不知戎事無前諾但幸士有捐身愚東顧焦勞氣滅虜誰能慷慨陳豪謨嘗讀家令說兵事以三長技歸匈奴中國奚爲用其短熊羆坐喪羸馬瘠練士橫行快雲鳥酋矛利戟交豎椴如山不動足自保風雷變化虜應逋庸臣謀國喜減省楚蜀征戍仍南徂驍捷果奏先登績梟獍乍捐避其徒茫茫才略務瑣屑雄俊倉猝皆踟躕隱憂黠奴困巖險能使援絕神京孤安頓猛將作聲援奪詭攝魄匪區區草茅欲

獻狂瞽策願閉關門莫戰胡營平破羌先宿食分番遞進彼始屠肉食空抱鞅掌歎至今秦晉繁負嵎川巒連報相仇殺聖情何以釋宵旰詩出一時忠義之士咸驚歎以爲杜子美弗及也而廷臣顧笑以爲狂日炯久滯京師陟西山登高東顧慨然有白雲在望之思遂襆被歸與從叔傳平公均羣從傳天賚商霖傳奎莪雨同受業蕺山之門甲申之變懷宗殉國即有汨羅之志顧念母老不能自決慷慨悲歌往往自見其意母微窺之謂日炯曰我聞以義養不聞以事養忠孝不兩全自古而然勉之毋我念及聞江上師潰蕺山絕食死遂具衣冠拜别母詣廟告死期辭所嘗與往還者從容潛出自沉於湄池江時丙戌六月初三日也翼辰見其屍兀坐江上衣冠秩然惟失一屨越人義之奉祀郡城殉節祠後又以日炯配饗子劉子祠堂張岱三不朽圖贊傳中黃日炯庠生甲申北變日惟痛飲以解牢騷自誓必死以養

母屬族人奉莪亟走别母母曰忠孝不兩全勉之遂慷慨賦詩沈江死次日猶見其危坐江心挺然不撓贊曰鄭所南作心史商彭咸沈江濟勉子死忠母爲磅母生祭文山友爲炎午慷慨從容以歸覩死斯人也能痛飲酒而熟讀離騷是眞名士子愉力學敦氣節能世其家商霖一字思文日炯從兄也殉義錄作從弟性至孝母嗜梅脯有佳者百里必懷致之母歿終身不履梅下嫂氏孀居事之如母聞日炯死歎曰後之哉奈何既而賦詩哭日炯曰子有慈幃白髮親因來癡種謬識人不知子立千秋節即是千秋孝養人賦罷即與諸生王三善入化成山中不食七日同時餓死商霖衣帶間藏片紙書曰卒士之濱莫非王臣詎云庶士可以偷生時年四十七初江干兵潰日炯還戴笠叩從兄雨門索酒痛飲忽長歎曰桓山烏一何悲雨曰豈以聶軹里有老母乎日炯曰知我者鮑子也雨曰若母猶雨母詎何敢辭泣拜别去就均議曰聞劉先生殉義吾輩分當死然俱有老母在母許死則死耳均白母不許

日炯母獨許之日炯死均與雨共養日炯母終其身均一名衡住牐頭軀幹八尺饒膂力能挽五石弓顧性獨謹學少與商霖輩治經生家言不售改試武舉崇禎丁丑舉進士雅以氣節自矜山陰劉宗周以直言被放講學蕺山往從焉蕺山死後均與雨議築室於聖山之雉隝奉蕺山祀日浣水焚香聚徒講貫每及忠孝大節鬚髯戟張聲色俱振家故貧當崇禎庚辰饑均揭鏹貸米江干泛舟歸艤岸見不舉火者輒哀呼分給之未至家囊已罄食貧徜徉不向人齷齪作窶人狀嘗著馬尾巾緼袍挾筆墨攜書數卷杖履過從氣誼相合者一榻高臥或展書朗誦捉筆事丹黃畢則聚談咄咄不休一言不合輒拂衣去居嘗喜作文遇有所著不楷古模令縱筆疾書吐其意所欲言而止皆饒血性云據越中殉義錄海東逸史樓志明史朱大典傳石作硯傳氏家傳中黃詩集纂

陳潛夫字元倩店口人徙山陰小赭寄籍錢塘家貧落魄好大言以駭俗崇禎九年舉於鄉好臧否人里中人惡之十六年冬授開封推官時河南五郡盡爲賊據開封被河灌城虛無人有勸潛夫弗往者不聽馳之封邱乃以十七年正月奉周王渡河居杞縣檄旁近長吏設高皇帝位歃血誓固守賊所設僞巡撫梁啟隆居開封他僞官散布郡邑而開封東西諸土寨剽掠公行潛夫轉側陳杞間聞西平寨副將劉洪起勇而好義躬往說之五月五日方誓師而都城失守報至乃慟哭令其下縞素洪起兵萬號五萬潛夫兵三千襲杞俘僞官啟隆聞風逃去遂渡河而北大破賊將陳德於柳園福王立南京潛夫傳露布至朝中大喜即擢監軍御史巡按河南潛夫乃入朝言山東河南地尺寸不可棄豪傑結寨自固者引領待官軍誠分命藩鎮以一軍出潁壽一軍出淮徐則衆心

競奮爭爲我用更頒爵賞鼓舞計遠近畫城堡俾自守而我督撫將帥屯銳師要害以策應之寬則耕屯爲食急則披甲乘墉一方有警前後救援長河不足守也汴梁一路臣聯絡素定旬日可集十餘萬人誠稍給糗糧容臣自將當荷戈先驅諸藩鎮爲後勁河南五郡可盡復五郡既復畫河爲固南連荆楚西控秦關北臨趙衞上之則恢復可望下之則江淮永安此今日之計也兩淮之上何事多兵督撫紛紜竝爲虛設若不思外拒專事退守恐江淮亦未可保也當是時開封汝甯間列寨百數洪起最大南陽列寨數十蕭應訓最大洛陽列寨亦數十劉際遇最大獨洪起欲效忠潛夫請予挂印爲將軍馬士英不聽而用其姻婭越其杰巡撫河南潛夫所建白皆不用其冬應訓復南陽及泌陽舞陽桐柏遣子三傑獻捷潛夫授告身飲之酒鼓吹旌旗前導出三傑喜過望往謁

其烝其烝故爲尊嚴厲辭詰責詆爲賊三傑泣而出萌異心潛夫過諸寨皆鐃吹送迎其烝聞過之諸寨皆閉門不出其烝譖潛夫於士英士英怒召潛夫還明史列傳潛夫適遭外艱先是有童氏者自言福王妃廣昌伯劉良佐具禮送之潛夫至壽州亦稱臣朝謁童氏至南京王下之獄士英遂稱潛夫私謁妖婦奏請逮治南都破脫歸航海至越上書魯王願假兵五千爲恢復計加太僕寺少卿明史作大理寺監浙西軍募三百餘人錢肅樂爲之請餉與孫嘉績熊汝霖列軍江上丙戌五月晦師潰走小赭置酒賦詩曰父兮生我申以嚴誨惟孝惟友曰忠曰義丙子鄉舉顧名自勵名曰孝廉庶幾無媿致身之際歲在癸未司理開封星言視事以身許君有死無二是時兩河賊氛如蝟眾人迴車予獨攬轡賊出河朔羣士奔避予乃渡河擊楫而濟誓清河南以報先帝手披榛荆身禦魑魅獨

張空拳以當賊騎知有封疆九死何畏三十州邑終復舊地惟時
先帝鑒予忠瘁授以巡方繡衣北蒞惜也諸奸互相牽制中樞信
讒嫉予不媚聯落要圖置之冏遂三月撤歸可爲隕涕哀哀先人
一時捐棄甘旨莫承遺書淪廢我哀方盈奸怒益熾赫赫金吾逮
予邸第圍牆幽憂敵氛日至匍匐歸來挈家奔躓航海飄零請兵
期會召募兵勇三百而已衣甲糗糧皆予自備血戰江上三十餘
次糧乏兵稀事膚可冀疾痛呼號徒然憤恚丙戌五月公侯師潰
區區孤軍計維待斃矢死不疑偷生何貴拜别吾母以及諸弟挈
我妻妾（據此則知前志謂二孟氏同爲元倩妻者誤也）從彭咸逝成仁取義千古如是酒
罷走至化龍橋與妻妾二孟氏同赴水死乾隆四十一年
賜諡忠節（黄宗羲思舊録元倩無鄉里之行杭人檄攻之陸鯤庭寓書於宗羲欲東浙爲應於是越以王元趾爲首甯波以陸文虎爲首皆出檄元倩幾無以自容而以一死洒之）弟麗明（東城雜記漏明字）字貞倩錢唐籍諸

生大梁之役與潛夫閒關戎馬思立效以自見明亡匿迹杭州東城厄窮以終杭人呼之爲陳高士著有采菽堂集據明史乾隆府志荊駝逸史明季稗史南略殉義錄厲鶚東城雜記張道全浙詩話刊誤纂

方炯忘其字邑諸生遊學山陰聞江上師潰與山陰朱瑋相對痛哭既而縱飲酒酣前後躍水死明季遺聞

張鵬翼字搏九一字耀先父景雲生三子鵬翼其伯也次鵬飛字耀羽次季熊海東逸史作繼榮字君石皆生有異稟膂力過人景雲器之曰是將大吾門者又轉慮曰我暨產局促城市所接皆屠沽較量錙銖兒曹志趣未定如習俗何於是挈三子之幽燕幽燕古豪傑藪明懷宗時九邊戒嚴特設十三總兵官挂將軍印得題奏黜陟景雲獻策於毛文龍授職都司三子戎裝前驅戰輒有功文龍上書言鵬翼可大用由行伍累擢至總兵陞見獎勞有加挂淮海將

軍印鎮守鷺遊射陽等處以功除中府左都督鵬飛季熊俱授秩都指揮僉事既而文龍死懷宗殉國江南立福王（史志参用）乙酉四月王師南下鵬翼與右都督徐洪珍合兵入援未至南都破（海東逸史）提兵六千航海歸越江上兵起進駐江干潮至帳淹無一人敢離伍者魯王承制封為永豐伯鎮守衢州（南疆繹史）杭州歸順退軍西興臨平陳萬良起兵應監國屢抗大軍議由海甯海鹽直趨蕪湖餘姚熊汝霖上書請授萬良鵬翼與同邑開遠伯吳凱皆請行方國安與馬士英阮大鋮比密結國戚張國俊力阻之忽傳中旨令鵬翼歸衢鎮便道援嚴州（省志府志熊汝霖錢肅樂孫嘉績傳全祖望鮚埼亭集）未幾王師渡江魯王航海去檄至衢州鵬翼兄弟謀曰合守一城不如分駐以為犄角於是命季熊提精銳疾趨至嚴州部署未定王師奄至（明季舊聞）戰敗力竭走匿村巷追騎至令村民執以獻季熊

突出大吼曰大丈夫肯避爾耶手刃數十人援絕躍上拾瓦四擊坐屋脊大罵攻益急拔鞾刀自刎死尸直立三日不仆（南疆繹史）年三十有六妻陳氏以死殉翼日有老僧舁其屍歸瘞近衢州里許道旁有旅肆忽見季熊披甲躍馬從數人至命具酒肆主飛報入城軍中驚喜急出迎之則季熊柩適至始知向入旅店者乃魂也（東海逸史）踰日師臨城下鵬翼慷慨誓師軍士皆泣下出戰屢捷副將秦應科約內應城遂陷鵬翼驅妻戴氏鵬飛妻吳氏及眷屬二十餘人先死策馬率鵬飛及其子國維巷戰被執不屈截其舌罵不休支解死鵬飛國維皆被殺時鵬翼年四十有三鵬飛三十八國維二十衢人義之建祠祀其兄弟額曰三忠而以國維配焉鵬翼又祀郡城七賢祠（衢州府志）乾隆四十一年

賜鵬翼謚烈愍入昭忠祠鵬飛季熊皆從祀（乾隆府志　張氏譜又載季熊死嚴州子

國經年十一標下劉東江力戰衛國經出圍送至越中則東江固張氏之程嬰也

吳凱字南柱一字台伯夾嶺後八年十九隸鳳陽衛伍籍稍遷爲材官時馬士英督鳳陽母患癰凱故精鍼灸應募瘉之士英謀報凱及與語戰事則大喜署爲督標右營是時流賊方蹂蜀及楚勢張甚鳳陽爲祖陵重地賊銳意陷之攻甚力凱每戰用火毬內納小毬十餘賊遇之輒斃崇禎癸未積勞陞左都督南都建遷協鎭浙江兼屯玉環甯紹台温等處見朝政日非屢上書政府多所論規士英不能用

王師破南都挾明福王北去凱結寨東陽之元里魯王監國紹興以兵入衛論功封開遠伯旋進侯時潞王在杭州已迎降矣江上兵起士英結方國安密與國戚張國俊比擠錢肅樂孫嘉績不與餉錢孫合疏請以其兵歸凱不從臨平陳萬良起兵應監國屢抗

大軍議由海甯海鹽直趨蕪湖大學士熊汝霖請撥萬㫒永豐伯張鵬翼請以所部先濟方國安等尼之凱力爭且曰行朝僻守浙東勢不可久義團民兵多守險無出對陣者請速發兵渡江無孤豪傑心議下行且有日忽傳中旨令鵬翼援嚴州凱守温州萬㫒遂戰歿未幾紹興破監國航海士英遺書招降曰貴藩忠肝義膽炳燿千古英雄之謀略有盡而天意之眷顧靡常識時務者爲俊傑惟貴藩圖之凱復書曰向沐鴻恩未遑圖報期以他日捐軀酬國士之知未爲晚也凱曁陽一匹夫耳祿享千鍾不爲不厚爵忝通侯不爲不高遭國家多難正臣子報效之日也不意恩相手握朝綱身總機務苟且偷生以希榮寵律身不忠教人不義凱自顧七尺昂藏一腔熱血恨未能如申包胥之痛哭秦廷庶幾效魯仲連之身蹈東海一戰不勝再戰再戰不勝然後披髮雲遊以圖後

局否則惟死而已毋多言後
王師略地至温州凱率麾下拒戰力屈伏劍死時年四十繼妻沈氏率侍女七人赴水以殉後人名其地曰八婆塘子舜景襲錦衣衛指揮與族人吳堯宰等從死者百二十餘人乾隆五十七年九月初二日奉
旨入紹興府鄉賢祠據明史乾隆府志熊汝霖孫嘉績傳全祖望鮚埼亭集纂

壽允昌字卜如宛山人父大化明末官齊河縣知縣允昌幼爲諸生以才稱於鄉順治二年明熊汝霖募兵甯波允昌以諸生從軍汝霖與論兵中機要承制除總兵官使迎魯王於西陵謀拒
王師時海甯破守臣俞元良死難姜國臣集兵雙林請師期命駐塘棲八月五日汝霖遣趙清會鄭維翰兵赴黃天蕩襲大營前鋒黃岳參將盧崇邵應斗伏海塘孫嘉績張名振各率師相犄角維

翰失師期清被流矢十六日退駐喬司汝霖領中軍嘉績與錢肅樂分左右屯允昌與崇率輕鋭前進抵牛頭奕大營百騎突出應斗接戰陣動崇軍退允昌救不及亦潰

王師以勁旅擊汝霖別遣鐵騎衝嘉績營遽爇礮礮裂遂大敗師奔渡江浙西歸順允昌棄官歸汝霖謀以一隅抗

王師言於魯王曰朱大典部兵火器最精原任總兵壽允昌文武兼才豈可令其投閒諸暨當使統大典兵至江上海甯疆域未定宜令張名振速渡以固浙東門戶會名振歸石浦不爲國用閩越又構嫌方國安與張國俊比而擠汝霖謀遂寢允昌角巾歸里因山爲屋環樹修竹題曰靜觀日嘯詠其中焚香撫琴閒作書畫饒有天趣見者不知其爲故將軍也人以之比韓忠武孟忠襄云黄岳自喬司敗後回軍江上甲戌五月師潰與開遠侯吳凱合營屯

尖山相與議曰古人背城借一豈可以數萬之衆一譁而走不思轉敗爲功乎允昌歸里凱以戊子七月殉難溫州岳乃奔處州與山陰徐允臧披髮爲僧自號了塵岳璜山人官宋石營副將挂將軍印據浙江通志乾隆府志中熊汝霖孫嘉績傳黃宗羲南雷文定集全祖望鮚埼亭集錢耿恭壽總兵傳吳氏黃氏譜明季遺聞纂

周昌祚龍山人少好兵家言方國安慕其名强致幕下與談兵輒稱善及與論君臣大義至國勢艱危主辱臣死國安默然昌祚出語人曰吾固知其不能用也雖然天下大勢如此矣遂襆被歸不復出趙裕龍山錄

姚球字鳴玉博學負經濟顧不求仕進餘姚孫嘉績知其才聘之入幕軍事必諮焉方國安與有舊語人曰主我富貴如拾芥耳球歎曰是何愚哉不五六年樹倒猢孫散矣遂辭嘉績變姓名隱太白山樵採自給國安屢使人物色之竟不能得乾隆府志

俞其茂字秀寰象山人父邦輔有德於國安國安以平奢安亂論功授總兵鎮貴州以書幣迓邦輔既至甚相得薦於朝未報邦輔卒國安寄書其家旋移鎮楚厝邦輔於黔時明都初破東南道梗書至踰年謀奔喪或謂其茂曰往必不免須天下太平也其茂不從即日奔赴過楚國安壯之遣黔騎夾之行至黔而城破厝廬燬於瓦礫中得石碣識之啟棺負骸行兵騎雜沓屢瀕危輒有天幸竟得歸里既而國安據越擁魯藩假名恢復拒

王師於江上其茂知事不可爲顧綢繆恩紀與在行間戰敗幾死國安邀與俱遁辭歸遂爲僧易名佛鑑築道州禪院延釋子說法故交見者則頹然一老衲也輒相視而笑然卒不改年六十六迺卒初其茂從國安軍江上妻李氏每夕禮北斗一日鐙黯李驚搏顙哀籲漸明如故其茂歸問之正戰敗日也以爲得神助云章陶古文

雜著 案明史馬士英傳謂士英與方國安同鄉故匿其軍中士英固貴陽人也俗顧以爲邑之白門人或故籍遷徙或方允昌輩藉其聲援與之聯族俱未可知遂使邑之豪士受其牢籠如俞其茂者可哀也周昌祚姚球洵鴻飛冥冥哉世傳球隱太白山時有謂其客死者國安敗始歸而家人已服闋可謂去之若浼矣乃舊志皆以國安爲邑人傳太沖氏至爲之賦白門行倚叛將爲門楣甚哉其無識也

駱國挺字天植楓橋人僑居甯波遂寄籍爲鄞縣諸生生有殊才魯王監國以輸餉授兵部職方司主事（海東逸史）當是時東鄰李忠毅家方貴盛一門子弟皆儁士而國挺以諸生崛起名甚峻鄞人引而齊之曰李駱不以勢位也鄞人尙節義職方所心交者曰華夏王家勤陸宇爔高宇泰風格相伯仲江東兵起左右錢肅樂遂爲

六狂生之亞六狂生者曰董志甯曰張夢弼曰毛聚奎其三人即夏與家勤宇爛也降紳謝三賓忌國挺屢欲殺之亦與六狂生等既而肅樂爲國戚張國俊所擠棄師浮海去三賓復降戊子又有五君子之禍三賓欲株連國挺而帛書無其名乃散流言謂待翻城之後盡籍諸薦紳家以賞軍蓋激衆怒以害之也華夏聞而歎曰如此則國人皆可殺矣天植之肉其足食乎既而禍作董志甯跳而免奔舟山華夏王家勤等皆遇害國挺被逮久之得脫而家遂中落柴門土室不接一客憔悴三十餘年而卒然每年五月初二日必致祭於石轍山房爲華夏也而配以董志甯六月二十日祭於石雁山房爲王家勤也而配以管江杜秀才懋俊父子西臺東臺嗚咽之聲相接邏舟過不恤也嘗夜宿草堂慟哭驚四鄰門人皆起國挺未寤也旦問之則曰夢見蒼水相語於荒亭木末之

聞不覺失聲蒼水明故權兵部尚書翰林院侍講學士張煌言別字也因作寒厓紀夢詩寒厓者國挺所居精舍名在鄞南湖上小江里國挺年五十改號寒厓所著有寒厓草堂集全祖望曰駱氏自諸暨來無族屬一子傳之一孫祕其集不肯出以多嫌諱也乃未幾而其子卒其孫又卒駱氏遂無後其著述竟不知所之嗚呼可念也職方之惓惓於華王諸公今孰爲職方念及者乎百年以來諸公之或死或生不必盡同而其趨則一吾浙遂以成鄒魯之俗其功大矣是非世俗之所知也鮚埼亭集

周于德號兩參大林人崇禎時由例監授當塗縣巡檢陞廣東新會縣丞單騎赴官越二年

王師至嶺南于德方署縣事欲繕城堡固守而新會一城皆芭蕉園繞烽火一起勢若燎毛于德顧天泣曰今日之死分也賦絕命

詩曰家鄉八千里何處是歸程殘骸付一火千古記忠名書畢付守陴者遂投火死兩廣平子長壽至新會詢父存亡守陴卒示以詩長壽見父手書一慟而絕乾隆府志

蔣大忠滸山人生勝國季自號心湖山人怡然巖變之中蟬蛻鴻冥消息天地而於世無所求甲申後痛國變祝髮號道圓建菴董公嶴西岡捨田菴中課鋤自贍當時遺老遁迹披緇如大錯輩多行腳東南山人絕不與接黯然韜迹不留語言文字故人曰往來山中不知有山人也順治九年刻期怛化遺命無用浮屠斂瘞骨庵左塔中蕭山徐芳聲徽之高隱士也三訪山人不遇嘗謂吾此行第見所謂曼勝庵者當山水幽絕處古梅倚門立蕉樹苦解葉發滿地松花石竈其室一拂一袈裟二藤輪一畫束卽是見山人高致而已湯紀尚傳